KB090283

따라만 하면 다 되는 **실전 온라인 수업을 위한 지침서**

구글 클래스룸 수업

BM (주)도서출판 성안당

버락 오바마는 왜 한국 교육
경쟁력을 부러워했을까?

'환경이 변해도 교육만큼은 끊이지 않게 이어 나가야 한다.'

일선에서 교육을 담당하는 선생님과 부모님들의 한결같은 마음일 것입니다. 비단 코로나19로 인해 교육 환경이 어려워지더라도 최선의 방법을 찾아 최대한 효율적으로 교육을 진행시키려는 의지는 다양한 창의적인 수업 방식으로 개발되고 있습니다.

그 방법 중의 하나가 바로 구글 클래스룸 온라인 수업입니다. 유튜브 열풍의 중심인 구글에서는 비대면 수업을 위해 구글 클래스룸을 선보이고 있습니다. 구글 클래스룸을 이용하여 수업을 개설한 다음 과제를 제작, 등록할 수 있으며, 학생들의 과제를 기준표를 이용하여 평가할 수 있습니다. 구글 설문지 기능으로 단답형이나 장문형, 퀴즈 형태의 과제를 만들 수 있으며, 학생들에게 질문을 하고 해당 답변을 주고받을 수 있는 쌍방향 피드백이 가능합니다.

이러한 기본 학습 방식에서 창의성을 발휘하여 구글에서 제공하는 앱을 적재적소에 사용하면 보다 효율적인 온라인 수업이 가능합니다. 수업 일정을 짜고, 학생들이나 동료 선생님들과 공유할 수 있는 구글 캘린더부터 대표적인 화상 회의 프로그램인 줌(Zoom)을 사용하지 않고도 구글 미트(Meet)를 이용하여 학생들과 실시간 영상 교육을 할 수도 있습니다. 수업 과제나 제작을 위해 구글 문서나 스프레드시트, 구글 프레젠테이션 앱을 이용하여 장소나 수업 환경에 상관없이 작업이 가능합니다. 이러한 작업들은 PC 기반의 구글 클래스룸 이외에 스마트폰용 구글 클래스룸 앱으로 연동하여 언제든지 수업 참여와 관리가 가능합니다.

구글 클래스룸은 이렇게 온라인 수업에 최적화된 앱입니다. 학생과 학생, 학생과 선생님, 선생님과 선생님 간의 커뮤니케이션은 단순한 지식 전달 만큼이나 중요합니다. 비대면의 취약점인 의사 소통에 대한 문제의 해결은 구글에서부터 시작되었다고 해도 과언이 아닐 것입니다.

본서는 사용자의 교육 방식과 수업 특성에 따라 구글 클래스룸을 기반으로, 다양한 구글 앱을 조합하고 응용하여 원하는 교육 목적을 얻을 수 있도록 구성되었습니다. 진행 방식에 맞게 원하는 구글 앱을 활용하다 보면 학생들의 수업 참여도와 컴퓨터 활용 능력도 커질 것이라 생각합니다. 비록 코로나19로 인해 비대면 수업을 할 수밖에 없는 상황이지만, 오히려 이러한 환경에서도 교육 방법을 개발하고 창의적으로 풀어나갈 수 있는 기회가 될 것입니다.

이 책을 위해 도움을 주신 분들에게 감사합니다. 책이 기획되고 나오기까지 신경 써주신 (주)성안당의 조혜란 부장님과 최옥현 상무이사님, 기획 편집 디자인을 담당한 앤미디어 이미자, 이송이, 박기은, 유선호, 이혜준 님, 촬영에 도움을 준 정선민 님, 김범수 님, 온라인 수업을 담당한 이문형 교수님에게 진심으로 고마움을 전합니다.

앤미디어

언택트(Untact) 시대의 교육을 위한
온라인 수업 학습법

서로 대면하지 않으면서 효율적으로 교육시키고, 교육
성과를 극대화시키기 위해서는 구글이 제공하는 대표
적인 온라인 수업 앱인 구글 클래스룸은 필수입니다.
구글 클래스룸 사용 방법과 실무 온라인 수업 방법을
배워 보세요.

비대면 수업 상황에는
구글 클래스룸으로 이렇게 해결해요!

▲ PC & 스마트폰용 구글 클래스룸으로 빈틈없는 수업 준비가 가능해요.

▲ 다양한 구글 앱을 이용하여 창의적인 교육이 가능해요.

▲ 구글 미트를 이용하여 얼굴을 보면서 수업이 가능해요.

▲ 비대면 방식으로 바이러스로부터 안전하게 수업이 가능해요.

▲ 학기별 또는 월별, 한번에 수업 일정과 배포가 가능해요.

온라인 수업의 대표 무료 앱, 구글 클래스룸!
구글 클래스룸으로 이렇게 활용해요!

▲ 유튜브 동영상 수업이나 애니메이션 수업도 할 수 있어요.
224쪽 참조

▲ 학생들의 과제 평가와 피드백, 성적을 손쉽게 관리할 수 있어요.
228쪽 참조

▲ 과목별 수업을 개설하고, 학생들을 초대할 수 있어요.
46쪽 참조

▲ 과제 제작부터 등록, 학생들과의 질문과 답변을 할 수 있어요.
72쪽 참조

▲ 설문지 기능으로 출석부터 학생과 커뮤니케이션이 가능해요.
171쪽 참조

▲ 공정한 평가를 위해 기준표나 자동 채점을 통한 성적 관리가 가능해요.
244쪽 참조

이 책으로 구글 클래스룸을 효율적으로 학습하는 로드맵!

대표적인 온라인 수업 프로그램인 구글 클래스룸 사용 방법과 실무 수업 활용 방법을 배우는
단계별 로드맵을 소개합니다.

온라인 교육을 위한 준비 단계

구글 클래스룸을 이용하여 온라인 교육을 준비하고
효율적으로 관리를 위한 준비 단계를 알아보세요.

1 구글 클래스룸 사용을 위한 설정

구글 클래스룸을 사용하기 위해서는 구글
계정이 필요합니다. 구글 계정은 크롬 브
라우저부터 G메일, 유튜브, 구글에서 제공
하는 다양한 앱들을 사용하기 위한 시작
입니다. PC 기반과 스마트폰 기반의 구글
클래스룸 앱을 설치한 다음 구글 클래스
룸의 기본 구성에 대해 알아봅니다.

PART 1 Section 02 - 05

2 온라인 수업 개설

구글 클래스룸의 구성을 확인한 다음 수업
이름부터 제목, 강의실을 설정하여 수업을
개설합니다. 개설된 수업은 필요에 의해
서 재설정이 되거나 수업 삭제를 할 수 있
습니다. 개설된 수업은 고유 수업 코드가
생성되며, 수업 코드를 이용하여 학생을
이메일로 초대하거나 수업을 공동으로
관리할 교사 초대가 가능합니다.

PART 2 Section 01 - 06

8 효율적인 온라인 수업 관리

구글 클래스룸을 이용하여 온라인 수업을
할 때 수업 개설부터 과제 피드백, 채점과
평가를 진행하였다면 온라인 수업 관리를
해야 합니다. 구글 캘린더를 이용하여 학
기별 수업 일정을 작성하고, 이를 학생들
에게 배포하여 참여를 유도해야 합니다.
스트림 페이지에서 학생들에게 필요한 내
용을 공지하고 공유하여야 하며, 수업 자
료들은 안전하게 구글 드라이브를 이용하
여 저장합니다.

PART 6 Section 01 - 11
PART 6 Section 12 - 23

7 과제 채점과 공정한 평가

학생들을 평가하기 위해 과제를 평가하
고 성적을 관리하는 방법을 소개합니다.
공정한 평가를 위해 항목과 단계를 나눠 단
계별로 점수를 공개할 수 있도록 기준표나
자동 채점을 통한 성적을 평가합니다. 퀴즈
과제를 자동 채점하는 방법과 성적에 반영
하는 방법 등 효율적으로 학생들의 과제를
채점하고 평가하기 위한 기능들을 학습합
니다.

PART 5 Section 01 - 08
PART 5 Section 09 - 13

③ 수업을 위한 학생 초대

온라인 수업이 개설되었다면 학생들을 수업에 참여시키기 위해 초대를 해야 합니다. 이메일이나 스마트폰을 이용하여 학생들을 초대할 수도 있습니다. 뿐만 아니라 공동으로 관리할 교사를 초대하여 개설된 수업을 공동으로 운영할 수도 있습니다.

PART 2 Section 07 - 09
PART 2 Section 10

④ 실시간 영상 수업을 위한 구글 미트

실시간으로 영상을 통해 학생들의 얼굴을 보면서 수업을 할 수 있는 구글 미트 사용 방법을 알아봅니다. 화상 수업의 준비물인 웹캠이나 스마트폰 설치부터 오디오와 비디오 설정 방법을 학습하고 구글 주소록을 이용하여 수업 참여자를 등록한 다음 초대합니다.

PART 4 Section 01 - 04

과제 및 평가를 위한 커뮤니케이션

구글 클래스룸으로 학생들과의 수업 과정에서 다양한 커뮤니케이션 방법을 알아보세요.

수업 과제 제작 & 등록 ⑥

수업 코드를 이용하여 학생들을 수업에 참여시킨 다음 수업 과제를 제작하여 등록하는 과정을 진행합니다. 과제는 원하는 날짜에 예약하여 등록할 수 있으며, 학생들은 작성한 문서를 첨부거나 구글 문서 기능을 이용하여 제출합니다. 구글 설문지 기능으로 단답형이나 장문형, 퀴즈 형태의 과제를 만들 수 있으며, 학생들은 질문을 하고 해당 답변을 주고 받을 수 있는 커뮤니케이션이 가능합니다.

PART 3 Section 02 - 07
PART 3 Section 08 - 26

PC 화면 공유와 유튜브 동영상 수업 ⑤

진행자의 PC 화면을 공유하면서 수업을 진행하거나 특정 프로그램 화면만 공유하여 수업이 가능합니다. 또한, 유튜브 동영상 수업이나 동영상 애니메이션에 최적인 구글 미트의 장점을 살려 끊김 없는 동영상 수업을 소개합니다.

PART 4 Section 05 - 13
PART 4 Section 14 - 17

이 책의 구성

빠르고 손쉽게 구글 클래스룸을 이용한 온라인 수업 개설부터 과제 제작, 평가 및 화상 수업을 할 수 있도록
체계적인 구성을 제공하고 있습니다.

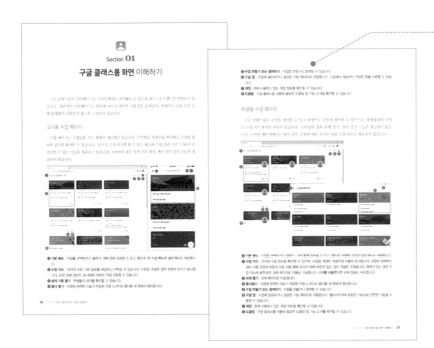

인터페이스 소개

구글 클래스룸으로 온라인
수업을 위한 화면을 손쉽게
검색하고 기능을 사용할 수
있도록 구성하였습니다.

이론 구성

꼭 알아두어야 할 내용들을
상세하게 소개하고 있습니다.
구글 클래스룸 준비부터 수업
개설 전반에 관한 내용을 학
습해 보세요.

온라인 수업 개설부터 관리 학습법

구글 클래스룸을 이용한 온라인 수업의 개설부터 과제 제작 & 평가, 수업 관리까지 따라하기 형식으로 구성하였습니다. 단계별로 따라해 보세요.

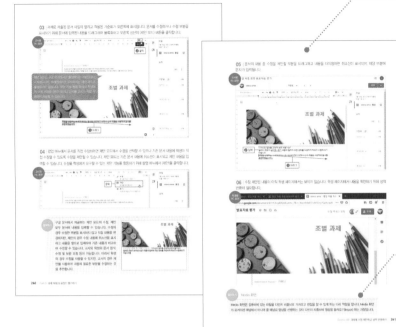

알아두기

온라인 수업을 진행하면서 알아두면 좋을 내용들을 참고 이미지와 함께 정리하여 소개합니다.

화상 수업을 위한 구글 미트 사용법

누구나 쉽게 구글 미트를 이용한 화상 수업을 사용할 수 있도록 웹캠 준비부터 설정, 화상 수업 방법을 따라하기 형식으로 구성하였습니다. 단계별로 따라해 보세요.

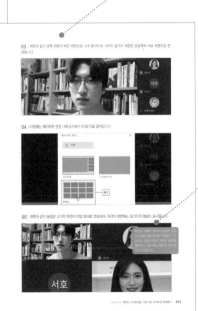

부연 설명

따라하기에 필요한 내용을 추가로 설명합니다.

Part 01 구글 클래스룸으로 온라인 수업을 위한 준비

Part 02 수업 시작! 온라인 수업 개설하기

Part
06 **효율적인 온라인 수업 관리하기**

구글 클래스룸으로
온라인 수업을 위한 준비

구글 클래스룸을 사용하기 위해서는 구글 계정
이 필요합니다. 구글 계정은 크롬 브라우저부터
G메일, 유튜브, 구글에서 제공하는 다양한 앱들을
사용하기 위한 시작입니다. PC 기반과 스마트폰
기반의 구글 클래스룸 앱을 설치한 다음 구글 클래
스룸의 기본 구성에 대해 알아봅니다.

Part 1

Section 01

온라인 수업의 기준, **구글 클래스룸**

비대면 온라인 수업이 점점 확대되고 있는 요즘, 다양한 환경을 대응하고 학습자와 교육자 간의 쉽고 편리한 커뮤니케이션이 가능하도록 제공하는 시스템의 필요성이 확대되고 있습니다. 특히 온라인의 발달은 대면을 하지 못하는 여러 환경에 대응한다는 장점도 있지만, 단순히 온라인으로 수업을 진행하는 것을 넘어 현재 있는 곳에서 세계 어느 나라의 학교도 다닐 수 있다는 장점이 발생합니다.

국내에서는 한국방송통신대학을 시작으로 다양한 사이버 대학에서 온라인을 기반으로 한 교육을 하고 있으며, 20여 개의 대학이 온라인을 기반으로 교육을 하고 있습니다. 최근 코로나19로 인해 초·중·고 모든 학교에서도 온라인 교육을 도입하여 실시하고 있습니다.

한국의 경우에는 교육 인프라가 잘 갖추어진 나라라 할 수 있기 때문에 온라인 교육이 빠르게 도입이 필요한 상황이지만, 여러 가지 외부 환경적 요인이나 학습 활동의 확대 및 전문성을 위하여서도 필요하며, 학생들의 전문성 있는 교육과 일률적인 교육 방식이 아닌 학생들의 적성에 맞는 교육을 실시하기 위해서도 온라인 교육은 필요할 수 있습니다. 따라서 다양한 온라인 교육 시스템이 도입되기 시작하였으며, 무료로 쉽고 편리하게 사용할 수 있도록 구글에서도 클래스룸이라는 시스템을 도입하였습니다.

▲ 구글 클래스룸을 이용한 수업 진행 과정

무료로 사용할 수 있는 학습관리 시스템, 구글 클래스룸

구글 클래스룸은 학습관리용 시스템으로, 이러한 교육용 학습관리 시스템을 LMS(Learning Management System)라고도 합니다. 온라인 수업을 원활하게 지원하기 위한 목적으로 개발되었으며, 간편할 설정과 교육자가 쉽고 편리하게 과제를 출제하고 관리 및 채점이 가능하며 학생들과 쉽게 의사소통이 가능하도록 개발되었습니다. 무엇보다 무료로 제공되어 사용에 부담이 없습니다. 최근 코로나19로 인해 온라인 교육의 필요성이 높아지고 있는 시점에 실시간 화상 회의 시스템 등을 이용한 교육을 시도하고 있으나 여러 가지 이슈로 인하여 구글 클래스룸의 활용에 대한 기대감도

높아지고 있습니다. 구글에서 지원하는 다양한 기능과의 통합도 가능하여 클래스룸을 기본으로 하여 구글 미트 실시간 화상 회의를 통한 실시간 교육과 관리까지 가능합니다.

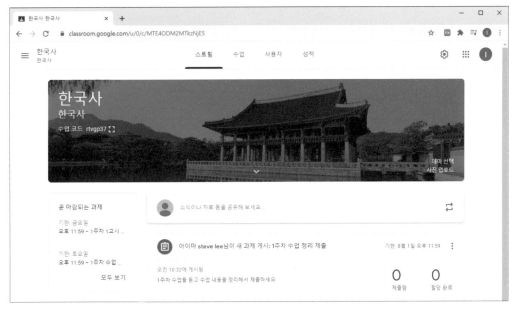

▲ 구글 클래스룸 수업 화면

구글 클래스룸은 웹을 기반으로 별도의 프로그램 설치가 필요없이 사용이 간편하며, 학교에는 무료로 제공하고 있습니다. 한 클래스에 여러 선생님이 교육을 할 수 있으며, 교육기관에는 '지스위트 포 에듀케이션(G Suite for Education)'을 활용하여 무료로 기능 확대와 저장 용량을 크게 늘려서 사용도 가능합니다. 다만 학교를 인증하는 절차가 있으므로 개인이 신청하고 관리하는 것은 어려움이 있어서, 학교에 도움을 요청해야 할 수 있습니다. 개인 또는 기업의 경우 구글 드라이브를 사용하여 클래스룸 사용 및 데이터를 저장할 수 있으나 지스위트(G Suite)을 활용하여 용량을 늘리거나 재택 근무, 사내 교육 등의 용도로 활용할 수 있습니다.

앞으로 늘어날 온라인 교육 및 다양한 교육 관리 및 새로운 학습법 도입을 위해서 필요한 학습 관리 도구로 학교에 무료로 제공하는 구글 클래스룸을 활용하는 학교는 더욱 많아질 것입니다.

다양한 교육용 제품을 제공하는 구글

구글은 지스위트 포 에듀케이션(G Suite for Education)을 기반으로 클래스룸 외에도 다양한 제품을 출시하여 제공하고 있습니다. 학생들의 효과적인 학습을 지원하면서 과제를 쉽고 편리하게 생성 및 분석, 채점이 가능하며 과제 기능을 통하여 학생들 스스로 과제를 관리하고 수정, 보완할 수 있으며, 피드백 기능도 쉽게 제공하고 있습니다. 소프트웨어뿐만 아니라 교육용 크롬북을 제작하기도 하였으며, 클라우드 및 가상/증강현실 관련 서비스도 제공하여 학생들의 교육 과정의 차원을 높이는 데 활용됩니다.

클라우드를 기반으로 한 잼보드(Jamboard)는 학생들의 수업에 활용할 수 있고, 공동 작업을 하거나 아이디어를 공유하는 등의 활동을 효과적으로 지원하고 있습니다. 특히 칠판에 필기된 내용이나 협의된 내용을 사진 촬영으로 보관 또는 공유할 필요가 없이 클라우드를 활용하여 저장, 수정 및 검토가 가능합니다. 이처럼 많은 기능을 구글은 무료로 제공하고 있으며, 크롬북이나 잼보드에 관련된 하드웨어는 별도로 구매하여 수업에 활용할 수 있습니다.

전세계의 많은 국가의 교육기관에서 활용하고 있는 구글의 교육용 솔루션은 점점 교육 시장의 모습을 많이 변화시킬 것입니다.

클래스룸을 위한 교육용 지스위트

구글 클래스룸을 사용할 때 필수는 아니지만 교사와 학생을 효율적으로 관리하기 위해서는 지스위트(G Suite)에 가입하는 것이 좋습니다. 그러나 교사 혼자 할 수 없고 학교 또는 교육청 등의 승인 등이 필요하기 때문에 각 기관의 협의가 필요합니다. 기관의 동의와 승인 절차를 거치면 구글 클래스 및 기타 교육에 활용될 수 있는 기능이 확장되고, 저장 용량의 제한이 없는 장점이 있습니다. 지스위트 포 에듀케이션(G Suite for Education) 일반 버전이 있으며, 추가적인 기능을 제공하는 지스위트 엔터프라이즈 포 에듀케이션(G Suite Enterprise for Education) 버전이 있습니다.

지스위트 포 에듀케이션(G Suite for Education)에 가입을 하려면 구글 포 에듀케이션(Google for Education) 사이트에 접속하고 〔제품〕 메뉴를 클릭한 다음 나오는 메뉴에서 〔G Suite for Education〕를 클릭합니다.

중앙에 있는 〔G Suite에 가입〕 버튼을 클릭하고 이후 과정을 진행할 수 있습니다.

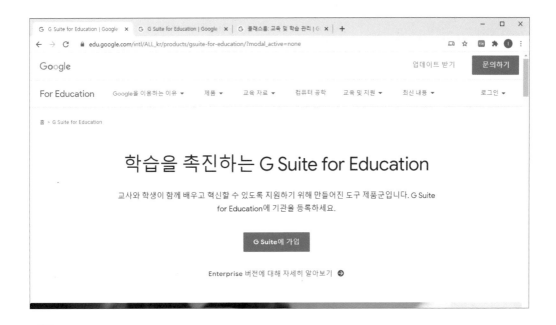

구글 크롬 설치하기

구글 클래스룸은 HTML5 기반의 웹표준을 지원하는 브라우저라면 문제 없이 사용이 가능하지만 효과적이면서 원활한 사용을 위해서는 크롬 브라우저 설치를 추천합니다.

❶ '네이버' 같은 검색엔진에서 '구글 크롬'을 검색하고 검색 결과로 나온 '구글 크롬'을 클릭합니다. 소프트웨어 정보에 있는 구글 크롬을 클릭하여 다운로드도 가능합니다. 또는 사용하는 브라우저의 주소창에 'https://www.google.com/intl/ko/chrome/'를 입력합니다.

❷ 크롬 설치 사이트에 접속되면 중앙에 있는 (Chorme 다운로드) 버튼을 클릭합니다.

❸ 브라우저 하단에 다운로드 완료
되어 표시된 ChromeSetup.exe
를 클릭하여 실행합니다. 일부 브
라우저는 별도의 다운로드 폴
더에 저장되므로 해당 폴더에서
ChromeSetup.exe 파일을 더블
클릭하여 직접 실행합니다.

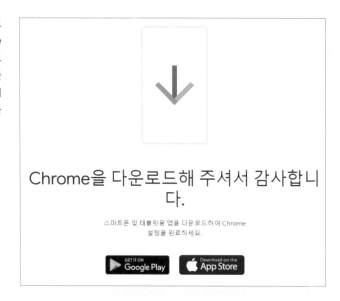

❹ 사용자 계정 컨트롤이 대화상자가
나타나면 윈도우에 크롬 웹브라우
저를 설치하기 위해서 관리자 권한
이 필요하기 때문에 〔예〕 버튼을 클
릭합니다. 인터넷에서 추가 파일
다운로드 및 설치 과정을 자동으로
진행합니다.

❺ 크롬 웹브라우저 설치가 완료되었습니다.

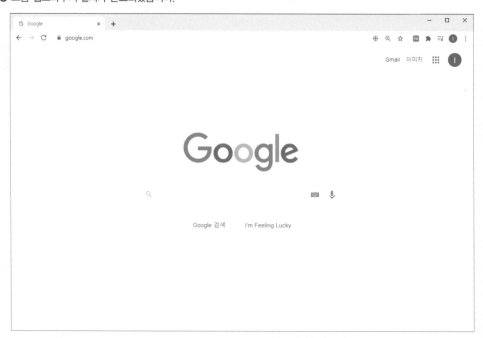

Section 02

애플에서 구글 클래스룸 **앱 설치하기**

구글 클래스룸은 스마트폰의 웹브라우저를 활용하여 사용이 가능합니다. 그러나, 스마트폰이나 태블릿이라면 좀 더 쉽게 효율적 사용이 가능한 앱 설치를 추천합니다. 안드로이드(Android)와 iOS용이 있으며 iOS용 앱을 설치하겠습니다.

01 │ 아이폰이나 아이패드에서 앱스토어에 접속합니다. 검색창에서 '구글 클래스룸'을 입력하고 검색하여 검색된 앱 중에서 'Google Classroom'을 터치합니다.

02 │ 구글 클래스룸 앱 페이지로 이동하면 앱의 기본적인 정보를 확인할 수 있습니다. 앱 아이콘 옆에 있는 〔다운로드/설치〕를 터치하여 설치를 진행합니다.

03 │ 설치가 완료되면 (다운로드/설치) 버튼이 (열기) 버튼으로 변경됩니다. (열기)를 터치하여 앱을 실행합니다.

04 │ 구글 클래스룸 앱 로딩 화면이 나타나면 (시작하기)를 터치하여 앱을 시작합니다. 페이지 하단에 있는 클래스룸 기능 업데이트 관련 이메일 신청은 체크 해제해도 클래스룸 사용은 가능합니다.

05 │ 클래스룸에서 사용할 계정 선택을 위한 대화상자가 나타나며 클래스룸에서 사용할 구글 계정을 선택합니다. 구글 계정이 없다면 다른 계정 추가를 통하여 신규 구글 계정을 등록하여 사용할 수 있습니다.

Gmail 등을 아이폰에 설정해두었다면 계정 선택에 표시되지만, iOS에 등록된 구글 계정이 없다면 계정이 나타나지 않습니다. 이 경우 (기기 계정 관리)를 터치하여 계정을 등록할 수 있습니다.

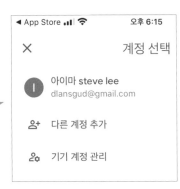

06 | 클래스룸 알림 관련 대화상자가 나타나면 수업에 관련된 알림을 받기 위해서 (허용)을 터치합니다.

 알림은 수업 진행을 위하여 필요한 부분이므로 허용하는 것을 추천합니다. 알림 관련 설정 변경 필요 시 환경 설정에서 가능합니다.

07 | 구글 클래스룸 앱이 실행되었습니다. 웹브라우저에서 보는 것과 동일한 인터페이스를 가지고 있기 때문에 PC에서 사용해 본 사용자라면 불편함 없이 사용이 가능합니다.

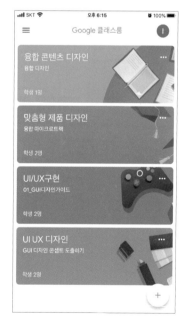

 구글 클래스룸을 원활하게 사용하려면 구글 문서, 구글 스프레드시트, 구글 프레젠테이션, 구글 드라이브도 추가로 설치해야 합니다. 설치가 안 되었다면 앱 스토어(Store)에서 검색하여 설치하기 바랍니다.

Section 03

안드로이드에서 **구글 클래스룸 앱 설치하기**

안드로이드에서도 구글 클래스룸 앱을 별도로 제공하고 있으며, 안드로이드에서는 태블릿에 설치해 보도록 하겠습니다. iOS, 안드로이드 모두 스마트폰과 태블릿의 설치 방법은 동일합니다.

01 | 구글 플레이 스토어를 실행하고 검색창에 '구글 클래스룸'을 검색합니다. 검색 리스트에서 Google Classroom 앱이 선택된 것을 확인하고 [설치] 버튼을 터치합니다.

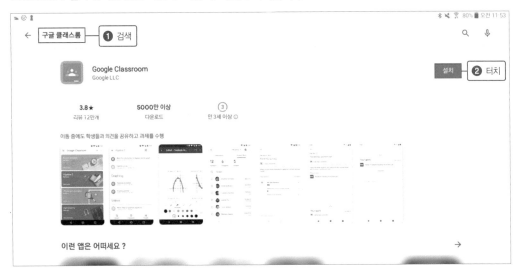

02 | 구글 클래스룸이 설치가 되면 [열기] 버튼을 터치하면 구글 클래스룸 앱이 샐행됩니다.

03 | 설치된 클래스룸 앱 아이콘을 터치하여 실행할 수도 있습니다.

04 | 구글 클래스룸 앱이 시작되면 (시작하기) 버튼을 터치하여 클래스룸을 시작합니다.

05 | 클래스룸에서 사용할 계정을 선택하거나 계정을 추가하는 과정을 진행할 수 있으며, 안드로이드 스마트폰, 태블릿은 구글 계정이 일반적으로 설정되어 있으므로 기존 계정을 선택하고 (확인) 버튼을 터치합니다.

06 | 구글 클래스룸 앱이 실행되었으면 동일한 사용자 경험을 제공하기 위해서 웹브라우저, iOS, 안드로이드 모두 동일한 사용자 인터페이스(UI)로 되어 있습니다.

Section 04

구글 클래스룸 사용을 위한 **구글 계정 만들기**

구글 클래스룸을 사용하기 위해서는 구글 계정이 필수적으로 필요합니다. 구글 계정은 Gmail을 사용하지 않고 본인의 이메일 주소로 구글 계정을 등록하고 사용할 수 있습니다. 그러나 효율적인 사용을 위해서는 Gmail을 생성하여 사용하는 것을 추천드립니다. 구글 계정 등록을 위해서는 핸드폰번호가 필요하지만 과정이 단순하여 누구나 쉽게 만들 수 있으며, 계정을 다수로 만들어서 관리할 수도 있습니다.

01 │ 검색엔진 또는 브라우저 주소창에 '구글 계정 만들기'를 입력하여 검색합니다. 가장 상단에 나오는 support.google.com 사이트 주소가 있는 (구글 계정 고객센터)를 클릭합니다.

02 │ Google 계정 만들기 페이지에 접속하면 1단계 (Google 계정 만들기)를 클릭하여 계정을 생성합니다.

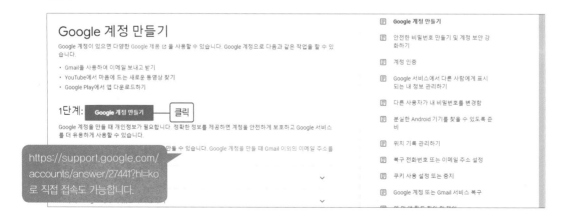

03 | 구글 계정 만들기로 이동하면 성과 이름에 각각 입력하고 사용자 이름에 영문으로 입력합니다. 성과 이름은 한글로 입력 가능하지만 사용자 이름은 영문과 숫자, 마침표만 사용 가능합니다. 비밀번호는 8자 이상으로 입력해야 합니다. 모든 정보를 입력하면 [다음] 버튼을 클릭합니다.

알아두기 Gmail이 아닌 본인의 다른 이메일을 사용하려면 사용자 이름 하단에 파란색으로 표시된 [대신 현재 이메일 주소 사용]을 클릭하여 등록 가능합니다.

04 | 등록된 적이 없는 사용자 이름인 경우 다음 단계로 넘어가지만 기존에 생성된 Gmail 계정인 경우 이미 사용된 사용자 이름이라고 표시되며 추천된 사용자 이름을 사용하거나 중복되지 않는 사용자 이름을 찾아서 입력해야 합니다. 유일한 사용자 이름을 입력한 경우 [다음] 버튼을 클릭하면 다음단계로 자동으로 넘어갑니다.

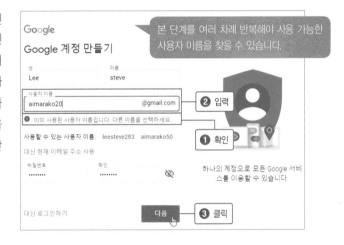

05 | 구글 계정 관리를 위한 정보를 입력해야 하며, 전화번호 인증을 위한 전화번호와 복구 이메일 주소 및 생년월일과 성별을 입력하고 [다음] 버튼을 클릭합니다.

06 │ 전화번호 인증 화면에서 입력된 전화번호를 확인하고, (보내기) 버튼을 클릭하여 입력된 전화번호로 전송된 인증 코드를 확인합니다.

> 해외에서 오는 문자 메시지이므로 약간의 시간이 소요될 수 있습니다.

07 │ 입력한 전화번호로 G-○○○○○○ 식으로 된 문자 메시지가 수신됩니다. 수신된 구글의 인증 코드를 숫자 부분만 인증 코드입력란에 입력하고 (확인) 버튼을 클릭합니다.

08 │ 전화번호 활용에 대한 수신 동의가 있으나 건너뛰기를 하여도 사용에 문제가 없습니다. 필요한 메시지 수신을 위하여 (예) 버튼을 클릭하는 것을 추천하지만, 사용자의 선택이므로 필요에 따라서 (예) 또는 (건너뛰기) 버튼을 클릭합니다.

09 │ 구글 계정의 약관을 확인하고 동의 항목을 체크하고 [계정 만들기] 버튼을 클릭하여 계정 생성을 완료합니다.

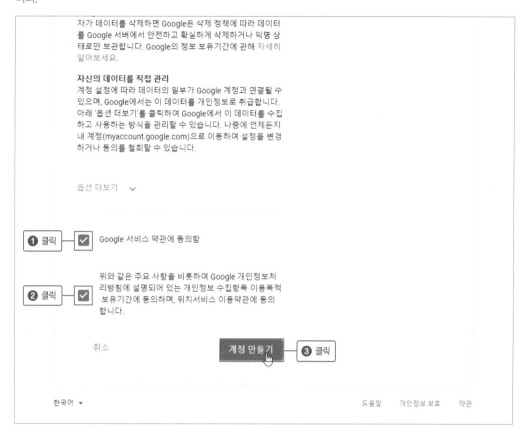

10 │ 크롬 웹브라우저에서 계정 생성이 완료되면 자동으로 생성된 계정에 로그인되며, 로그인 된 계정으로 클래스룸을 사용하게 됩니다. 계정 선택을 변경하거나 로그아웃도 가능합니다.

크롬 웹브라우저를 활용하여 계정을 생성할 수 있으며, 로그인 상태에서 새로운 계정을 추가할 수 있습니다.

❶ 크롬 웹브라우저에 로그인 상태라
   면, 오른쪽 상단에 있는 사용자 버
   튼을 클릭하여 로그인 관련된 팝업
   에서 (다른 계정 추가) 버튼을 클릭
   합니다.

❷ 계정 선택 페이지에서 (다른 계정
   사용)을 클릭합니다.

크롬 브라우저가 로크인 상태가 아니라면
오른쪽 상단에 있는 (로그인) 버튼을 클릭
합니다.

❸ 로그인 대화상자가 활성화되면 하
   단에 있는 (계정 만들기)를 클릭하
   여 나온 팝업에서 (본인 계정)을 클
   릭합니다. 이 후 과정은 Gmail 만들
   기와 동일한 과정으로 진행됩니다.

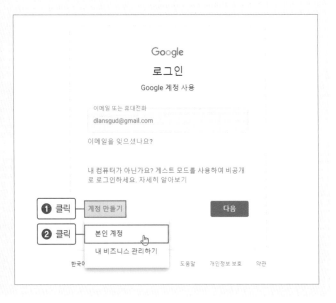

Section 05

사용중인 **이메일로 구글 계정 등록하기**

구글 계정은 Gmail로 만드는 것이 효율적일 수 있으나 학교 이메일이나 자신이 사용하던 익숙한 이메일을 구글 계정으로 등록하여 사용할 수 있습니다. 단, 사용 중인 이메일로 인증 수신이 필요하며 계정 만들기 단계에서부터 Gmail이 아닌 다른 이메일 주소를 사용할 수 있습니다.

01 │ Google 계정 만들기 페이지로 접속하면 사용자 이름의 하단에 파란색으로 표시된 〔대신 현재 이메일 주소 사용〕 버튼을 클릭합니다.

02 │ 성, 이름을 입력하고 자신이 사용할 이메일 주소를 입력합니다. 만약 다시 Gmail 주소로 만들고 싶다면 〔새로운 Gmail 주소 만들기〕를 클릭합니다. 비밀번호까지 입력하고 〔다음〕 버튼을 클릭합니다.

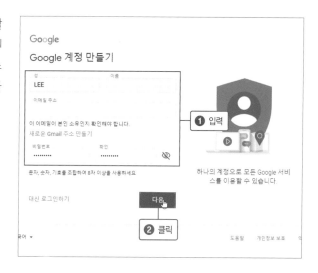

03 │ 이메일 주소 인증을 위해서 구글에서 입력한 이메일로 보안 코드를 전송합니다. 이메일을 확인하여 수신된 보안 코드를 코드입력란에 입력하고 (확인) 버튼을 클릭합니다.

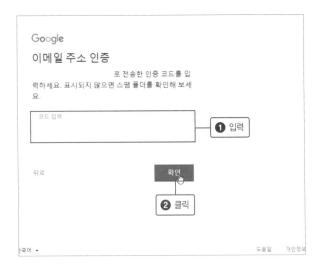

04 │ 입력된 코드가 정확하다면 이메일 주소 인증 이후 전화번호 인증도 필요합니다. 전화번호 인증을 위해 핸드폰 번호를 입력하고 (다음) 버튼을 클릭합니다.

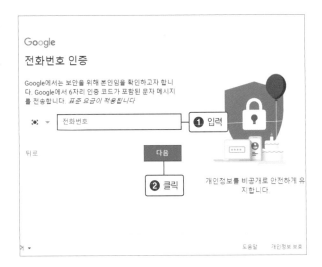

05 │ 입력된 전화번호로 온 인증 코드를 입력하고 (확인) 버튼을 클릭합니다. 해외에서 문자가 전송되기 때문에 약간의 시간은 필요하며, 혹시 문자 번호를 받지 못하였다면 (뒤로)를 클릭하여 다시 전화번호 입력 후 인증코드를 받거나 전화로 대체할 수도 있습니다.

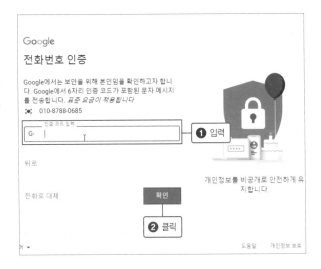

06 | Gmail과 같이 구글 계정 관리를 위한 전화번호 및 생일, 성별 등의 정보를 입력합니다. 정보를 모두 입력했다면 (다음) 버튼을 클릭하면 이후 과정은 Gmail 생성 과정과 동일합니다.

자신의 이메일 주소를 사용하여 구글 계정에 로그인하였으므로 복구 이메일은 별도로 제공하지 않으며, 자신의 이메일 주소를 사용합니다.

알아두기 구글 계정 시 메일 사용

구글 계정은 구글 클래스룸에서 꼭 필요하며, Gmail이 기본이지만 개인이 사용하였던 이메일을 사용할 수 있지만, Gmail을 사용하는 것이 좀 더 편리합니다. 사용 중에 필요에 의해서 변경해야 하는 경우가 있을 수 있으므로, 개인 이메일 주소보다는 구글 관련 앱을 효과적으로 사용하기 위해서 Gmail 계정을 생성하여 사용하는 것이 좋습니다. 개인 이메일 주소를 구글 계정으로 등록한 상태라면 언제든지 Gmail 계정으로 변경은 가능하며, 개인 이메일 주소는 복구나 보조 이메일 주소로 등록됩니다.

수업 시작!
온라인 수업 개설하기

구글 클래스룸의 구성을 확인한 다음 수업 이름부터 제목, 강의실을 설정하여 수업을 개설합니다. 개설된 수업은 필요에 의해서 재설정이 되거나 수업 삭제를 할 수 있습니다. 개설된 수업은 고유 수업 코드가 생성되며, 수업 코드를 이용하여 학생을 이메일로 초대하거나 수업을 공동으로 관리할 교사 초대가 가능합니다.

Part 2

Section 01

구글 클래스룸 화면 이해하기

구글 클래스룸의 인터페이스는 모바일에서도 최적화될 수 있도록 최신 UI 트렌드를 반영하고 있습니다. 직관적인 인터페이스는 단순해 보이긴 하지만 사용성을 높여주며, 연령이나 교육 수준 등에 관계없이 사용하기 쉽도록 구성되어 있습니다.

교사용 수업 페이지

수업 페이지는 수업들을 카드 형태로 제공하고 있습니다. 수업별로 학생수를 확인하고 수업에 필요한 공지를 확인할 수 있습니다. 성적 및 수업 관리를 할 수 있는 메뉴와 수업 관련 구글 드라이브로 접속할 수 있는 기능을 제공하고 있습니다. 모바일의 경우 성적 기록 열기, 폴더 열기 등의 기능을 제공하지 않습니다.

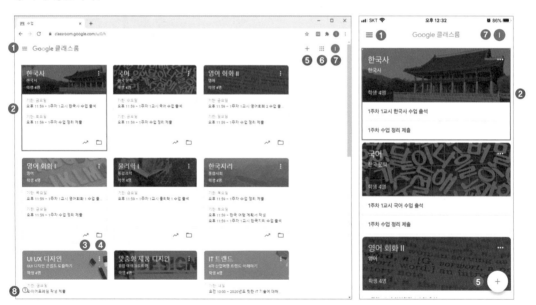

❶ **기본 메뉴** : 수업을 선택하거나 캘린더, 과제 등에 접속할 수 있고, 별도로 된 수업 메뉴와 설정 메뉴도 제공합니다.

❷ **수업 카드** : 각각의 수업 기본 정보를 제공하고 선택할 수 있습니다. 수업을 개설한 경우 학생의 숫자가 표시됩니다. 또한 과제 정보도 표시되며 과제로 직접 이동할 수 있습니다.

❸ **성적 기록 열기** : 학생들의 성적을 확인할 수 있습니다.

❹ **폴더 열기** : 수업에 관련된 자료가 저장된 구글 드라이브 폴더를 새 탭에서 열어줍니다.

❺ **수업 만들기 또는 참여하기** : 수업을 만들거나 참여할 수 있습니다.

❻ **구글 앱** : 수업에 필요하거나 설정된 기능 페이지로 이동합니다. 구글에서 제공하는 다양한 앱을 사용할 수 있습니다.

❼ **계정** : 현재 사용하고 있는 계정 정보를 확인할 수 있습니다.

❽ **도움말** : 구글 클래스룸 사용에 필요한 도움말 및 기능 소개를 확인할 수 있습니다.

학생용 수업 페이지

구글 클래스룸은 수업을 개설할 수 있고 학생으로 수업에 참여할 수 있으므로, 학생용과의 차이는 수업 카드에서만 차이가 있습니다. 모바일의 경우 과제 열기, 폴더 열기 기능은 제공하지 않습니다. 모바일 페이지에서는 참여 중인 수업에 대한 표시인 사람 모양 버튼을 제공하지 않습니다.

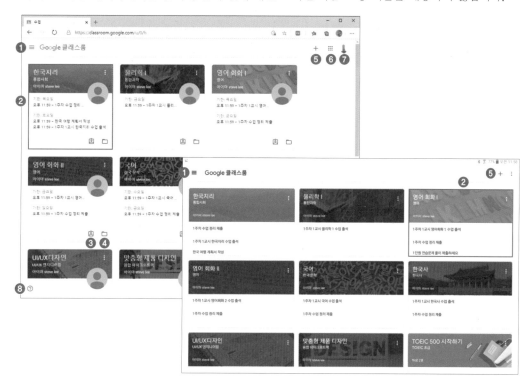

❶ **기본 메뉴** : 수업을 선택하거나 캘린더, 과제 등에 접속할 수 있고, 별도로 보관된 수업과 설정 메뉴도 제공합니다.

❷ **수업 카드** : 각각의 수업 정보를 확인할 수 있으며, 수업을 개설한 개설자의 이름이 표시됩니다. 수업에 참여하는 경우 사람 모양의 버튼이 수업 이름 탭에 표시가 되며 버튼이 없는 경우 개설한 수업입니다. 과제가 있는 경우 수업 카드에 표현되며, 과제 페이지로 이동도 가능합니다. 과제를 제출했다면 과제 정보는 사라집니다.

❸ **과제 열기** : 과제 페이지로 이동됩니다.

❹ **폴더 열기** : 수업에 관련된 자료가 저장된 구글 드라이브 폴더를 새 탭에서 열어줍니다.

❺ **수업 만들기 또는 참여하기** : 수업을 만들거나 참여할 수 있습니다.

❻ **구글 앱** : 수업에 필요하거나 설정된 기능 페이지로 이동합니다. 웹브라우저에 포함된 기능으로 관련된 기능을 사용할 수 있습니다.

❼ **계정** : 현재 사용하고 있는 계정 정보를 확인할 수 있습니다.

❽ **도움말** : 구글 클래스룸 사용에 필요한 도움말 및 기능 소개를 확인할 수 있습니다.

스트림 페이지

수업별로 필요한 공지와 주요 내용이 포함된 페이지입니다. 수업 개설자에게는 수업 코드와 테마 선택, 사진 업로드 기능을 통하여 수업 공유 및 테마를 꾸밀 수 있는 기능을 제공합니다. 모바일의 경우 수업 코드와 테마를 변경하는 기능은 별도로 제공합니다.

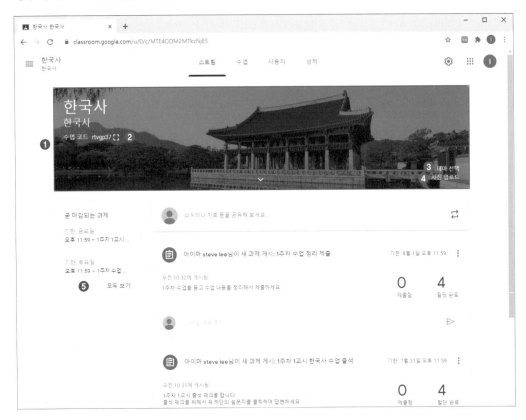

❶ **테마** : 수업에 관련된 정보와 수업에 관련된 기본적인 정보를 수정할 수 있습니다.

❷ **수업 코드** : 수업을 개설하거나 교사인 경우에만 표시되며 수업 코드를 클릭하면 크게 볼 수 있습니다.

❸ **테마 선택** : 기본적으로 구글에서 제공하는 테마를 선택하여 상단의 이미지를 변경할 수 있습니다.

❹ **사진 업로드** : 지정되어 있는 테마 외에 사진을 이용하여 상단 이미지 부분을 꾸밀 수 있습니다.

❺ **곧 마감되는 과제** : 과제를 출제했거나 제출해야 하는 과제가 있는 경우 해당 내용이 표시됩니다.

수업 페이지

과제, 퀴즈 과제, 질문, 자료 등이 등록되어 보이는 페이지로, 주제를 이용하여 분류하거나 기한이 표시되며, 학생인 경우 제출한 과제도 확인이 가능합니다.

❶ **주제** : 별도로 분류된 주제를 확인할 수 있습니다.
❷ **만들기** : 과제, 퀴즈 과제, 질문, 자료, 주제 등을 등록할 수 있습니다.
❸ **구글 캘린더** : 일정을 확인할 수 있는 구글 캘린더로 이동합니다.
❹ **수업 드라이브 폴더** : 수업에 관련된 구글 드라이브로 이동합니다.

사용자 페이지

교사 및 학생을 관리할 수 있는 페이지입니다.

❶ 교사 : 현재 수업에 등록된 교사를 확인할 수 있습니다.

❷ 선생님 초대 : 수업을 같이 운영할 교사를 초대할 수 있습니다. 수업을 삭제할 권한을 제외하고는 모든 교사의 권한이 동일합니다.

❸ 학생 : 현재 수업에 등록된 학생을 관리할 수 있습니다.

❹ 학생 초대 : 학생을 초대할 수 있습니다.

❺ 더 보기 메뉴 : 메뉴를 클릭하면 해당 학생에게 이메일을 보낼 수 있습니다.

성적 페이지

수업을 개설한 경우만 탭메뉴가 활성화되며, 학생들의 모든 과제의 성적 관리를 할 수 있습니다. 모바일에서는 제공하지 않습니다.

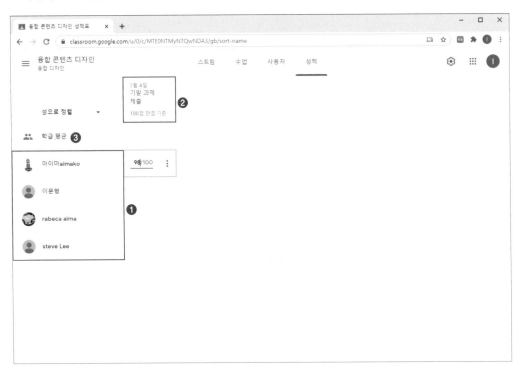

❶ 학생 정보 : 학생 정보를 확인할 수 있으며, 성과 이름으로 정렬해서 볼 수 있습니다.

❷ 과제 구분 : 과제를 구분하여 확인할 수 있습니다.

❸ 학급 평균 : 과제별로 평균 점수를 확인할 수 있습니다.

과제 페이지

출제된 과제를 클릭하면 과제를 확인할 수 있는 학생과제 페이지로 이동하여 성적을 부여하거나 관리할 수 있습니다.

❶ **사용 안내(과제 설명)** : 과제의 내용을 확인할 수 있습니다.
❷ **학생 과제** : 학생들의 과제를 평가할 수 있습니다.
❸ **학생 정보** : 현재 과제를 제출하거나 할당된 학생을 관리할 수 있으며, 점수를 부여할 수 있습니다.
❹ **과제 제출** : 각 학생별로 제출한 과제를 확인할 수 있고, 제출된 과제를 확인할 수 있는 폴더에 접속할 수 있습니다.

알아두기 | 과제 평가 화면

과제 평가 화면은 직접 내용을 수정하여 교사의 의견을 작성하거나 교정해줄 수 있습니다. 성적을 부여하거나 댓글을 학생만 볼 수 있도록 비공개 댓글을 추가할 수도 있습니다.

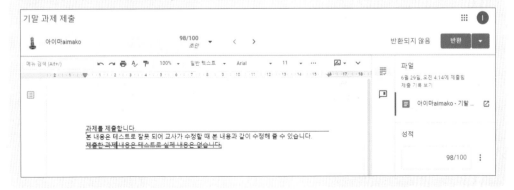

Section 02

온라인 수업의 시작! **수업 개설하기**

수업을 개설하기 위해서 구글 클래스룸(https://classroom.google.com) 사이트를 방문하거나 앱을 이용하여 쉽게 개설할 수 있습니다. 이를 위해서는 구글 계정에 로그인 상태라면, 누구나 수업을 만들어 운영할 수 있습니다.

01 | 수업을 만들기 위해서 웹브라우저 오른쪽 상단의 [수업 만들기 또는 참여하기] 버튼을 클릭하여 나온 팝업 메뉴에서 [수업 만들기]를 클릭합니다. 이를 위해서는 구글 계정이 있어야 하며, 로그인 상태여야 하며, 누구나 수업을 만들어 운영할 수 있습니다.

02 | 지스위트 포 에듀케이션을 사용하는 경우가 아니면 이미지와 같이 수업 관련된 대화상자가 나타나며 지스위트 포 에듀케이션은 필수가 아니므로 지스위트 포 에듀케이션 없이 클래스룸을 개설하고 운영하기 위하여 체크박스에 체크하고 [계속] 버튼을 클릭하여 다음 단계로 진행합니다.

03 | 수업 만들기 대화상자가 나타나면 수업 이름, 부제, 제목, 강의실에 필요한 내용을 입력합니다. 수업 이름은 필수이며 학생들에게 제공될 중요한 정보이므로 정확한 수업 이름을 입력하고 (만들기) 버튼을 클릭하여 수업을 만듭니다.

04 | 수업 개설이 완료되면 해당 수업의 스트림페이지로 이동하며 이제 수업을 관리할 수 있습니다.

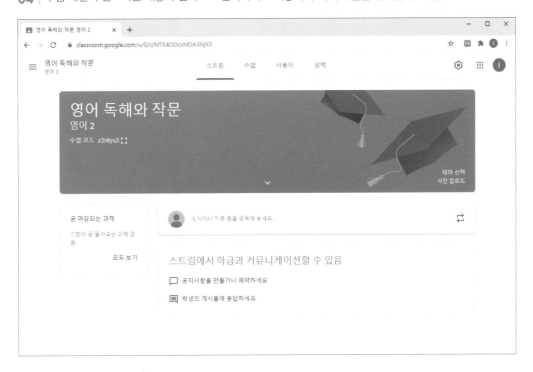

Section 03

구글 클래스룸 앱으로 **수업 개설하기**

　　스마트폰이나 태블릿에서도 브라우저를 통해서 구글 클래스룸 관리가 가능하지만 앱을 이용하여 관리하는 것이 유용하며 스마트폰이나 태블릿에서 앱으로 수업을 관리하기 위해서 수업을 개설해 보겠습니다.

01 │ 수업을 만들기 위해서 오른쪽 하단의 (수업 만들기 또는 참여하기) 버튼인 (+) 표시 버튼을 터치합니다.

02 │ 스마트폰 하단에 팝업된 메뉴 중에서 수업 개설을 위해 (수업 만들기)를 터치합니다.

03 | 지스위트 포 에듀케이션을 사용하는 경우가 아니면 앱에서도 확인을 위한 대화상자가 나타나며, 클래스룸을 개설하고 운영하기 위하여 체크박스에 체크하고 [계속]을 터치합니다.

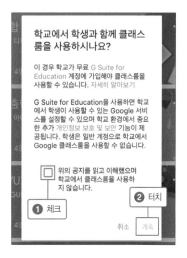

04 | 수업 만들기 대화상자에서 수업명, 섹션, 강의실, 제목을 입력합니다. 수업명은 필수이며 필요한 수업 정보를 모두 입력하고 오른쪽 상단에 있는 [만들기]를 터치합니다.

안드로이드는 웹과 동일하게 나타나지만 iOS에서는 부제가 섹션으로 나타나며 웹과 순서가 다를 수 있습니다.

05 | 개설이 완료되면 수업을 관리하는 스트림페이지로 이동하며 iOS에서는 사용자 메뉴가 인물이라고 표시됩니다. 인물과 사용자는 동일한 기능입니다.

안드로이드 앱은 메뉴 명이나 설정 명이 동일하나 애플은 명칭이나 위치 등 다른 경우가 있습니다.

Section **04**

학생들을 초대하자! **수업 코드 공유하기**

수업으로 학생을 초대하기 위해서는 수업 코드를 공유해야 합니다. 수업 코드 공유하는 방법을 확인해 보겠습니다. 자동으로 수업 코드를 공유하는 기능이 없기 때문에 수업 코드를 복사하여 필요한 곳에 붙여넣고 공유해야 합니다.

01 │ 수업 코드를 공유하기 위해서 학생을 초대할 수업을 선택하고 상단의 수업 코드의 (표시) 버튼을 클릭합니다.

02 │ 수업 코드가 표시되는 대화상자가 열립니다. 크게 표시된 수업 코드를 화면으로 직접 보여주거나 해당 코드를 알려줍니다.

03 │ 메일이나 기타 게시글에 직접 입력하고자 할 경우 수업 코드를 드래그하여 Ctrl +C 를 사용하여 복사하고 필요한 곳에서 Ctrl + V 를 사용하여 붙여넣어, 수업 코드를 공유할 수 있습니다.

Section 05

수업 설정 메뉴에서 **수업 코드 복사하기**

수업 설정 메뉴에서 수업 코드를 복사하거나 재설정이 가능합니다. 모바일도 수업 코드는 수업 설정을 통하여 수업 코드를 공유할 수 있습니다. 수업 설정 메뉴에서 수업 코드를 공유해 보겠습니다.

01 | 수업 코드를 복사하기 위해 필요한 수업에서 오른쪽 상단에 있는 (수업 설정) 버튼을 클릭합니다.

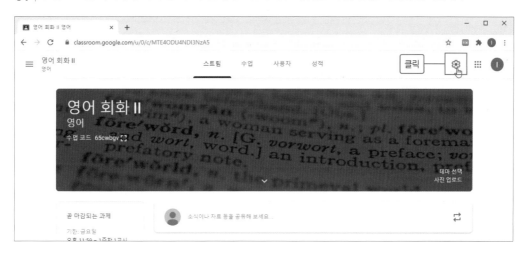

02 | 수업 설정의 페이지에서는 수업 정보 변경도 가능합니다. 수업 코드 복사를 위해서 일반 카테고리로 이동하고 수업 코드 항목의 수업 코드를 클릭하여 나타난 팝업 메뉴에서 (복사) 를 클릭하면 수업 코드가 복사됩니다. 코드를 공유할 부분으로 이동하여 Ctrl + V 를 사용하여 붙여넣기 합니다.

Section 06
학생이 수업 코드로 **수업 참여하기**

수업에 참여하기 위해서는 교사가 부여한 수업 코드를 입력하거나 이메일 초대를 통하여 수업 참여가 가능합니다. 기본적인 수업 참여 방법으로 수업 코드를 이용하여 수업에 참여하겠습니다.

01 | 교사가 공유한 수업 코드를 확인합니다. 수업 코드는 다양한 방법으로 학생들에게 공지될 수 있습니다. 확인한 코드를 복사하거나 코드를 정확하게 기억합니다. 코드는 일반적으로 영문 기준 6~7자로 문자와 숫자로만 사용됩니다. 공백이나 특수 문자는 사용되지 않습니다.

02 | 구글 클래스룸 오른쪽 상단에서 (수업 만들기 또는 참여하기) 버튼을 클릭한 다음 팝업 메뉴에서 (수업 참여하기)를 클릭합니다.

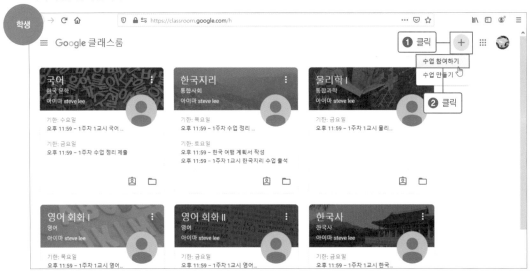

03 | 수업 참여하기 대화상자가 나타나면 수업 코드란에 교사가
제공한 수업 코드를 입력하고 [참여하기] 버튼을 클릭합니다.

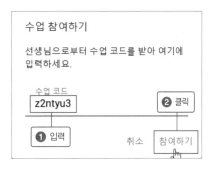

04 | 수업에 참여하면 자동으로 해당 수업 스트림 페이지로 이동합니다.

05 | [기본 메뉴]를 클릭하여 기본 메뉴에서 [수업]을 클릭하여 수업 페이지로 이동하면, 수업 코드로 추가한 수
업이 적용되어 표시된 것을 확인할 수 있습니다.

Section 07

수업 관리의 시작! **이메일로 학생 초대하기**

수업을 개설한 사용자는 교사가 되며 온라인 수업의 경우 수업 코드를 보여주거나 공지할 수 없는 경우 이메일로 학생을 초대할 수 있습니다. 학생은 수업 코드를 직접 입력하거나 이메일로 받는 초대 메시지를 활용하여 수업에 참여할 수 있습니다.

01 | 학생 초대가 필요한 수업에서 (사용자) 탭을 클릭합니다.

02 | 사용자 탭으로 들어가면 교사 또는 학생을 초대할 수 있습니다. 학생 초대를 위해서 (학생 초대) 버튼을 클릭합니다.

03 | 구글 주소록에 등록된 이름이 있는 경우 이름을 입력하면 자동으로 리스트에 나타나며, 초대할 학생이 있다면 선택하여 초대할 수 있습니다. 동시에 여러 명도 선택 가능하며, 주소록에 없는 경우 이메일 주소를 직접 입력하여 초대가 가능합니다.

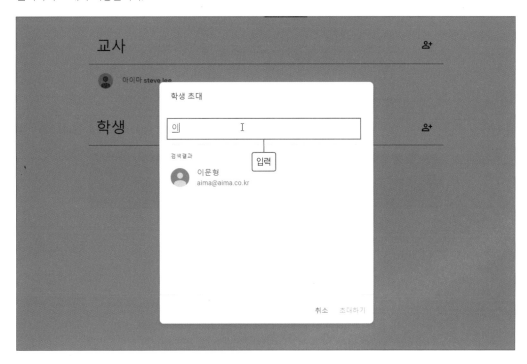

04 | 리스트에서 이름을 선택하거나 직접 입력한 이메일 주소를 선택하면 학생 초대 항목에 표시되며 하단에 있는 [초대하기] 버튼을 클릭하여 초대 과정을 진행합니다.

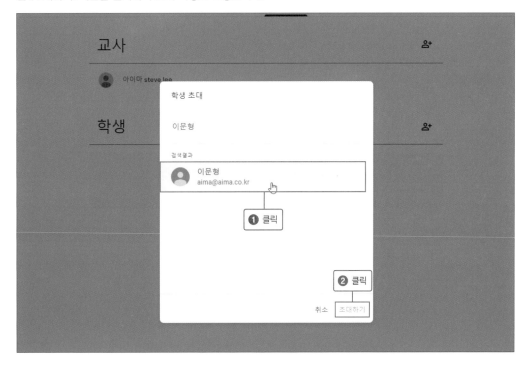

05 │ 초대 과정이 완료되면 초대된 학생이 리스트가 나타납니다. 초대 진행 중인 학생은 '초대됨' 메시지와 함께 밝은 회색으로 표시됩니다.

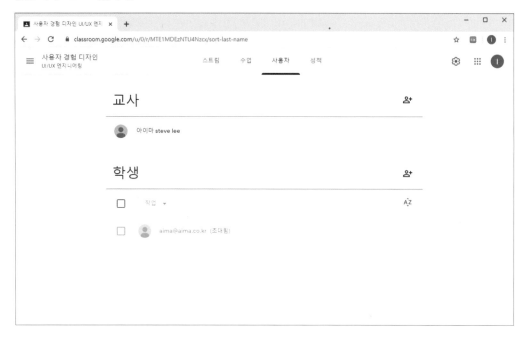

 학생이 이메일에서 초대 메시지를 눌렀지만 수업 초대를 제대로 수행하지 않은 경우, '초대됨' 메시지가 사라지고 학생으로 추가되지 않을 수 있습니다. 이런 경우에는 다시 초대를 해야 합니다.

06 │ 초대가 완료되면 '초대됨' 메시지는 사라지고 활성화되어 정상적으로 리스트에 초대되었던 학생이 등록됩니다.

Section 08

구글 클래스룸 앱에서 **이메일 주소로 학생 초대하기**

앱에서도 학생을 이메일을 활용하여 수업으로 초대할 수 있습니다. 학생들의 구글 계정으로 등록된 이메일 주소를 주소록에 등록하면 쉽게 수업 초대가 가능합니다. 이메일 주소를 활용하여 수업을 초대해 보겠습니다.

01 | 학생을 초대할 수업을 선택하고 (인물) 또는 (사용자)를 터치합니다.

02 | 인물 페이지로 이동하면 학생 카테고리에서 (학생 초대) 버튼을 터치합니다.

03 | 학생 초대는 주소록에 있는 학생 또는 직접 이메일 주소를 입력하여 학생을 초대할 수 있습니다. 이메일 주소를 입력하고 수신자 추가 항목에서 추가할 이메일 주소 또는 학생 이름을 터치하여 선택합니다.

04 | 초대할 학생 리스트가 상단에 추가되면 오른쪽 상단의 [초대] 버튼을 터치합니다.

05 | 학생 초대를 통하여 수업에 참여하면 학생 리스트에 정상적으로 진하게 표시되며 '초대됨' 메시지가 사라집니다. 수락하지 않은 학생은 '초대됨' 메시지가 계속 표시되며 밝은 회색으로 표시됩니다.

Section **09**

이메일 초대 **수락**을 통한 수업 참여하기

    교사는 학생들에게 수업 코드를 이용하여 수업에 초대하는 것이 교사에게는 편리한 방법이지만 학생들에게는 메일을 통한 접근이 더 쉬울 수 있습니다. 그러나 초대만으로 끝내는 것이 아니라 교사는 초대를 정상적으로 수락하여 학생 리스트에 등록되었는지 확인해야 합니다. 학생들의 이메일을 통한 수업 참여 방법을 확인해 보겠습니다.

01 │ 학생들은 자신의 구글 계정으로 사용하는 이메일을 확인하여 '수업 초대'라는 머리말로 시작하는 메일 제목을 확인하고 메일 내용의 (참여하기) 버튼을 클릭합니다.

> 교사는 학생들의 구글 계정을 미리 확인하고 구글 주소록에 등록하고 사용하는 것이 편리합니다.

02 │ 학생으로 수업 참여 대화상자가 활성화되며 수업 명을 확인합니다. 현재 로그인되어 있는 구글 계정을 확인하고 정상적인 경우 (참여하기)를 클릭합니다. 만약 본인의 계정이 아니라면 (계정 전환)을 클릭하여 자신의 계정으로 접속해야 합니다.

알아두기

초대장을 찾을 수 없음 대화상자가 나타나는 경우
(참여하기)를 눌렀으나 수업 참여가 완료되지 않은
상태이거나 또는 초대가 취소되거나 오류가 난 상
태일 수 있습니다. 이 경우에는 (수업으로 돌아가
기)를 클릭하고 교사에게 다시 초대를 요청하거나
수업 코드를 이용하여 수업에 참여해야 합니다.

> 초대장을 찾을 수 없음
>
> 링크를 다시 확인해 보거나 선생님에게 문의하세요.
>
> [수업으로 돌아가기]

03 | 수업 참여가 정상적으로 이루어졌다면 해당 수업 스트림 페이지로 이동이 됩니다.

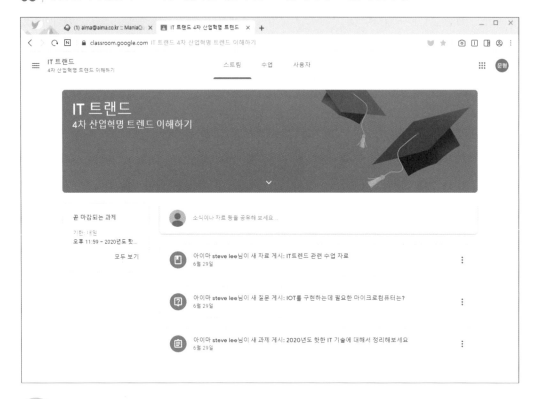

 알아두기 **수업 참여 확인하기**

수업 참여를 확인하기 위해서 사용
자 탭 메뉴를 클릭해도 본인의 아이
디는 표시되지 않으며, 해당 페이지
에 접근할 수 있거나 수업 페이지에
서 표시되면 수업에 정상적으로 참
여한 것입니다.

Section 10

공동으로 **관리할 선생님 초대하기**

구글 클래스룸에서는 학생처럼 교사를 여러 명 지정하고 수업을 같이 관리할 수 있습니다. 교사를 초대하는 방법은 학생 초대와 거의 동일한 방법으로 쉽게 초대할 수 있습니다. 초대된 선생님은 수업 삭제를 제외하고 모든 작업을 수행할 수 있습니다. 학교에서 클래스별로 수업을 개설하고, 한 수업에서 여러 과목을 진행하는 방법으로 사용할 수 있습니다.

01 │ 구글 클래스룸에서 수업을 공동 관리할 교사를 초대할 수업을 선택하고 (사용자) 탭을 클릭합니다.

02 │ 사용자 탭에서 교사 카테고리 오른쪽의 (선생님 초대(🧑‍➕)) 버튼을 클릭합니다.

03 | 선생님 초대 대화상자가 나타나면 주소록에 있는 이름 중에서 선택하거나 이메일 주소를 입력하고 검색 결과에서 표시된 초대할 교사를 클릭합니다.

04 | 초대할 선생님 리스트가 추가된 것을 확인하고, 하단에 있는 [초대하기] 버튼을 클릭하여 선생님 초대를 완료합니다.

05 | 교사가 초대된 것을 확인할 수 있습니다. '초대됨' 표시가 된 경우는 초대한 교사가 이메일 확인을 통한 교사 수락을 하지 않은 상태입니다.

06 | 초대 이메일을 확인하고 수락하면 교사로 추가되며 수업을 같이 운영할 수 있습니다. 초대된 교사는 수업 삭제를 제외하고 동일한 권한이 부여됩니다.

알아두기 선생님 초대 수락하기

'선생님 초대 수락하기'는 이메일을 사용하여 가능합니다.

❶ 이메일을 보면 함께 가르치기 초대 메일을 선택하여 선생님으로 초대된 메시지를 확인합니다. 공동 담당 선생님으로 교사를 수락하기 위해서 메일에 내용 중 [참여하기] 버튼을 클릭합니다.

❷ '수업을 공동 담당하시겠습니까?' 대화상자가 나타나면 메시지의 내용을 확인하고 [수락]을 선택하면 선생님으로 추가됩니다.

Section 11

수업 카드 순서를 변경하여 관리하기

수업 관리를 위해서 수업 카드를 원하는 위치로 이동할 수 있으며, 한번에 맨 위로 또는 맨 아래로 이동시킬 수 있습니다. 교사, 학생 모두 카드 이동 기능을 지원합니다.

01 | 수업 카드의 위치를 변경할 수업 카드를 드래그하여 원하는 위치로 이동합니다.

02 | 수업 카드 위치를 변경하여 관리할 수 있습니다. 수업이 많아지는 경우 교사나 학생 모두 수업 카드 위치를 이동시킬 수 있습니다.

03 | 수업 위치를 변경하기 위해서 (더 보기) 버튼을 클릭하고 팝업 메뉴에서 (이동)을 클릭합니다.

04 | 수업 리스트 대화상자가 활성화되면 현재 선택된 수업은 투명도가 적용되어 표시되며, (이 수업)이란 메시지가 적용됩니다.

05 | 위치를 이동할 수업을 클릭하면 선택된 수업 아래쪽으로 위치가 변경되며, 맨 위로 또는 맨 아래로를 클릭하는 경우 처음 또는 끝부분으로 이동합니다.

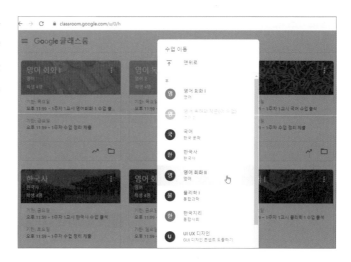

Section 12

수업을 재설정하려면 **수업 코드 재설정부터!**

필요에 따라서 수업 코드를 변경하고 싶다면 재설정이 가능하며, 원하는 코드로 직접 입력 기능을 지원하고 있지 않기 때문에 랜덤으로만 새로운 수업 코드를 생성할 수 있습니다.

01 | 수업 코드 재설정이 필요한 수업으로 들어가서 오른쪽 상단에서 (수업 설정) 버튼을 클릭합니다.

02 | 일반 카테고리의 수업 코드 항목에서 수업 코드를 클릭하고, 팝업되는 셀렉트 박스에서 (재설정)을 클릭합니다.

03 | 재설정된 수업 코드로 변경되며 왼쪽 하단에 알림 메시지로 변경되었음을 알려줍니다. 변경된 메시지는 다시 복사하여 공유할 수 있습니다.

Section 13

온라인 수업 **보관 처리와 취소하기**

수업은 필요에 따라서 삭제나 등록 취소가 가능합니다. 수업 삭제도 가능하지만 수업 삭제 전 보관 처리를 하여 수업을 수업 페이지에서 노출이 되지 않도록 할 수 있습니다. 보관 처리된 수업은 다시 수업으로 활용 가능합니다.

01 │ 구글 클래스룸에서 수업 페이지에서 등록 취소하기 위해서 보관 처리할 수업을 선택하고 [더 보기] 버튼을 클릭하여 나오는 팝업 메뉴에서 [보관 처리]를 클릭합니다.

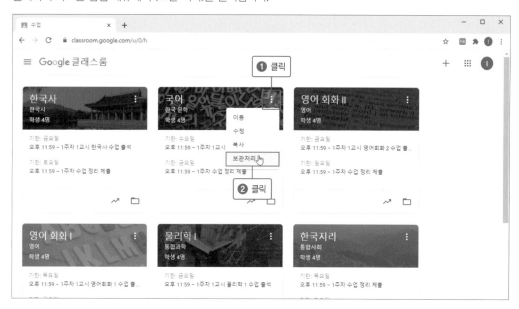

02 │ 보관 처리 관련된 대화상자가 활성화되면 보관 처리를 하기 위해서 대화상자에서 [보관 처리]를 클릭합니다.

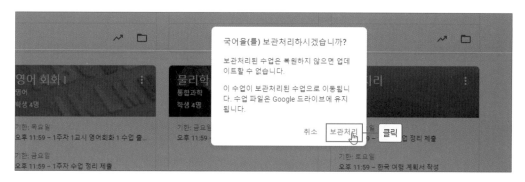

03 | 수업 페이지에서 선택하여 보관 처리한 수업이 사라진 것을 확인할 수 있습니다.

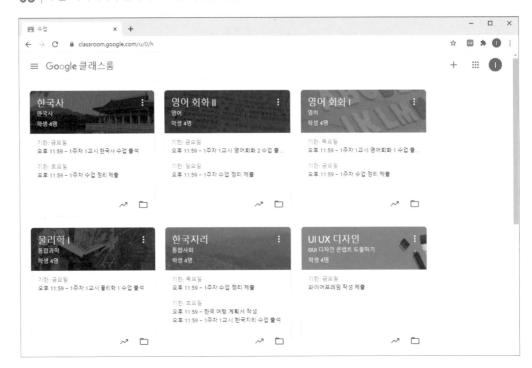

04 | 보관 처리된 수업을 확인하기 위해서 왼쪽 상단의 기본 메뉴를 클릭하면 기본 메뉴가 활성화됩니다. 보관 처리된 수업을 확인하기 위해서 메뉴에서 [보관 처리된 수업]을 클릭합니다.

05 | 보관 처리된 수업 페이지로 이동하면 보관 처리된 수업이 표시되며, 테마 이미지에 사선이 표시되어 구분됩니다.

알아두기 수업 보관 처리

교사가 수업을 보관 처리하면 학생들도 보관 처리된 수업에 해당 수업이 등록되고 수업 페이지에서는 사라집니다. 학생도 보관 처리된 수업 리스트에 등록되며, 내용을 추가하거나 수정하는 것은 불가능합니다.

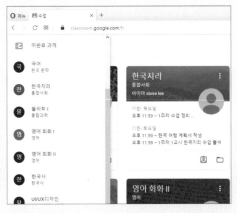

Section 14

보관 처리된 **수업 복원하기**

보관 처리된 수업은 필요에 따라서 복원하여 다시 수업으로 활용할 수 있습니다. 삭제된 수업이 아니기 때문에 필요할 때 언제든지 복원이 가능합니다.

01 | 현재 보관된 수업이 한 과목 있는 것을 확인할 수 있습니다. 보관 처리된 수업을 복원하기 위해서 [더 보기] 버튼을 클릭하고 나오는 팝업 메뉴에서 [복원]을 클릭합니다.

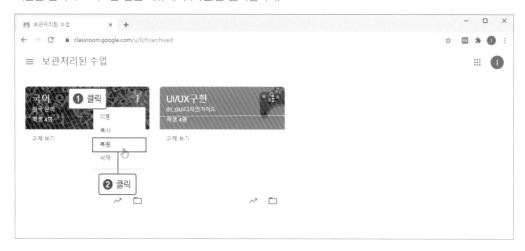

02 | 복원 관련 대화상자가 나타나면 대화상자 메시지를 확인하고 [복원]을 클릭합니다.

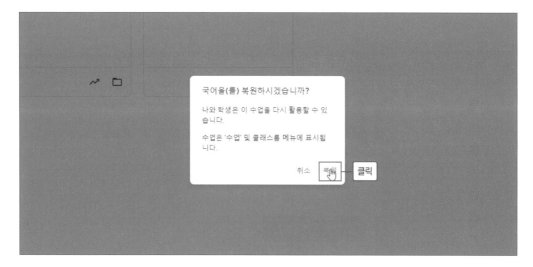

03 | 보관 처리된 수업 페이지에 보관 처리 되었던 수업이 복원되어 사라지며, '수업 복원됨' 메시지를 확인합니다.

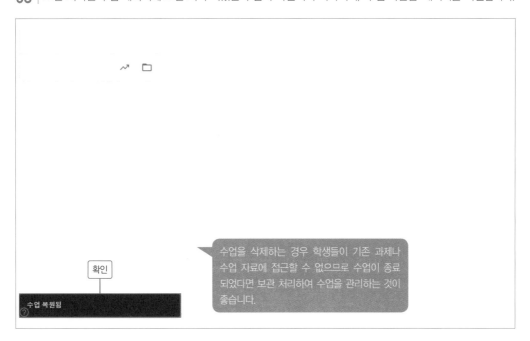

수업을 삭제하는 경우 학생들이 기존 과제나 수업 자료에 접근할 수 없으므로 수업이 종료되었다면 보관 처리하여 수업을 관리하는 것이 좋습니다.

04 | 수업이 복원되어 수업 페이지에 표시된 것을 확인할 수 있습니다.

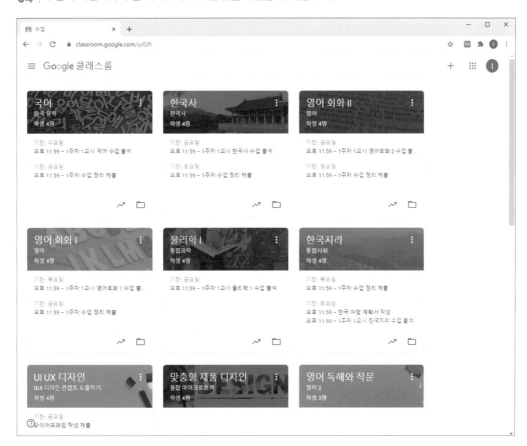

Section 15

보관 처리된 **수업 삭제하기**

수업을 삭제하기 위해서는 우선 보관 처리하여야 하며, 보관 처리된 수업 중에서 삭제가 가능합니다. 수업 파일은 구글 드라이브에 남아 있지만 더 이상 수업에 접근할 수 없으며, 삭제된 수업은 학생 수업 페이지에서도 삭제되어 접근할 수 없습니다. 보관 처리된 수업을 삭제해 보겠습니다.

01 │ 보관 처리된 수업에서 삭제할 수업의 (더 보기) 버튼을 클릭하고 팝업 메뉴 중에서 (삭제)를 클릭합니다.

02 | 수업 삭제 관련된 대화상자가 나타나면 삭제된 수업은 취소할 수 없다는 메시지가 있습니다. 내용을 확인하고 삭제를 하기 위해서 〔삭제〕를 클릭합니다.

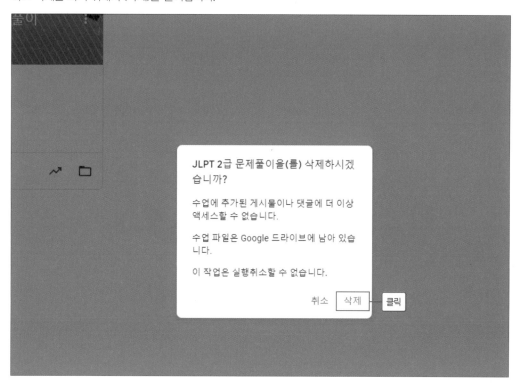

03 | 삭제가 완료되면 '보관 처리된 수업 없음' 메시지가 표시되며 별다른 알림 메시지는 없습니다. 삭제된 수업은 복원이 불가능하므로 신중하게 삭제 과정을 진행해야 합니다.

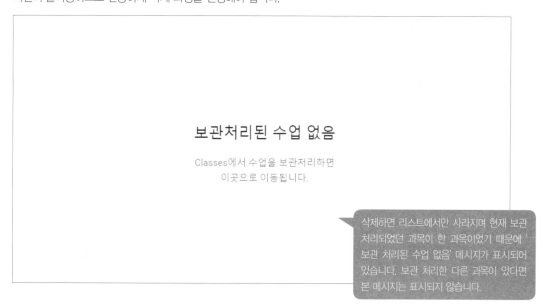

수업 과제 제작과
등록하기

수업 코드를 이용하여 학생들을 수업에 참여시킨 다음
수업 과제를 제작하여 등록하는 과정을 진행합니다.
과제는 원하는 날짜에 예약하여 등록할 수 있으며, 학
생들은 작성한 문서를 첨부거나 구글 문서 기능을 이
용하여 제출합니다. 선생님은 구글 설문지 기능으로
단답형이나 장문형, 퀴즈 형태의 과제를 만들 수 있으며,
학생들은 질문을 하고 해당 답변을 주고 받을 수 있는
커뮤니케이션이 가능합니다.

Part 3

Section **01**

과제 만들기 화면 살펴보기

과제를 만드는 화면은 과제 종류에 따라 차이가 있지만 거의 동일한 인터페이스를 제공합니다. 수업을 운영하기 위해서 과제를 효과적으로 운영할 필요가 있으며, 기본적으로 과제의 내용 부분과 설정 부분으로 구분되어 있습니다. 구글에서 제공하는 구글 문서, 구글 프레젠테이션, 구글 스프레드시트, 구글 드로잉, 구글 설문지 기능을 활용하여 과제를 만들 수도 있습니다.

제목

과제의 제목을 입력할 수 있으며, 필수로 입력해야 합니다.

안내

입력하지 않아도 과제를 생성할 수 있으나 학생들에게 과제에 대한 자세한 설명이 될 수 있으므로 꼭 입력하며, 텍스트 외에 링크도 입력이 가능합니다.

추가

과제를 출제할 때 참고할 수 있는 외부 파일을 추가할 수 있습니다. 구글 드라이브, 링크, 파일, 유튜브 네 가지 종류에서 선택하여 추가할 수 있으며, 과제 하단에 첨부 형태로 추가됩니다. 여러 추가 자료 등록이 가능합니다.

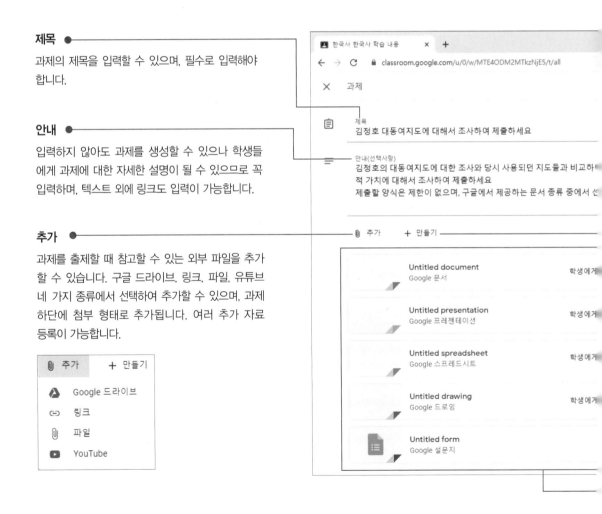

만들기

학생한테 제공할 폼이나 과제 관련된 자료로 사용될 수 있으며, 구글에서 지원하는 5가지 종류를 만들어 제공할 수 있습니다. 구글 문서, 프레젠테이션, 스프레드시트, 드로잉, 설문지가 가능하며, 앱에서는 설문지 기능은 지원하지 않으며, 각각의 앱 설치가 필요합니다.

대상

과목과 학생 등 두 개의 콤보박스로 제공되며, 왼쪽의 콤보박스는 동일한 과제를 만들 수업을 선택할 수 있습니다. 오른쪽 콤보박스는 복수의 과목이 선택되면 비활성화되며, 단일 교과목일 경우 학생 리스트가 표시되어 과제를 제출할 학생을 선택하여 과제를 출제할 수 있습니다.

점수

해당 과제의 최고 점수를 설정할 수 있으며, 채점이 필요없는 과제는 미채점으로 설정할 수 있습니다.

기한

과제 제출 기한을 설정할 수 있습니다. 날짜만 지정할 수 있으며, 필요하면 시간까지 추가로 적용 가능합니다.

주제

과제를 분류할 수 있는 주제를 선택하거나 추가할 수 있습니다.

기준표

평가를 위한 기준표를 만들고 평가에 활용할 수 있습니다.

첨부 파일

추가 및 만들기 기능으로 추가된 각종 자료가 표시되며, 학생들에게 권한을 제한할 수 있습니다. 클릭하면 해당 문서로 이동합니다.

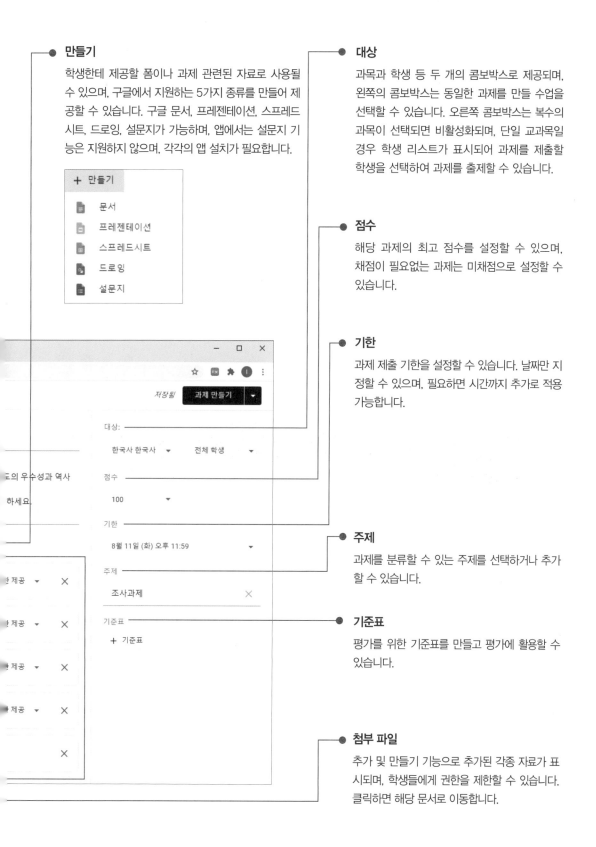

Section 02

수업 운영을 위한 **과제 만들기**

구글 클래스룸에서 과제 기능은 매우 중요하며 학생의 학습을 돕거나 평가할 수 있습니다. 온라인 수업에서 다양한 방법으로 커뮤니케이션을 해야 할 필요가 있으며, 구글 클래스룸에서는 기본적인 커뮤니케이션의 수단으로 과제를 활용합니다.

01 | 과제를 만들기 위해 해당 수업으로 이동한 다음 상단의 (수업) 탭을 클릭하여 선택합니다.

02 | 수업 페이지에서 (만들기) 메뉴를 클릭하고 나온 팝업 메뉴에서 (과제)를 클릭합니다.

03 | 과제를 만들기 위해서 제목과 안내에 과제에 필요한 내용을 입력합니다. 안내는 선택 사항이기 때문에 입력하지 않고 과제를 만들 수 있습니다. 그러나 학생들에게 과제에 대한 상세한 내용이 안내되는 페이지이므로, 입력을 하는 것이 좋습니다.

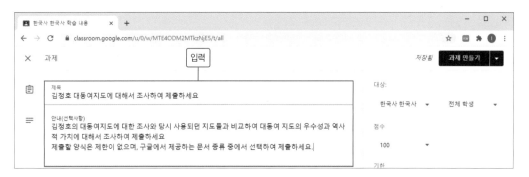

04 | 페이지 오른쪽 과제 옵션 항목에서 대상 항목은 과제를 만들 교과목과 과제 제출 대상 학생을 지정할 수 있으며, 점수는 해당 과제에 대한 평가 점수를 정할 수 있습니다. 점수는 10점으로 직접 변경하고 기한을 클릭하여 날짜나 제출 시간을 선택합니다.

기본적으로 대상은 지정하지 않으면 기본적으로 해당 교과목의 모든 학생에게 과제가 공지됩니다.

05 | 주제는 과제가 등록되고 구분할 항목으로 필요하면 주제를 구분할 수 있습니다. 주제를 지정하지 않기 위해서 (주제 없음)으로 선택하고, 오른쪽 상단의 (과제 만들기) 버튼을 클릭합니다.

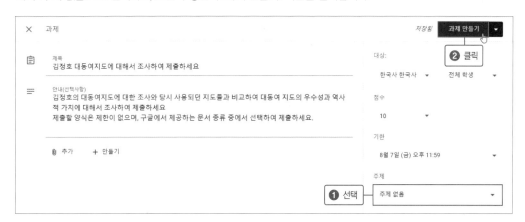

06 | 과제가 만들어지면 왼쪽 하단에 '과제가 생성됨' 메시지와 함께 수업 페이지에 과제 항목으로 추가됩니다. 주제가 구분되지 않았기 때문에 상단에 노출되어 있으며, 주제를 설정한 경우 해당 주제 밑으로 등록됩니다.

07 | (스트림) 탭 메뉴를 클릭하면 스트림 페이지에도 해당 과제가 등록된 것을 확인할 수 있습니다.

Section 03

동시에 여러 **과목 수업 과제 만들기**

동일 과목을 여러 반 수업하는 경우에 같은 수업 관련 자료를 만들어야 할 수 있고, 수업이 다르더라도 같은 공지나 과제 등을 만들어야 할 수 있습니다. 이런 경우 수업마다 만들 필요없이 동시에 여러 과목에 과제를 만들 수 있습니다.

01 │ 과제를 제시할 수업으로 이동하고 과제를 만들기 위해서 [수업] 탭 메뉴를 클릭합니다.

02 │ 수업 페이지에서 [만들기]를 클릭하여 팝업 메뉴에서 [과제]를 클릭합니다.

03 | 과제 페이지에서 과제의 제목과 학생들에게 안내될 내용을 안내에 입력합니다. 안내는 선택 사항이지만 자세한 설명을 입력하는 것이 좋습니다. 단일 과목에만 과제를 생성하는 경우 〔과제 만들기〕를 클릭합니다. 그러나, 여러 과목에 등록하기 위해서 설정 이후에 〔과제 만들기〕를 클릭해야 합니다.

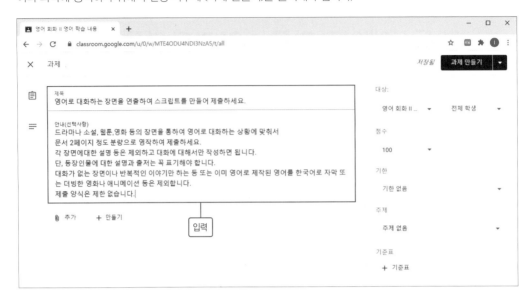

04 | 오른쪽 대상에 두 개의 입력폼이 표시됩니다. 왼쪽에 있는 폼은 교과목을 선택할 수 있고, 오른쪽은 학생을 선택할 수 있습니다. 과제를 동시에 추가할 교과목의 체크박스를 클릭하여 체크합니다. 기본적으로 과제를 만든 교과목은 상단에 해제될 수 없는 체크 상태로 표시됩니다.

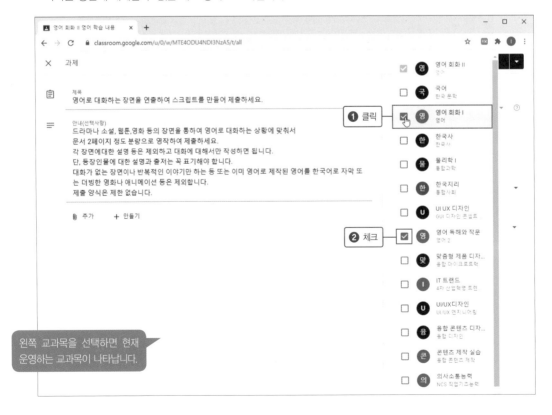

왼쪽 교과목을 선택하면 현재 운영하는 교과목이 나타납니다.

05 | 과제를 출제하는 수업이 다수 선택된 경우 과목마다 수업을 듣는 학생이 다를 수 있기 때문에 학생을 선택하는 콤보박스가 비활성화되어 과제를 제출할 학생을 선택할 수 없습니다.

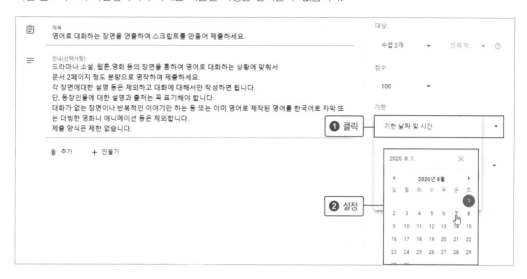

06 | 해당 과제에 대한 점수를 변경하기 위해서 점수 항목을 선택하고 값을 변경합니다. 점수는 숫자로 직접 입력해야 합니다.

07 | 과제가 등록될 주제 항목을 클릭하고 팝업 리스트에서 주제로 분류할 주제를 클릭합니다. 주제가 없는 경우 (주제 만들기)를 클릭하여 주제를 등록할 수도 있습니다.

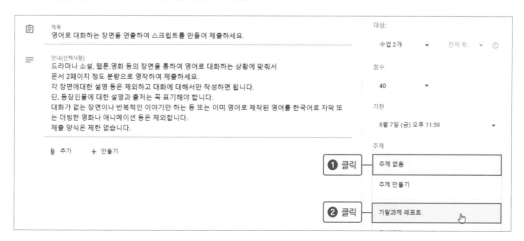

08 | 과제에 관련된 옵션을 모두 설정한 경우 오른쪽 상단에 있는 [과제 만들기]를 클릭합니다.

09 | 과제가 만들어지면 수업 페이지로 이동되며 왼쪽 하단에 '과제가 생성됨' 메시지가 표시됩니다. 선택한 주제인 기말과제 레포트 하단에 분류되어 과제가 등록됩니다.

10 | 동시에 등록한 교과목으로 이동하면 과제가 정상적으로 등록된 것을 확인할 수 있습니다.

Section 04

희망하는 시간에 **과제 등록을 위한 과제 예약하기**

과제를 지정한 시간에 공개하기 위해서는 과제 예약하기를 활용하는 것이 좋습니다. 과제 예약하기 활용으로 동일한 시간에 모든 학생에게 과제를 공지할 수 있습니다. 과제 외에 퀴즈 과제, 질문, 자료 등도 예약할 수 있습니다.

01 │ 과제를 예약 등록하기 위해서 과제를 등록할 수업 과목으로 이동하고 〔수업〕 탭 메뉴를 클릭합니다.

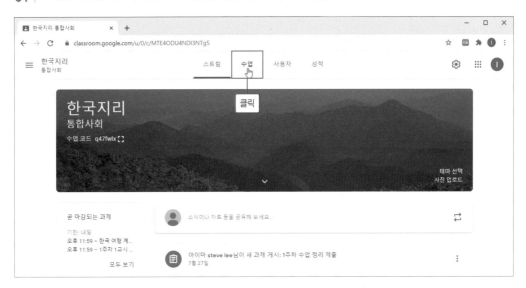

02 │ 수업 페이지로 이동하면 과제를 만들기 위해서 〔만들기〕 버튼을 클릭하고, 팝업 메뉴에서 〔과제〕를 클릭합니다.

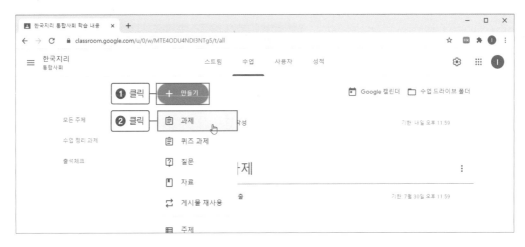

03 과제 페이지에서 과제의 제목과 안내 내용을 입력합니다.

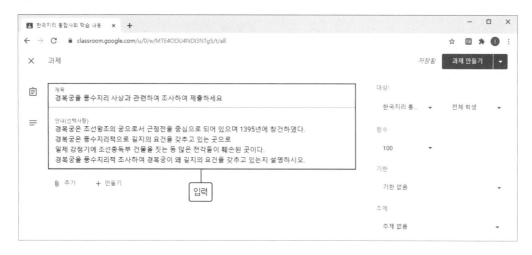

04 과제를 예약하기 위해서 오른쪽 상단에 있는 [과제 만들기] 버튼 오른쪽에 있는 작은 삼각형을 클릭하고 팝업 메뉴가 나오면 [예약]을 클릭합니다.

05 과제 일정 예약 대화상자가 나타나면, 과제를 학생들에게 공개할 날짜와 시간을 입력하고 [예약] 버튼을 클릭합니다.

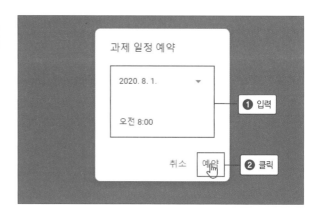

06 | 과제를 예약하면 왼쪽 하단에 과제가 예약된 메시지가 표시되고, 과제 내용을 보면 회색으로 '*예약*'된 과제라고 메시지가 표시가 됩니다.

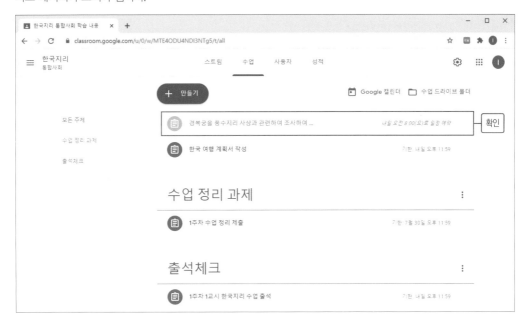

07 | 과제가 예약된 수업의 학생 페이지를 보면 아직 아무 과제도 등록되지 않은 것을 볼 수 있습니다. 예약된 시간이 되면 수업 스트림 페이지에 공개됩니다.

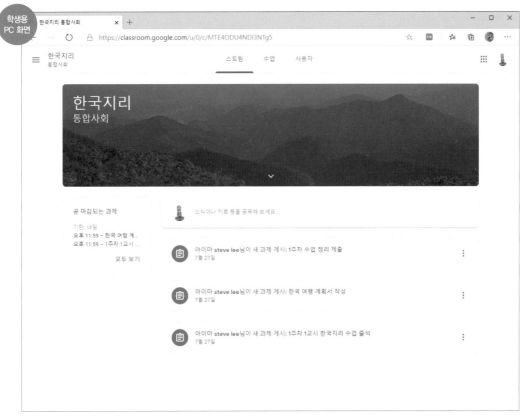

08 학생 페이지 수업 탭으로 이동해도 예약된 과제는 표시되지 않습니다.

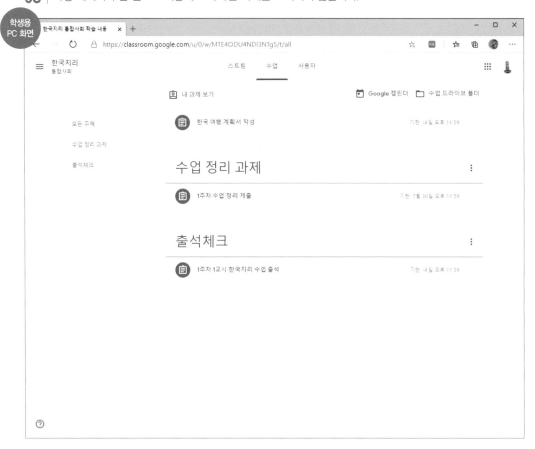

초안 표시

과제를 등록하다가 오류 표시가 나거나 과제 만들기 중간에 취소한 경우 과제 항목에 '초안'이라고 표시가 됩니다. 이 경우 과제를 수정하거나 삭제할 수 있습니다. 과제 오른쪽에 '초안'이라고 표시되면 밝은 회색으로 버튼과 텍스트가 표시됩니다. 수정을 위해서 과제 제목을 클릭하여 과제 수정을 하거나 더 보기 메뉴를 활용할 수 있습니다.

Section 05

구글 클래스룸 앱을 활용한 **수업 과제 만들기**

구글 클래스룸 앱에서도 과제 만드는 방법은 크게 차이가 나지 않고, 동시에 여러 과목의 과제를 동시에 출제도 가능합니다. 모바일은 수시로 접속 가능하고 관리가 편하기 때문에 모바일에서 과제 만들기 기능을 자주 사용할 수 있습니다.

01 | 구글 클래스룸 앱을 실행하면 수업 카드들이 배치되어 있습니다. 과제를 만들 수업을 터치합니다.

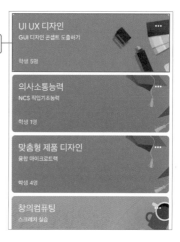

02 | 수업 스트림 페이지로 이동이 되면 과제를 만들기 위해서 하단에 있는 [수업] 메뉴를 터치합니다.

> 모바일에서 과제를 만들 때 구글 앱이 필요할 수 있으므로, 구글 문서, 구글 스프레드시트, 구글 프레젠테이션, 구글 드라이브 앱 설치가 필요합니다.

03 | 수업 페이지로 이동하면 임시로 등록된 과제가 있더라도 표시됩니다. 웹브라우저에서는 초안으로 표시되지만 앱에서는 임시로 표시됩니다. 과제를 추가하기 위해서 오른쪽 하단에 있는 [+] 표시 버튼을 터치합니다.

04 | 하단에 팝업으로 나타난 메뉴에서 과제를 추가하기 위해서 [과제]를 터치합니다.

> 구글 설문 기능을 활용하는 웹브라우저와는 달리 퀴즈 과제는 앱에서 지원하지 않습니다.

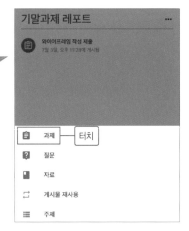

05 | 과제 페이지가 활성화되면 제목과 안내 사항을 입력합니다. 페이지 상단에 보이는 클립(◉) 모양의 버튼은 파일 첨부가 필요할 때 사용하면 됩니다.

06 | '기한'을 터치하면 캘린더가 나타납니다. 과제 기한으로 지정할 날짜를 설정하고 [확인]을 터치하여 마감 날짜를 지정합니다.

07 | 주제를 설정하려면 주제를 터치하여 지정하고 모든 과제 내용이 입력되었다면 오른쪽 상단의 (보내기) 버튼을 터치하여 완료합니다.

08 | 수업 페이지로 이동되며 새로 만든 과제가 리스트에 등록된 것을 확인할 수 있습니다.

알아두기 과제 제시하기

교사는 과제를 만들때 여러 과목에 동일한 과제를 등록할 수 있고, 한 과목에서만 과제를 만드는 경우 과제를 제출할 학생을 지정하여 과제를 만들 수 있습니다.

❶ 과제의 상단에 교과목 명을 터치하면 수업을 진행하고 있는 수업 리스트가 나오며, 동시에 게시할 수업을 체크하면 동시에 게시됩니다.

❷ 지정된 학생에게 과제를 제시하고자 할 경우 전체 학생을 터치하면 학생 리스트가 나오며, 기본적으로 모든 학생이 체크된 상태이므로 체크를 해제하거나 필요한 학생만 체크하여 과제를 지정된 학생에게 제시할 수 있습니다.

Section **06**

구글 문서를 활용한 **과제 제출하기**

과제를 제출하는 방법은 파일 첨부하거나, 구글에서 지원하는 다양한 문서 기능을 이용하여 제출할 수 있습니다. 필요에 따라서는 드로잉 기능을 이용하여 직접 그려서 제출할 수도 있습니다.

01 | 수업 카드 페이지를 보면 수업이 과목 카드 하단에 표시됩니다. 과제를 제출하기 위해서 수업 카드를 선택하여 수업 스트림 페이지로 이동합니다. 과제 문구를 클릭하여 과제 페이지로 직접 이동도 가능합니다.

알아두기   과제 리스트가 표시되지 않은 경우

수업 카드에 과제 리스트가 표시되지 않은 경우 수업 카드 하단에 있는 (과제 열기) 버튼을 클릭하여 과제 페이지로 이동 가능합니다.

02 | 수업 스트림 페이지로 이동하면 리스트에도 과제가 표시되며, 제출할 과제를 클릭하여 과제 제출 페이지로 이동 가능합니다. 왼쪽에는 곧 마감되는 과제가 표시되며, 날짜와 시간, 과제 명이 표시됩니다. 해당 문구를 클릭하여 과제 제출 페이지로 이동이 가능합니다. 제출할 과제와 제출한 과제를 확인하기 위해서 (모두 보기)를 클릭합니다.

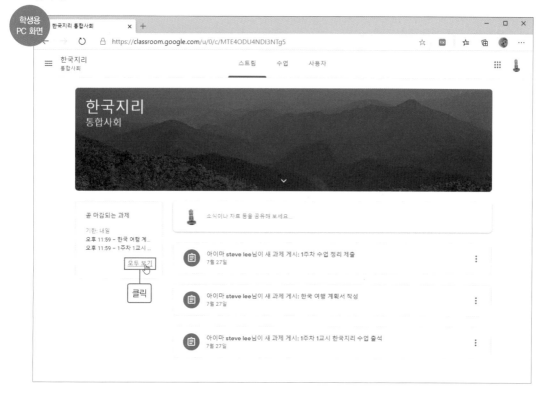

03 | 제출할 과제 리스트가 표시되며 제출한 과제는 '제출함' 표시가 있으며, 제출할 과제가 있는 경우 '할당됨'으로 표시됩니다. 할당된 과제 중 제출할 과제를 클릭하고 과제 정보가 나타나면 하단에 있는 (세부정보 보기) 버튼을 클릭합니다.

수업 페이지에서 각 과제의 내용을 클릭하면 과제에 대한 내용이 표시되며, 과제를 제출한 경우 [과제 보기] 버튼이 나타나며 과제를 수정 제출할 수 있습니다.

04 | 과제 제출 페이지로 이동하면 과제를 제출하기 위해서 오른쪽 상단의 내 과제 항목에서 [+ 추가 또는 생성] 버튼을 클릭합니다. 내 과제 텍스트 오른쪽에 과제를 제출했으면 '제출함'이 표시되며, 제출해야 하는 경우 '할당됨'으로 표시됩니다.

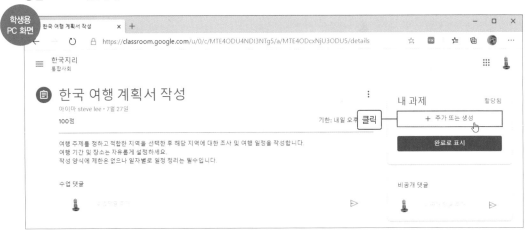

05 | [+ 추가 또는 생성] 버튼을 클릭하면 팝업 메뉴가 표시되며 [문서]를 클릭하여 문서로 작성 제출할 수 있습니다. 링크 또는 파일로 제출할 수 있고 구글 드라이브에 저장된 문서를 선택할 수 있습니다.

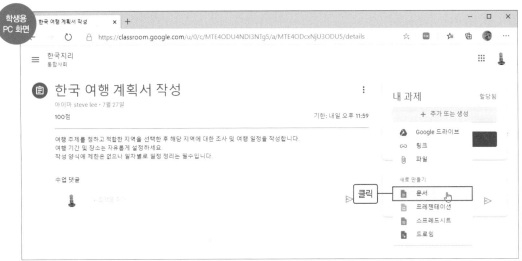

구글에는 기본적으로 문서를 작성하는 기능을 제공하고 있습니다. 기본적으로는 4가지 형태의 기능을 제공하며, 과제 제출은 드로잉 기능을 추가로 제공합니다.

❶ 구글 문서(https://docs.google.com)로 접속합니다. 구글 문서 기능은 무료로 제공되며, 매우 쉽게 사용이 가능합니다.

❷ 구글 클래스룸에서 과제를 제출할 때 (추가 또는 생성) 기능으로 과제로 적용할 문서 종류를 선택하면 내 과제 항목에 선택한 문서가 추가됩니다.

❸ 기본적인 워드 문서를 작성할 수 있는 구글 문서는 한글이나 마이크로소프트 워드와 같이 문서 작성을 할 수 있으며, 기본적인 워드프로세서 프로그램의 기능을 제공합니다.

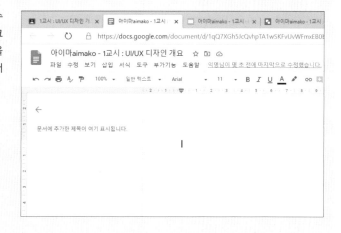

❹ 프레젠테이션을 선택한 경우 대표적인 프레젠테이션 프로그램인 마이크로소프트 파워포인트 프로그램과 같은 발표용 문서를 만들 수 있습니다.

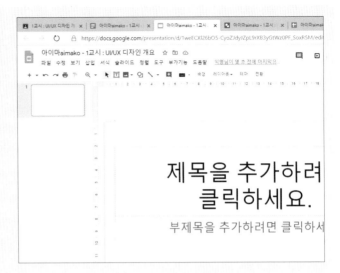

❺ 스프레드시트를 선택하는 경우 마이크로소프트 엑셀과 같은 프로그램으로 스프레드시트 문서를 생성할 수 있고, 과제로 제출할 수 있습니다.

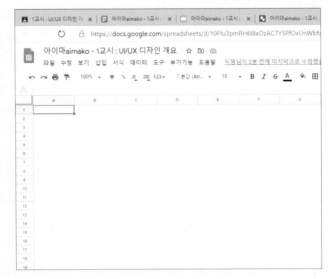

❻ 드로잉을 선택하는 경우 그림 형태로 문서를 만들어 과제를 제출할 수 있습니다.

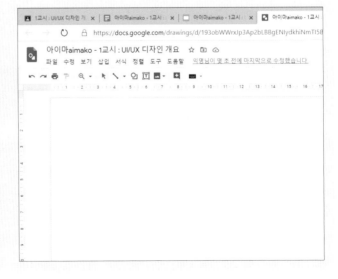

06 | '내 과제' 항목에 선택한 문서가 생성되는 시간이 필요하며, 문서가 완성되면 해당하는 문서를 클릭합니다.

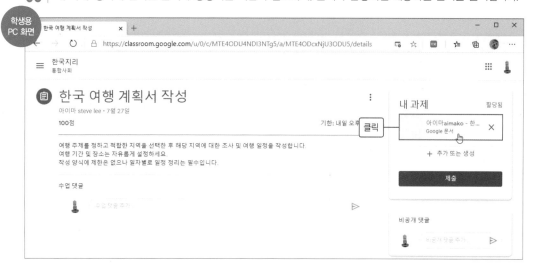

07 | 구글 문서가 새로운 탭으로 활성화됩니다. 과제 제출을 위한 문서를 작성하고 상단에 있는 [제출] 버튼을 클릭하여 제출할 수 있습니다.

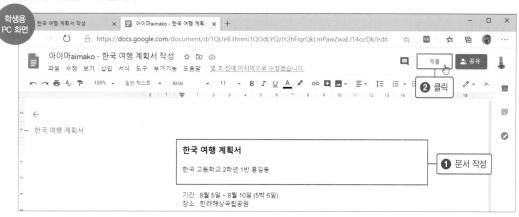

작업 중인 문서는 구글 드라이브나 구글독스에서 선택하여 문서를 수정할 수 있으며, 제출한 과제 문서는 수정을 요청할 수 있습니다. 문서 수정이 완료되면 오른쪽 상단에서 [수정 액세스 요청] 버튼을 클릭합니다.

08 | 과제 제출 대화상자가 활성화되면 제출할 과제의 내용을 확인하고 (제출) 버튼을 클릭합니다. 현재 구글 문서를 활용하였기 때문에 파일 형태로 첨부해서 제출됩니다.

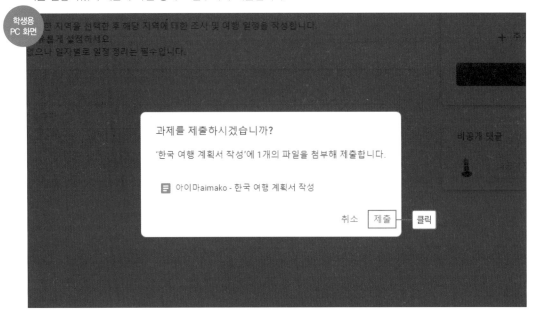

09 | 과제 제출이 완료되면 내 과제 항목에 '제출함'이라고 표시됩니다.

알아두기 원본성 보고서

구글 클래스룸에는 표절 등을 검사하는 원본성 보고서 기능이 있습니다. 교사와 학생 모두 과제의 내용을 구글 검색을 사용하여 많은 웹페이지와 서적을 비교하여 잘못 인용된 경우 표시됩니다. 따라서 학생은 제출 전에 잘못된 인용으로 발생하는 평가의 불이익을 방지할 수 있고, 교사는 평가할 때 내용 검토를 통하여 표절이나 잘못된 인용에 대한 검토가 가능합니다. 그러나 계정이 영어로 설정되고, Google for Education 계정인 경우만 지원하기 때문에 한국에서는 사용이 제한적입니다.

10 │ 과제 제출이 완료되면 수업 스트림 페이지의 왼쪽에 곧 마감되는 과제 항목에서도 사라진 것을 확인할 수 있습니다.

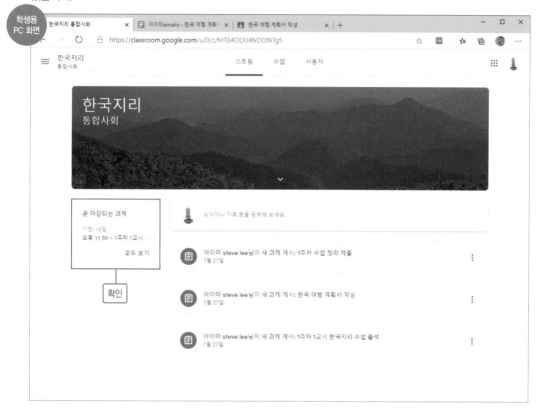

11 │ 상단의 [수업] 탭을 클릭하여 수업 페이지로 이동하면 제출한 과제는 밝은 회색으로 표시되어 제출할 과제와 제출한 과제의 구분이 가능합니다.

Section 07

앱을 활용하여 **구글 문서로 과제 제출하기**

과제를 제출하기 위해서는 구글 문서, 구글 프레젠테이션, 구글 스프레드시트 등의 설치가 필요합니다. 이 앱들이 설치가 되어 있지 않다면 PDF 형태로 저장되어 제출할 수 있습니다. 따라서 원활한 사용을 위해서는 구글에서 지원하는 문서 관련 앱을 설치하는 것이 좋습니다. 구글 클래스룸 앱과는 다르게 컴퓨터에서는 앱을 설치할 필요가 없습니다.

01 | 과제를 제출한 수업을 선택하고 스트림 페이지의 리스트에 있는 과제를 클릭하여 과제 페이지로 이동할 수 있지만 수업 페이지에서 과제 목록에서 확인하여 과제를 제출할 수 있습니다. 과제를 확인하기 위해 하단 메뉴에서 (수업) 탭을 터치합니다.

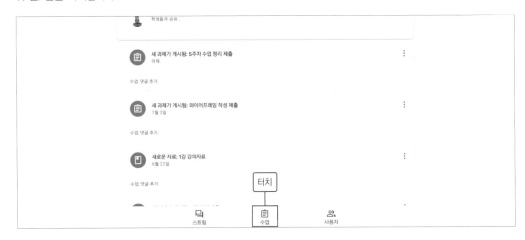

02 | 수업 페이지로 이동하면 제출해야 하는 과제는 녹색으로 표시되어 있고, 제출했거나 기타 자료인 경우는 회색으로 표시됩니다. 제출하지 않은 과제 중에서 제출할 과제를 터치합니다.

03 | 과제 페이지로 이동하면 과제 내용을 확인할 수 있고, 제출 전인 과제는 하단에 '할당됨'으로 표시됩니다. 과제 제출을 위해서 상단 꺾쇠 모양의 [더보기] 버튼을 터치합니다.

04 | 과제 제출 페이지가 활성화되면 [+ 첨부 파일 추가]를 터치합니다.

05 | 과제 제출 팝업 메뉴가 나타납니다. 구글 드라이브에서 선택하거나 링크나 파일 형태로 제출이 가능합니다. 구글 클래스룸 앱은 사진 및 동영상을 직접 촬영이나 녹화하여 제출이 가능하지만 구글 문서를 이용하여 과제를 제출하기 위해 만들기 항목에서 [새 문서]를 터치합니다.

06 | 구글 문서, 구글 스프레드시트, 구글 프레젠테이션 앱이 설치되어 있다면 앱으로 연결되어 과제 제출이 가능하며, 설치되지 않은 경우 PDF로 저장되어 제출됩니다. 새 문서를 선택하였기 때문에 구글 문서 프로그램이 실행됩니다. 과제 내용의 입력이 완료되면 왼쪽 상단의 (완료) 버튼을 터치합니다.

알아두기 　 PDF 파일로 제출하기

구글 문서, 스프레드시트, 프레젠테이션 앱 설치가 되지 않은 상태인 경우 PDF 파일 형식으로 저장되어 제출됩니다.

❶ 만들기 항목에서 새 문서, 새 프레젠테이션, 새 스프레드시트를 선택해도 화면과 같이 일반적인 문서창이 활성화됩니다.

❷ 문서를 입력하거나 펜 도구를 활용하여 그리기 등을 사용할 수 있으며, 입력이 모두 완료되면 오른쪽 상단의 (저장(📝)) 버튼을 터치하여 저장을 완료할 수 있습니다.

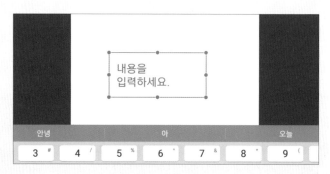

❸ 내 과제 항목을 보면 새 문서에서 문서 타입을 선택해도 선택한 문서 종류 외에 PDF가 추가된 것을 확인할 수 있습니다.

07 | 문서가 작성되면 내 과제에 작성한 문서가 첨부 파일 형태로 등록되며 하단의 (제출) 버튼을 터치합니다.

08 | 과제 제출 관련 대화상자가 활성화
되며 새 문서는 첨부 파일로 제출됩니다.
메시지 확인하고 (제출)을 터치합니다.

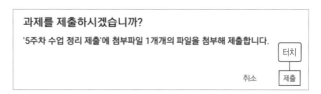

09 | 과제가 '제출됨' 메시지가 하단에 표시되며 제출이 완료됩니다. 제출이 완료된 경우 내 과제에 '제출함' 표
시가 나타납니다.

10 | 과제 페이지에도 하단에 '제출함'이 표시되며 과제 제출이 완료되었습니다.

Section 08

과제 평가를 단계별로 구분하는 **과제 기준표 만들기**

성적을 평가할 때 항목과 단계를 나눈 기준표를 작성하면 평가도 수월하며, 학생도 평가 기준에 대하여 명확한 공지가 되기 때문에 기준표를 사용하여 과제를 만드는 것이 좋습니다. 평가 후에는 학생에게 평가 기준과 단계별로 점수가 공개되어 자신이 부족한 부분을 확인하기 편리합니다. 기준표를 만들어서 과제를 평가하는 방법을 확인해 보겠습니다.

01 | 과제를 만들기 위해서 수업 스트림 페이지에서 (수업) 메뉴를 클릭하여 수업 페이지로 이동합니다.

02 | 수업 페이지에서 과제를 만들기 위해서 (+ 만들기) 버튼을 클릭하고 팝업 메뉴에서 (과제)를 클릭합니다.

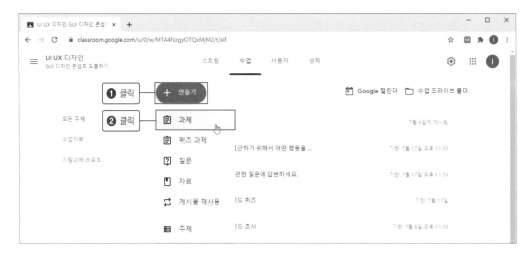

03 │ 과제에 관련된 기본적인 설정인 제목과 안내를 입력하고 점수는 40점으로 설정합니다. 과제에 관련된 기한과 주제도 변경하고 평가를 위한 평가 기준표를 만들기 위해서 〔+ 기준표〕를 클릭하고 팝업 메뉴에서 〔기준표 만들기〕를 클릭합니다.

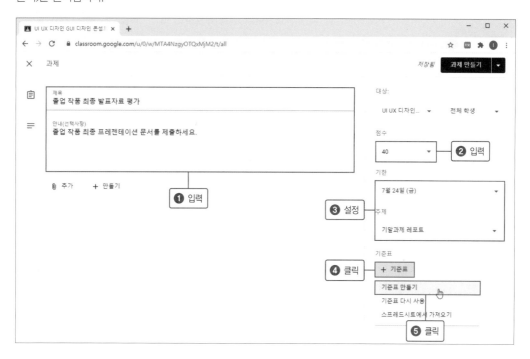

04 │ 성적 평가를 위해 기준표 페이지로 이동하였습니다. 기준 제목과 기준 설명을 성적을 평가할 구분을 만들 수 있고, 하단의 작은 박스로는 단계를 만들 수 있습니다. 〔등급 추가 〔+〕〕 버튼을 클릭하면 단계를 추가할 수 있습니다.

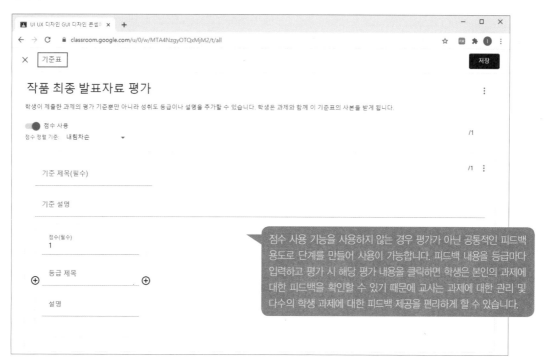

05 | 4가지 항목 기준으로 평가 기준표를 만들기 위해서 기준 제목에 디자인, 기준 설명에 디자인에 관련된 평가 내용을 입력합니다. 첫 번째 평가 기준에 점수를 10점으로, 입력하고 등급 제목은 A로 입력합니다. 세부 설명도 포함하여 입력합니다. 평가 기준인 등급을 추가하기 위해서 (+) 버튼을 클릭하여 추가하고 각각 나머지는 8점 B, 6점 C, 4점 D, 2점 E로 입력하고 각각 설명도 입력합니다. 입력이 완료되면 평가 기준을 추가하기 위해서 왼쪽 하단에 있는 (+ 기준 추가)를 클릭합니다.

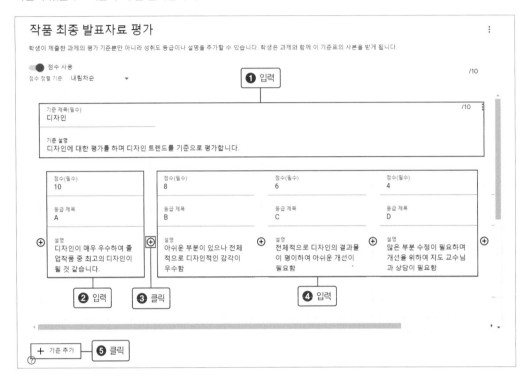

06 | 아이디어 기준을 만들고 평가 관련된 기준 설명을 입력하고 점수는 10점으로 변경합니다. 5개의 등급을 만들기 위해서 등급 내용을 입력하면서 등급 추가를 활용하여 디자인과 같이 총 5가지 등급을 만듭니다. 등급을 모두 만들고 기준을 추가하기 위해 하단에 있는 (+ 기준 추가)를 클릭합니다.

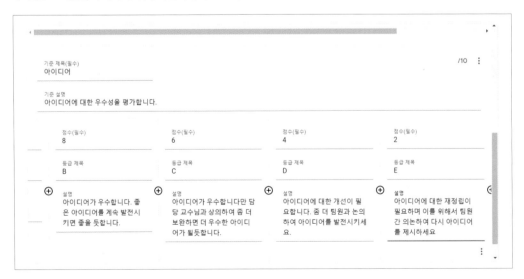

07 | 같은 방법으로 완성도에 해당하는 기준표도 만들어 봅니다.

08 | 마지막으로 최종 기준인 보고서 작성 기준을 만들고 오른쪽 상단에 있는 [저장] 버튼을 클릭합니다.

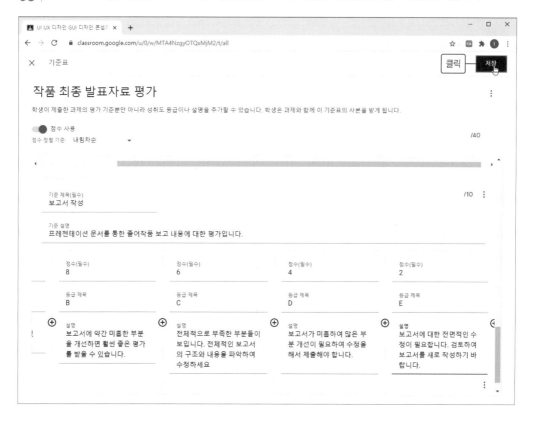

알아두기 기준표에 입력한 내용은 자유롭게 연습으로 입력해도 괜찮지만 입력된 내용을 참고하려면 다음 이미지를 참고하세요.

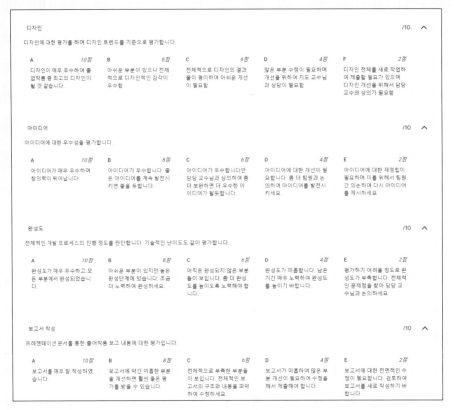

09 | 기준표가 만들어지면 기준표 항목에 만들어진 기준표에 대한 간략한 요약이 되어 있습니다. 기준 4개, 40점으로 표기되어 있습니다. 기준표를 만약 삭제하려면 (X)를 눌러 삭제하고 다시 기준표를 만들 수 있습니다. 과제에 관련된 모든 항목을 확인하고 오른쪽 상단의 (과제 만들기) 버튼을 클릭하여 과제를 완료합니다.

Section 09

기준표가 적용된 **과제 제출하기**

기준표 적용 과제에 기준표를 확인하고 과제를 제출하겠습니다. 기준표가 적용된 과제인 경우 학생들은 과제 평가 기준을 고려하여 과제를 작성할 수 있기 때문에 학생에게도 기준표는 유용하게 활용될 수 있습니다. 평가 후에도 별도의 피드백이나 댓글이 없어도 평가 사유나 수정 보완이 필요한 부분을 확인할 수 있습니다.

01 │ 기준표가 적용된 과제를 제출하기 위해서 학생 모드에서 과제의 기준표를 확인하고 과제를 제출해 보겠습니다. 학생 모드에서 출제된 교과목의 수업 페이지로 이동하고, 기말과제 레포트 카테고리에 등록된 기준표 관련 과제를 클릭합니다.

02 │ 과제명을 클릭하면 과제 상세 내용이 표시되며 기준표가 적용되어 기준표 버튼과 기준 개수, 점수 등이 표시되어 있습니다. 기준표를 확인하기 위해서 기준표를 클릭합니다.

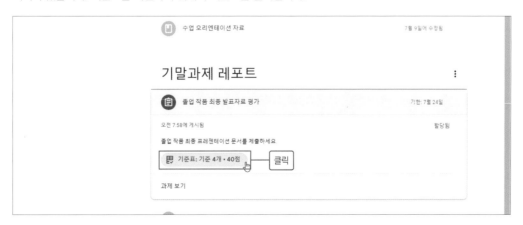

03 | 평가를 위한 기준표를 보면 평가는 2점 단위이며, 4개의 기준으로 구분되어 있는 것을 확인할 수 있고 각 단계별로 평가에 대한 내용을 확인할 수 있습니다. 기준표를 이용하여 평가 기준 및 과제 제출에 관련된 주의 사항을 확인하고 왼쪽 상단에 있는 (닫기) 버튼을 클릭합니다.

04 | 과제를 제출하기 위해서 과제 상세 내용의 하단에 있는 (과제 보기)를 클릭합니다.

05 │ 과제의 내용과 과제 기준표에 따른 평가표를 확인할 수 있지만, 현재는 과제를 제출하지 않아 평가가 되지 않은 상태라 표시가 되지 않습니다. 과제를 제출하기 위해서 내 과제 항목에서 〔+추가 또는 생성〕을 클릭하여 팝업 메뉴에서 〔프레젠테이션〕을 클릭합니다.

06 │ 과제 제출을 위한 프레젠테이션 문서가 생성되었으며, 클릭하여 과제를 완성하고 창을 닫습니다. 드라이브에 자동으로 저장되며, 과제를 제작하는 과정은 생략하겠습니다.

07 │ 과제 평가의 기준과 등급을 확인하기 위해서 〔기준 펼치기〕 버튼을 클릭하면 각 항목별로 등급과 평가 기준에 대한 설명을 과제 보기 페이지에서도 확인할 수 있습니다.

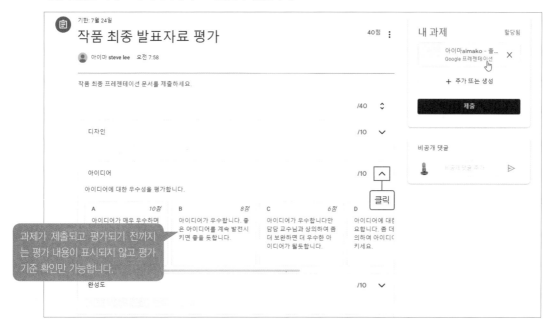

과제가 제출되고 평가되기 전까지는 평가 내용이 표시되지 않고 평가 기준 확인만 가능합니다.

08 │ 과제 작성이 완료되면 과제를 제출하기 위해서 〔제출〕 버튼을 클릭합니다.

09 │ 과제 제출을 하면 파일을 첨부해 과제로 제출하는지 여부를 묻는 대화상자가 활성화됩니다. 과제 제출에 문제가 없다면 〔제출〕을 클릭합니다.

10 │ 제출이 완료되면 자동 채점되는 것은 아니므로 학생 화면에서는 '제출함' 표시만 있고 기준표에 반영된 성적이 없습니다.

Section 10

구글 설문지를 이용하여 **퀴즈 과제 만들기**

구글 설문지를 통하여 간단하게 퀴즈를 객관식, 단답형 등으로 만들어 학생들의 의견을 물어보거나 수업의 이해도 등을 평가하는 퀴즈로 사용할 수 있습니다. 해당 기능은 앱에서 지원하지 않기 때문에 웹브라우저에서만 퀴즈 과제를 만들 수 있습니다.

01 | 퀴즈 과제를 만들기 위한 수업으로 이동하고 (수업) 탭 메뉴를 클릭합니다.

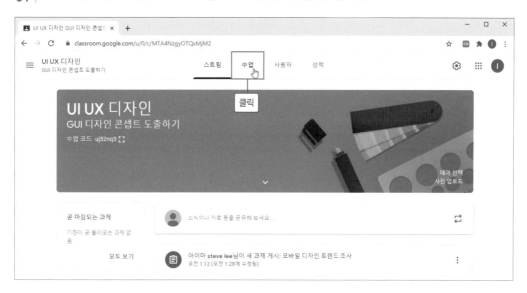

02 | 수업 페이지로 이동하여 퀴즈 과제를 만들기 위해 (만들기)를 클릭하고 팝업 메뉴에서 (퀴즈 과제)를 클릭합니다.

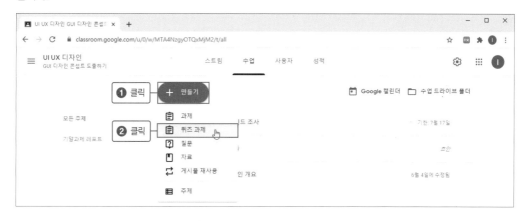

03 | 과제 페이지로 이동하면 퀴즈 과제의 제목과 설명을 입력합니다. 퀴즈 과제의 경우 과제와 구분이 없기 때문에 과제 제목에 '퀴즈'라고 입력하는 것이 좋습니다. 퀴즈 과제는 과제 내용 하단에 자동으로 구글 설문지가 생성된 것을 확인할 수 있습니다. 학생들의 수업 이해도 확인을 위한 퀴즈 과제라서 평가 없이 진행해 보겠습니다. 채점을 하지 않기 위해서 점수 항목을 미채점으로 변경합니다.

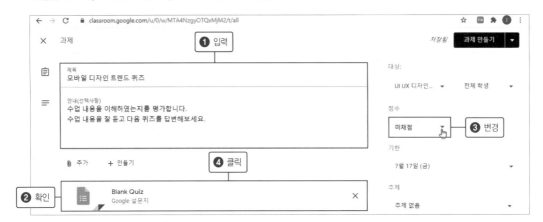

04 | 구글의 설문지 기능으로 이동하며 왼쪽 하단에 '누구나 양식에 응답할 수 있다'는 메시지가 표시됩니다. 해당 설문의 질문과 응답을 확인하기 위해서는 구글 문서 기능을 이용해야 합니다.

05 | 구글 설문지를 이용하여 퀴즈 과제를 만들기 위해서 퀴즈 과제의 제목과 설명을 입력합니다.

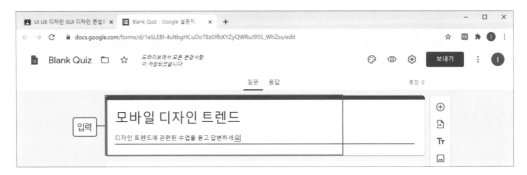

06 | 기본적인 객관식 질문을 만들기 위해 'Untitled Question'에 질문을 입력하고, Option 항목에 선택하는 보기를 입력합니다. 각 영역을 클릭하면 입력이 가능합니다. 질문 내용을 입력하고, 옵션에서는 예, 아니오의 라디오 버튼(◯)을 각각 입력합니다.

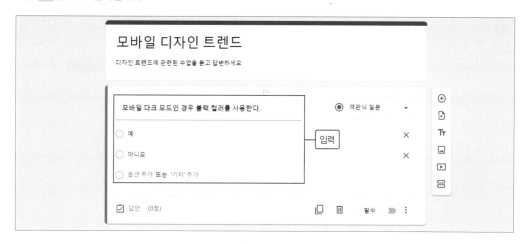

07 | 질문을 추가하기 위해 오른쪽에 있는 옵션 메뉴 박스에서 [질문 추가] 메뉴를 클릭합니다.

퀴즈 옵션 메뉴

옵션 메뉴의 기능을 살펴보겠습니다.

❶ **질문 추가** : 퀴즈를 추가하여 만들 수 있습니다.

❷ **질문 가져오기** : 이전 설문지 또는 퀴즈 과제 중에서 퀴즈 항목을 가져올 수 있습니다.

❸ **제목 및 설명 추가** : 제목과 설명항목을 추가하여 부가적인 설명 또는 카테고리를 구분하여 퀴즈를 출제할 수 있습니다.

❹ **이미지 추가** : 퀴즈 또는 부가적인 설명을 위한 이미지를 추가할 수 있습니다.

❺ **동영상 추가** : 퀴즈 또는 부가적인 설명을 위한 동영상을 추가할 수 있습니다.

❻ **섹션 추가** : 퀴즈를 구분할 섹션을 나눌 수 있습니다.

08 │ 질문을 추가하기 위해서 활성화된 새로운 질문에 질문으로 사용할 문장을 입력하고, 제목 오른쪽의 콤보 박스를 선택하여 (단답형)을 선택합니다. 단답형 질문으로 변경된 것을 확인하고 다음 질문을 추가하기 위해 옵션 박스에서 (질문 추가)를 클릭합니다.

09 │ 퀴즈에 사용할 새로운 질문을 입력하고 콤보박스를 클릭하여 콤보박스에서 (직선 단계) 클릭합니다. 직선 단계를 선택하면 척도형 옵션이 추가되며 5점 척도는 1 ～ 5로 되어 있습니다. 시작 단계인 왼쪽 값은 '0' 또는 '1'을 선택할 수 있고, 오른쪽 값은 척도에 맞춰서 '2'에서부터 '10'까지 설정할 수 있습니다. 옵션에 척도의 왼쪽과 오른쪽에 표시될 척도의 값 또는 내용을 하단에 입력합니다.

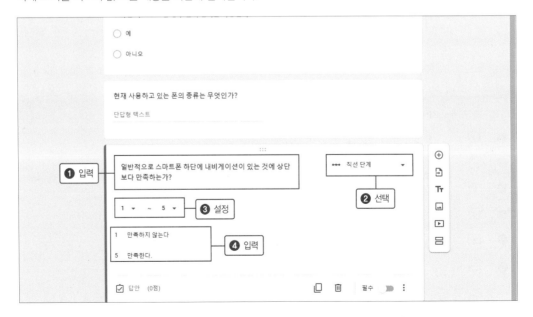

퀴즈 과제는 기본적으로 구글 폼을 사용하기 때문에 구글 폼에서 지원하는 형식으로 퀴즈를 만들 수 있습니다. 학생 평가를 위한 시험이나 설문용도로 사용할 수 있으며, 자동 채점 기능으로 평가를 쉽게 할 수 있는 기능을 지원합니다.

❶ **단답형** : 직접 입력할 수 있는 단어나 짧은 문장을 답변으로 받는 퀴즈를 출제할 수 있습니다.

❷ **장문형** : 서술형으로 답변을 받을 수 있는 퀴즈를 출제할 수 있습니다.

❸ **객관식 질문** : 라디오 버튼을 활용하여 답을 하나만 선택 가능한 객관식으로 선택할 수 있는 퀴즈를 출제할 수 있습니다.

❹ **체크박스** : 동시에 여러 답변을 선택할 수 있는 퀴즈를 출제할 수 있습니다.

❺ **드롭다운** : 드롭다운 형태의 콤보박스를 통하여 답변을 선택할 수 있는 퀴즈를 출제할 수 있습니다.

❻ **파일 업로드** : 파일 형태로 설문지 답변을 받을 수 있습니다. 이 경우 파일이 출제자의 구글 드라이브로 업로드되기 때문에 구글에 로그인된 사용자만 답변할 수 있고, 악의적인 파일이 업로드 될 수 있으므로 과제 공유 시 주의가 필요합니다.

❼ **직선 단계** : 척도 형태의 퀴즈를 출제할 수 있습니다. 수업에 대한 평가를 받아서 수업 개선하는 목적 등으로도 사용할 수 있습니다.

❽ **객관식 그리드** : 여러 퀴즈를 직선 단계를 활용하여 동일한 답변 형태로 받을 때 사용할 수 있습니다. 행은 왼쪽에 표시되며 열은 상단에 표시됩니다. 따라서 척도나 답변은 열에 입력하고 질문 항목은 행에 입력합니다.

❾ **체크박스 그리드** : 객관식 그리드와 작성 방법은 동일하지만 동시에 여러 답변을 질문별로 선택이 가능합니다.

❿ **날짜** : 답변을 날짜로 받는 퀴즈를 출제할 수 있습니다.

⓫ **시간** : 시간을 답변으로 받는 퀴즈를 출제할 수 있습니다.

10 │ 직선 단계형 퀴즈 출제가 완성된 것을 확인하기 위해 오른쪽 콤보박스에서 (질문 추가)를 클릭합니다. 설정한 5점 척도 형태로 표시되고, 라디오 버튼 양쪽으로 입력한 옵션 문구도 표시됩니다.

11 │ 퀴즈의 콤보박스를 클릭하고 콤보박스에서 (드롭다운)을 클릭합니다. 퀴즈 제목과 퀴즈의 답변으로 선택될 내용을 옵션 항목으로 입력합니다. 드롭다운은 퀴즈의 답변으로 제시된 보기가 콤보박스에 리스트 형태로 보여지며, 콤보박스 안에서 답을 선택하는 설문 방식입니다. 만약 해당 퀴즈는 필수로 설정하고 싶다면 하단에 필수의 토글 스위치를 변경하여 활성화합니다. 구글 설문지는 작성 중에 자동으로 저장되므로 별도의 저장을 할 필요가 없습니다.

12 │ 모든 퀴즈의 출제가 완료되면 웹브라우저의 퀴즈를 출제하던 탭을 클릭하고, 퀴즈 페이지로 이동합니다. 출제된 내용을 확인하고 오른쪽 상단에 있는 [과제 만들기] 버튼을 클릭합니다.

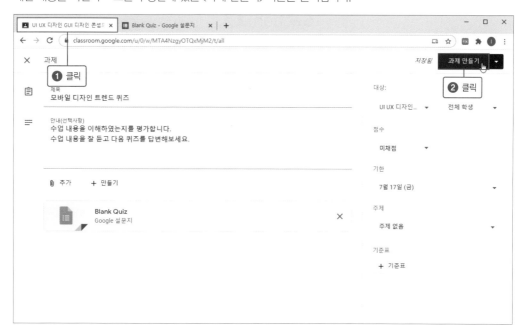

13 │ 수업 페이지로 이동이 되면 왼쪽 하단에 '과제가 생성됨' 메시지가 표시되며, 출제된 퀴즈 과제를 확인할 수 있습니다.

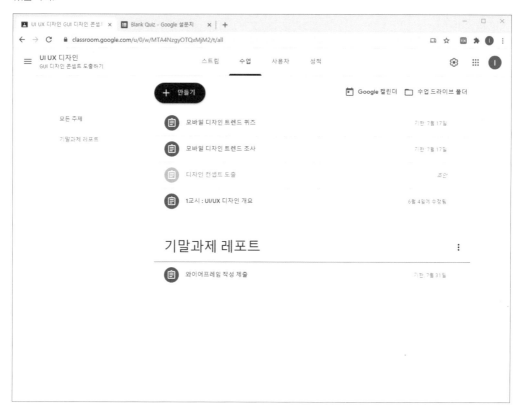

Section 11

설문 형태의 **퀴즈 과제 제출하기**

퀴즈 과제는 설문 형태의 쉬운 구성으로 제출할 수 있는 과제입니다. 퀴즈 과제 생성은 웹브라우저에서 가능하지만 앱에서도 답변은 가능하며, 앱에서 퀴즈 과제를 제출하는 경우 웹브라우저로 연결되어 퀴즈 과제를 제출하게 됩니다.

01 | 수업 스트림 페이지에서 과제를 직접 클릭하여 과제로 접속할 수 있지만 수업 페이지로 이동하기 위해서 [수업] 탭 메뉴를 클릭하여 수업 페이지로 이동합니다.

02 | 수업 페이지에는 교사가 출제한 과제 및 기타 자료가 공유되어 있습니다. 과제 목록 중에서 제출할 퀴즈 과제를 클릭합니다. 퀴즈 과제와 일반 과제는 별도로 구분 표시는 없기 때문에 교사가 퀴즈라고 입력을 한 경우가 많을 것입니다.

알아두기

[내 과제 보기] 메뉴를 클릭하면 해당 수업의 제출하거나 할당된 과제를 확인할 수 있습니다. '할당됨' 표시의 과제는 제출이 되지 않은 상태이며, 과제명 오른쪽에 클립 형태는 첨부 파일이 있는 경우입니다. 제출한 과제는 '제출함' 표시가 됩니다.

03 | 과제 항목을 클릭하면 과제에 대한 설명이 표시됩니다. 하단에 있는 〔과제 보기〕를 클릭하여 과제 페이지로 이동합니다. 바로 설문지에 답변을 하려면 구글 설문지 항목을 클릭하여 퀴즈 과제인 구글 설문지로 이동이 가능합니다.

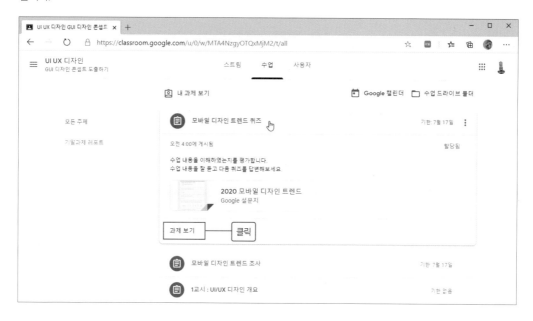

04 | 과제 상세 페이지로 이동하며 과제 제출을 위해 상세 페이지로 이동해도 내 과제란의 〔+ 추가 또는 생성〕메뉴에서 퀴즈 과제는 제출할 수 없습니다. 따라서 과제 상세 내용에 있는 구글 설문지를 이용하여 제출해야 하기 때문에 구글 설문지를 클릭합니다.

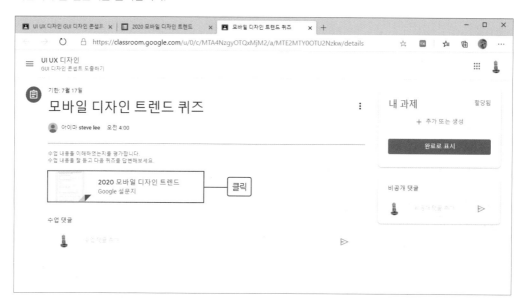

알아두기 학생 모드에서는 구글 설문지로 퀴즈가 제출되었다는 것을 명확히 공지할 필요가 있습니다. 내 과제란을 통해서 답변을 할 수 없기 때문에 퀴즈 과제 출제 시 교사는 구글 설문지를 통해서 퀴즈를 답변하라고 명확하게 제시할 필요가 있습니다.

05 | 브라우저의 새로운 탭에 구글 설문 페이지로 이동하면 설문 형태의 퀴즈에 답변을 할 수 있습니다. 답변이 완료되면 하단에 있는 [제출] 버튼을 클릭합니다. 필수 항목이 있는데 답변하지 않았다면 제출이 되지 않습니다.

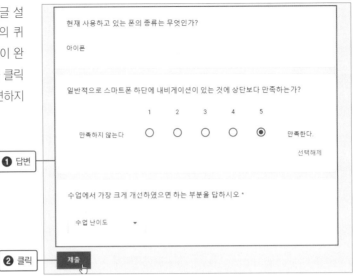

06 | 제출이 완료되면 응답 제출 완료 메시지가 표시됩니다. [점수 보기] 버튼을 클릭하면 제출한 내용을 확인할 수 있습니다. 과제 제출 완료된 것을 확인하기 위해서 [과제 열기] 버튼을 클릭합니다.

07 | 과제 상세 페이지로 이동하며 내 과제 항목을 보면 '제출함' 표시가 되고, 과제가 정상적으로 제출된 것을 확인할 수 있습니다.

Section 12

자동 채점이 가능한 퀴즈 과제 만들기

퀴즈 과제를 이용하면 자동으로 채점할 수 있는 기능이 있습니다. 일반적인 과제는 직접 채점해야 하지만 퀴즈 과제에서 사용하는 구글 문서 기능에서 답안 기능을 사용하여 자동으로 채점과 정오답에 대한 설명을 제공할 수 있습니다.

01 | 자동 채점 가능한 퀴즈 과제를 만들기 위해서 수업 스트림 페이지에서 [수업]을 클릭하여 수업 페이지로 이동합니다.

02 | 퀴즈 과제를 만들기 위해서 [+ 만들기] 버튼을 클릭하고 팝업 메뉴에서 [퀴즈 과제]를 클릭합니다.

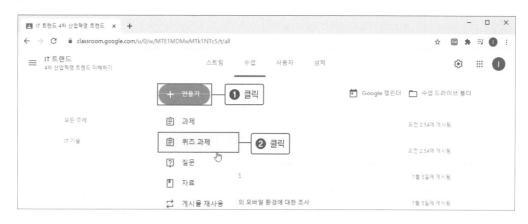

03 │ 과제 페이지로 이동하면 설문 기능을 활용하기 위해서 구글 설문지가 추가되어 있습니다. 제목과 안내의 내용을 입력하고 점수는 10점으로 설정하고, 기한과 주제도 입력합니다. 설문을 통한 퀴즈 과제를 만들기 위해서 구글 설문지를 클릭합니다.

04 │ 구글 설문지로 이동하면 설문지 제목과 설문에 대한 타이틀과 설명을 입력합니다.

05 │ 첫 번째 질문은 기본 설정인 객관식 질문으로 만들어 보겠습니다. 콤보박스에 객관식 질문이 표시된 것을 확인하고 질문 내용과 보기를 입력합니다. 평가를 위한 질문과 보기 내용을 입력하였다면 답안 기능을 적용하기 위해서 왼쪽 하단의 [답안]을 클릭합니다.

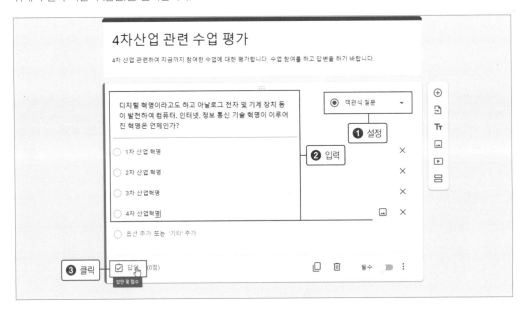

06 | 우선 점수를 배정해야 하므로 질문 오른쪽에 점수를 설정하고 객관식은 단일 답변이므로 라디오 버튼으로 되어 있으며, 정답의 라디오 버튼을 클릭하면 색이 변경되면서 답안으로 선택되었다는 체크 표시가 나타납니다.

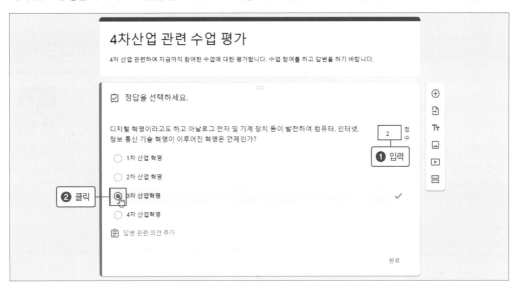

07 | 답변에 관한 설명을 적용하여 학생들에게 정답과 오답에 대한 설명을 제공하기 위해 하단에 있는 [답변 관련 의견 추가]를 클릭합니다.

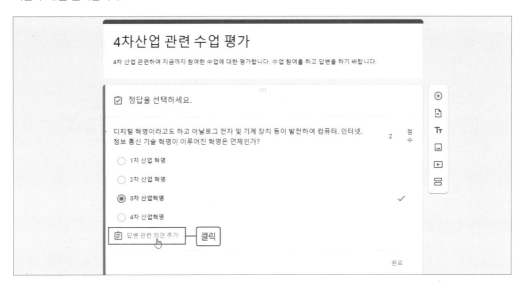

08 | '의견 추가' 대화상자가 나타나면 기본적으로 잘못된 답변에 대한 의견부터 작성할 수 있습니다. 필요한 내용을 넣으면 오답인 학생에게 해당 내용이 전달됩니다.

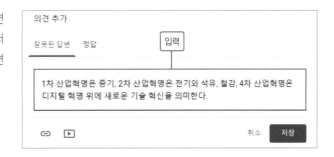

09 | 정답에 관한 의견을 작성하기 위해서 의견 추가 대화상자의 (정답)을 클릭하고 정답에 관련된 의견을 입력하고 (저장) 버튼을 클릭합니다.

10 | 정오답에 대한 의견이 추가된 경우 하단에 표시되며, 수정이 필요한 경우 연필 모양의 (쓰기) 버튼을 클릭하여 수정할 수 있고, 휴지통 버튼(🗑)을 클릭하여 삭제할 수 있습니다. 입력한 의견 및 답안과 점수를 확인하고 (완료) 버튼을 클릭하여 퀴즈 답안 기능을 완료합니다.

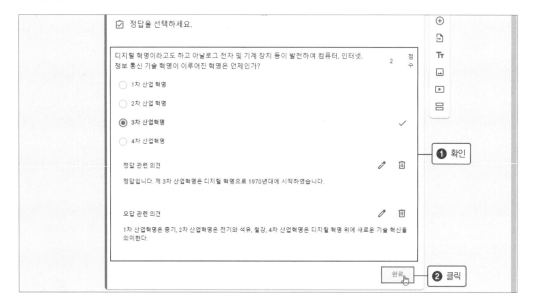

11 | 답변 오른쪽에 체크 표시가 있으며, 왼쪽 하단에 점수가 표시되어 답안 기능이 적용된 것을 확인할 수 있습니다. 필수 질문으로 필요하면 오른쪽 하단에 있는 '필수' 토글 스위치를 클릭하여 '필수'로 적용한 다음 오른쪽 옵션바에서 다음 질문을 만들기 위해서 (질문 추가) 버튼을 클릭합니다.

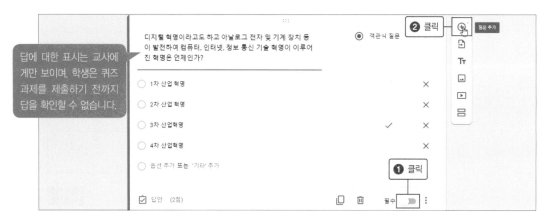

12 | 질문이 추가되면 질문 제목을 입력하고 다수의 답변을 선택하는 질문을 만들기 위해서 콤보박스를 클릭하여 (체크박스)를 클릭합니다. 체크박스가 설정되면 보기의 지문도 입력합니다.

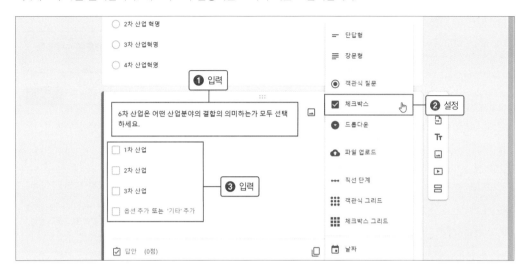

13 | 답안 기능을 활용하여 채점을 자동으로 하고 의견을 적용하기 위해 왼쪽 하단에 있는 (답안)을 클릭합니다.

14 | 현재 질문으로 만든 6차 산업은 1~3차 산업을 모두 융합한 의미이므로, 3개의 체크박스를 모두 선택하여 정답으로 설정합니다. 답으로 설정되면 색상이 변경되고 체크가 표시됩니다. 점수는 2점으로 변경하고, 정오답에 따른 의견을 추가하기 위해서 (답변 관련 의견 추가)를 클릭합니다.

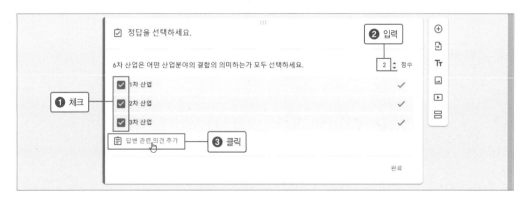

15 | '의견 추가' 대화상자가 나타나면 잘못된 답변에 그림과 같이 잘못된 답변에 대한 오답의 이유를 입력합니다.

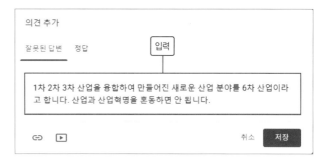

16 | '의견 추가' 대화상자에서 (정답)을 클릭하여 정답에 관련된 내용도 입력하고 (저장) 버튼을 클릭하여 의견 추가를 완료합니다.

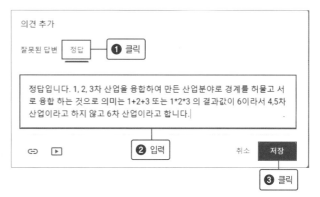

17 | 질문의 답변에 색상이 바뀌고 체크가 표시되며 정답을 표시합니다. 질문과 답변, 정오답에 대한 의견도 확인하고 (완료) 버튼을 클릭합니다.

18 | 필수 질문으로 설정하기 위해서 필수 토글 스위치를 클릭합니다. 질문을 추가하기 위해 옵션바에서 (질문 추가) 버튼을 클릭합니다.

19 | 질문이 추가되면 단답형으로 답변을 받을 질문 내용을 입력하고 콤보박스를 클릭하여 (단답형)을 클릭합니다. 단답형으로 답변을 받을 수 있으나 추가적으로 답변에 대한 설명이 필요하기 때문에 (더 보기) 버튼을 클릭하여 팝업 메뉴에서 (설명)을 클릭합니다.

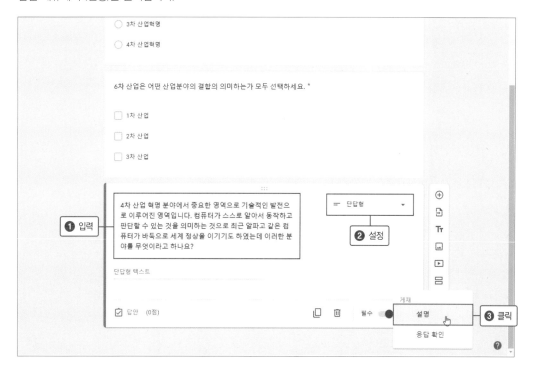

20 | 단답형의 경우 오타나 띄어쓰기 등에 따라서 오답 처리가 될 수 있으므로, 이 부분에 대한 설명을 추가하는 것이 좋습니다. 따라서 설명란에 해당 오답에 대한 공지를 입력합니다. 설명을 입력하고 답안 기능을 활용하기 위해 왼쪽 하단의 (답안)을 클릭합니다.

21 | 입력된 답안 중에 하나라도 일치하면 정답으로 처리가 됩니다. 따라서 '인공지능', '인공 지능' 등 정답으로 인정될만한 답변은 모두 보기로 적용합니다. 입력한 답변 중에 하나라도 일치하면 정답으로 처리하기 위해 '다른 답은 모두 오답으로 표시'를 체크합니다. 정오답에 따른 의견 추가를 위해서 (답변 관련 의견 추가)를 클릭합니다.

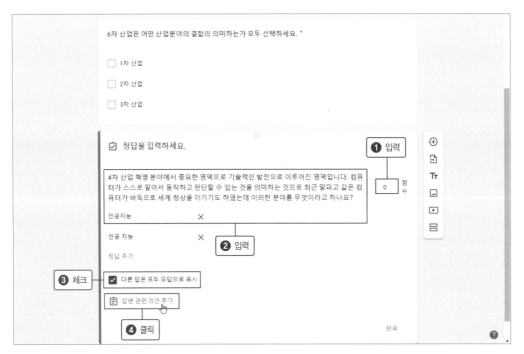

22 | 의견 추가 대화상자가 나타나면 단답형은 정답과 오답을 구분하여 의견이 적용되지 않으므로 답변에 따른 설명을 의견으로 입력하고 (저장) 버튼을 클릭합니다.

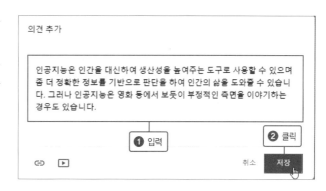

23 | 입력된 정답과 의견을 모두 확인하고 점수는 2점으로 입력하여 정답 시 적용될 점수도 입력하고 (완료) 버튼을 클릭합니다.

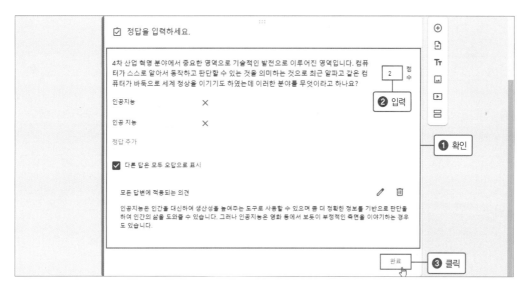

24 | 단답형 질문으로 이동하면 정답이 하단에 표시된 것을 확인할 수 있습니다. 필수로 설정하기 위해서 필수 토글 스위치를 클릭하고 질문을 추가하기 위해서 옵션바에서 (질문 추가) 버튼을 클릭합니다.

25 │ 드롭다운 옵션도 객관식 질문과 비슷하지만 드롭다운으로 질문을 만들어 보겠습니다. 질문 내용을 입력하고 콤보박스를 클릭하여 팝업 메뉴에서 (드롭다운)을 클릭합니다. 보기 입력이 완료되면 답안을 기능을 사용하기 위해 (답안)을 클릭합니다.

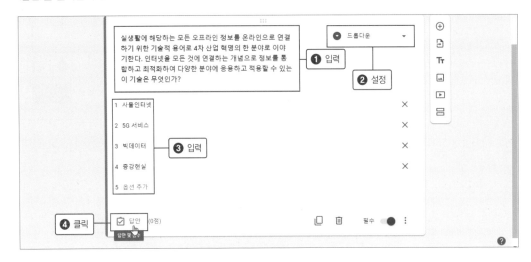

26 │ 답안을 선택하고, 점수를 설정합니다. 답안인 경우 체크가 답안 오른쪽에 표시되면서 색이 변하며, 정오답에 대한 의견을 남기기 위해 (답변 관련 의견 추가)를 클릭합니다.

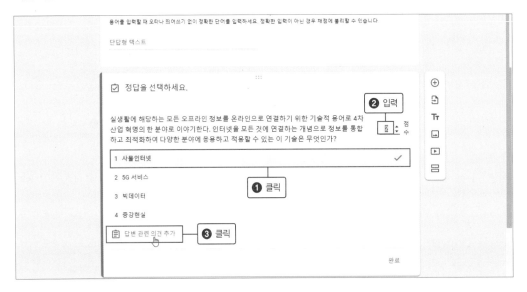

27 │ '의견 추가' 대화상자가 나타나면 잘 못된 답변에 관한 의견을 먼저 입력합니다. 오답자에게 내용이 표시됩니다.

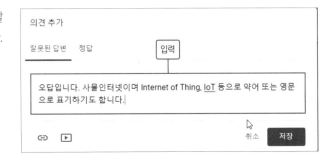

28 │ (정답)을 클릭하고 정답자에게 보일 문구를 입력하고 (저장) 버튼을 클릭합니다.

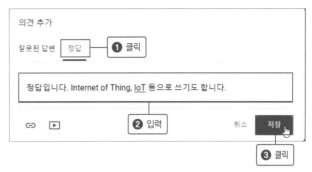

29 │ 정답 및 정오답에 관련된 의견과 점수를 확인하고 (완료)를 입력하여 답안 기능을 완료합니다.

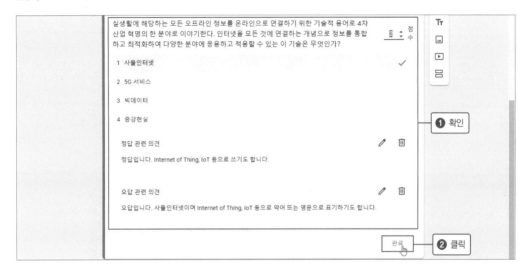

30 │ 드롭다운의 경우도 보기에서 정답 오른쪽에 체크 표시가 있으며, 점수 표시가 왼쪽 하단에 나타납니다. 필수 질문으로 설정하기 위해서 토글 스위치를 클릭하고 마지막 질문을 추가하기 위해 (질문 추가) 버튼을 클릭합니다.

31 │ 마지막 질문은 객관식 질문으로 설정하고 질문 내용 및 보기를 입력합니다. 질문과 보기로 사용할 옵션 입력이 완료되면 답안 기능을 설정하기 위해 (답안)을 클릭합니다.

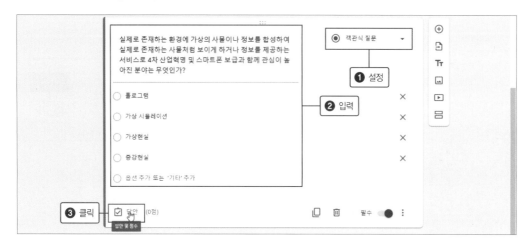

32 │ 질문 오른쪽에 해당 질문의 점수를 2점으로 설정하고, 보기 중에서 정답을 설정합니다. 정답에는 색상이 변경되며 체크가 표시됩니다. 정오답 의견을 적용하기 위해 (답변 관련 의견 추가)를 클릭합니다.

33 │ '의견 추가' 대화상자가 나타나면 잘못된 답변의 내용을 입력합니다.

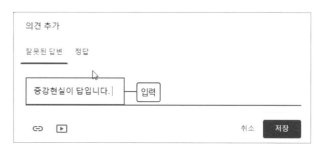

34 │ 정답에 관련된 의견도 입력하기 위해서 [정답]을 클릭하고 정답에 관련된 메시지를 입력하고 [저장] 버튼을 눌러서 의견 추가를 완료합니다.

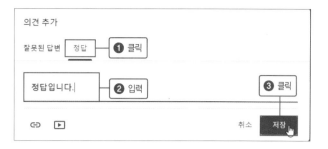

35 │ 점수, 및 정답, 정오답에 관한 의견을 확인하고 정답 기능을 완료하기 위해 [완료] 버튼을 클릭합니다.

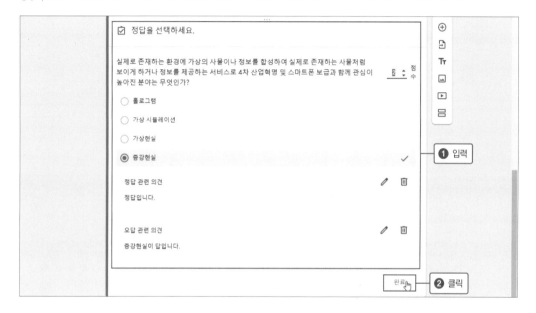

36 │ 답안 내용과 점수, 필수 여부 등을 확인하고 퀴즈 질문을 위한 설문을 완료합니다. 별도로 저장 버튼이 없더라도 자동으로 저장되므로 브라우저에서 설문에 해당하는 탭은 닫아도 됩니다.

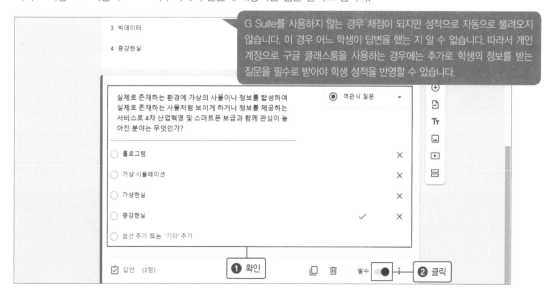

G Suite를 사용하지 않는 경우 채점이 되지만 성적으로 자동으로 불러오지 않습니다. 이 경우 어느 학생이 답변을 했는 지 알 수 없습니다. 따라서 개인 계정으로 구글 클래스룸을 사용하는 경우에는 추가로 학생의 정보를 받는 질문을 필수로 받아야 학생 성적을 반영할 수 있습니다.

37 │ 브라우저에서 과제 페이지 탭을 클릭하여 이동합니다. 과제에 관련된 내용이 모두 만들어졌다면 과제를 만들기 위해서 〔과제 만들기〕 버튼을 클릭합니다.

38 │ 과제 페이지에 해당 퀴즈 질문이 등록된 것을 확인할 수 있습니다.

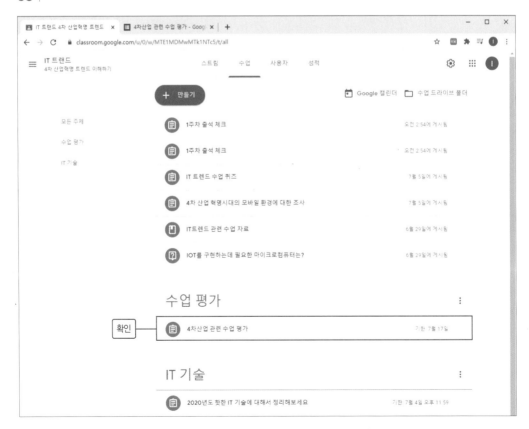

Section 13

퀴즈 과제 제출하고 **자동 채점 확인하기**

'Section 12 자동 채점이 가능한 퀴즈 과제 만들기'의 예제를 통해 만들어진 퀴즈 과제에 답변하고 채점된 점수를 확인해 보겠습니다. 퀴즈 과제는 설문 기능을 이용하며, 앱에서도 퀴즈 과제 제출이 가능합니다.

01 │ 퀴즈 과제가 출제된 수업 스트림 페이지에서 해당 퀴즈 과제를 클릭하여 퀴즈 과제 상세 페이지로 이동합니다. 수업 페이지에서 과제를 선택하여 이동할 수도 있습니다.

02 │ 퀴즈 과제는 설문지가 포함되어 있으며, 아직 제출 전이라 내 과제 박스에는 '할당됨'으로만 표시되어 있습니다. 설문지에 응답하기 위해서 구글 설문지를 클릭합니다.

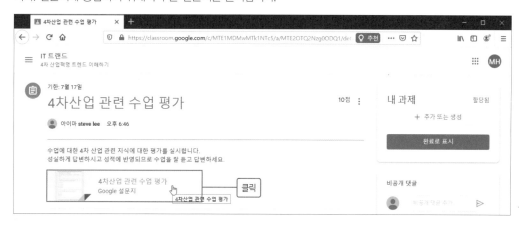

03 | 설문 페이지로 이동하면 답변을 합니다. 정오답 관련 설명을 위해서 오답을 입력하거나 띄어쓰기를 일부러 적용하였습니다. 모든 답변이 완료되면 (제출) 버튼을 클릭합니다.

04 | 답변이 완료되면 해당 설문 제목이 표시되고 하단에 '응답이 제출되었으며, 과제가 완료로 표시되었습니다.'라는 메시지가 나타납니다. 점수를 확인하기 위해서 (점수 보기) 버튼을 클릭합니다.

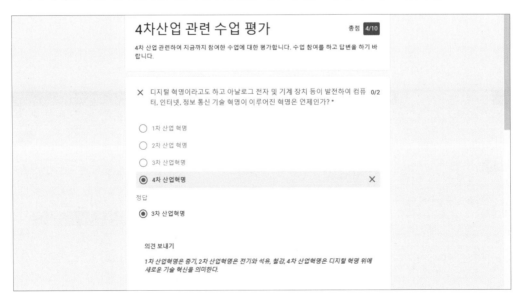

05 | 전체적인 점수는 퀴즈 과제 제목 오른쪽에 표시되며 현재 5문제 중 2문제만 정답이므로 4점으로 총점이 표시되어 있습니다. 오답의 경우 질문 왼쪽에 X 표시가 나타나고 빨간색으로 변경됩니다. 학생이 답변한 답에도 표시가 되며, 정답이 별도로 하단에 표시됩니다. 오답 관련 의견도 (의견 보내기) 박스에 표시됩니다.

06 | 체크박스 문제의 경우 모든 체크박스가 선택되어야만 답변이 됩니다. 정답인 경우 녹색으로 질문이 변경되며 체크 표시도 표시됩니다. 지정된 배점인 2점이 표시됩니다. 정답에 관련 의견도 의견 보내기 박스에 표시되었습니다. 단답형의 경우 띄어쓰기로 인하여 오답 처리가 된 것을 확인할 수 있습니다. 정답은 지정한 두 가지가 추가적으로 표시되었습니다.

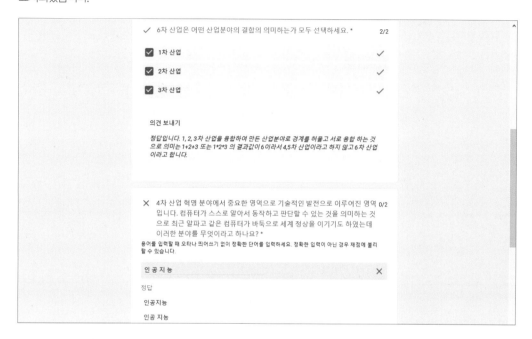

07 | 다른 질문과 같이 정답인 경우 녹색, 오답인 경우 빨간색으로 표시되며, 체크와 X 표시로도 구분이 가능합니다. 확인한 이후에는 브라우저에서 탭을 닫으면 자동으로 종료됩니다.

08 | 평가 완료 메시지 페이지에서 과제로 이동하기 위해서 [과제 열기]를 클릭합니다.

09 | 과제는 제출되어 내 과제 오른쪽에 '제출함'으로 표시됩니다.

> **알아두기** 2020년 8월 15일 이전에는 크롬 웹브라우저에서 클래스룸 공유 기능을 확장 프로그램으로 지원하였으나 현재는 지원하지 않고 설치되었던 크롬 웹브라우저에서도 자동으로 제거됩니다.

Section 14

수업 이해도를 위한 **단답형 질문 만들기**

간단한 질문을 통하여 수업에 활용하거나 소통의 역할과 수업에 대한 이해도를 평가, 활용할 수 있는 질문을 만들어 보겠습니다. 질문은 단답형 또는 객관식으로만 출제가 가능합니다. 단답형 질문은 학생들 간에 서로 답변을 확인하고 댓글을 달 수 있으며, 학생들이 제출했던 답을 수정할 수 있도록 기능을 설정할 수 있습니다.

01 | 수업 카드 페이지에서 수업을 선택하여 수업 스트림 페이지로 이동합니다. 스트림 페이지에서 퀴즈를 만들기 위해서 (수업) 메뉴를 클릭합니다.

02 | 질문을 만들기 위해서 (+ 만들기) 버튼을 클릭하고 팝업 메뉴에서 (질문)을 클릭합니다.

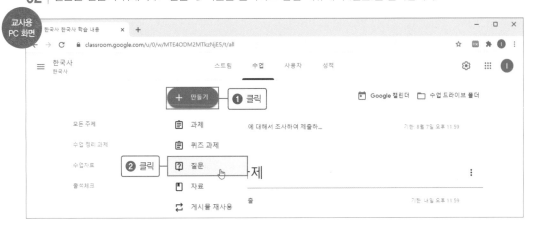

03 | 질문으로 만들 질문 내용과 안내 사항을 입력합니다. 과제 오른쪽에 단답형과 객관식을 선택할 수 있는 콤보박스가 있으며, 단답형 질문을 하기 위해서 단답형을 선택합니다. 안내는 선택 사항이나 질문 항목이 길면 안내를 활용하는 것이 좋습니다. 점수를 10점으로 변경하고 기한을 설정하고 [질문하기] 버튼을 클릭합니다.

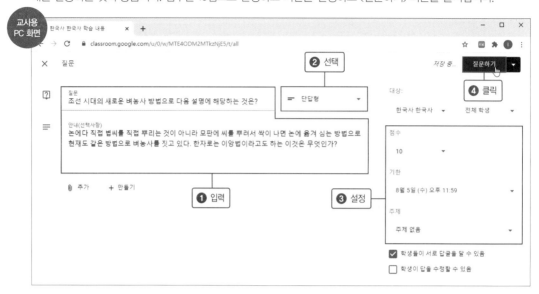

> **알아두기** '학생들이 서로 답글을 달 수 있음'에 체크한 경우 답변에 댓글을 적용할 수 있으며, '학생이 답을 수정할 수 있음'에 체크가 되면 답변 확인 후에도 수정이 가능합니다.

04 | 질문이 생성되면 왼쪽 하단에 '질문이 생성됨' 메시지가 표시되며 질문이 추가된 것을 확인할 수 있습니다.

05 | 제출이 완료되면 내 답변 오른쪽에 제출함이 표시되어 있습니다. 입력한 답변 하단에 친구 답변 보기 메뉴가 활성화되며 상단에도 친구 답변 메뉴가 표시됩니다. (친구 답변 보기)를 클릭하여 친구가 답변한 내용을 확인해 봅니다.

알아두기 　교사가 '학생들이 서로 답글을 달 수 있음' 옵션의 체크를 해제한 경우 친구 답변 보기 기능은 활성화되지 않습니다.

06 | 친구 답변 페이지로 이동하면 본인과 친구들이 입력한 답변을 확인할 수 있고 (답장) 메뉴를 클릭하여 댓글을 달 수 있습니다.

Section 15

구글 클래스룸 **앱을 활용한 질문 만들기**

구글 클래스룸 앱에서 간단하게 객관식 또는 단답형으로 답변하는 질문을 만들어 보겠습니다. 질문은 단답형, 객관식 두 가지로 만들 수 있으며 앱에서는 객관식으로 만들어 보겠습니다.

01 │ 스마트폰에서 구글 클래스룸 앱을 실행하고 질문을 추가할 과목 카드를 터치합니다.

02 │ 수업 스트림 페이지로 이동하면 질문을 추가하기 위해 하단의 내비게이션에서 (수업)을 터치합니다.

퀴즈 질문이나 자료 등에 포함된 설문 기능을 활용하여 출석 체크를 할 수 있지만 질문 기능으로 학생들의 출석을 확인할 수 있습니다. 질문에 답변한 시간을 출석 시간으로 활용할 수 있고, 수업 참여 여부를 위해서 수업 내용에 대한 간단한 질문 또는 본인 확인 질문으로 만들어 사용합니다.

03 | 수업 페이지로 이동하면 질문을 만들기 위해 오른쪽 하단에 있는 〔+〕추가 버튼을 터치합니다.

04 | 팝업 메뉴가 활성화되면 질문을 추가하기 위해서 〔질문〕을 터치합니다.

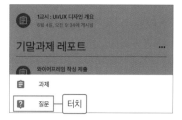

05 | 퀴즈 페이지로 이동하면 제목에 필요한 질문 내용을 입력합니다. 내용이 길어지는 경우 안내에 추가적인 내용을 입력하는 것이 좋습니다. 점수와 기한 등을 설정합니다. 기한, 시간 등은 픽업 대화상자가 활성화되어 설정할 수 있습니다.

06 | 질문을 객관식으로 하기 위해 주제 하단에 단답형 또는 객관식으로 되어 있는 콤보박스를 터치합니다. 터치하여 나타난 팝업 메뉴에서 〔객관식〕을 터치합니다.

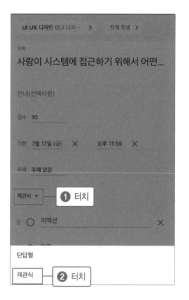

07 | 객관식 답변으로 만들 옵션을 입력합니다. 입력하면 자동으로 객관식 답변으로 설정됩니다.

입력

알아두기 학생이 클래스 개요를 볼 수 있음 옵션

질문 하단에 표시된 '학생이 수업 요약을 볼 수 있음'이 활성화된 경우 학생이 질문에 답을 제출한 경우 제출한 답변별로 답변한 학생의 숫자가 표시됩니다. 비활성화된 경우 학생 본인이 답변한 답에 대한 표시만 활성화됩니다. 웹에서는 '학생이 클래스 개요를 볼 수 있음'이란 메시지로 나타납니다.

08 | 모든 퀴즈 항목의 입력이 완료되면 상단으로 스크롤하여 액션바 오른쪽 상단에 있는 [보내기] 버튼을 클릭합니다.

터치

09 | 퀴즈 만들기가 완료하면 수업 페이지로 다시 이동되며, 하단에 '질문 생성됨'이란 메시지가 표시됩니다.

Section 16

수업 질문을 **답변하고 확인하기**

교사가 만든 질문은 간단하게 답변하는 과제와 같은 유형으로, 객관식과 단답형으로 답변할 수 있습니다. 물론 학생들 간에 답변을 확인하고 댓글을 달 수 있습니다.

01 | 수업 스트림 페이지를 보면 질문이 등록되어 있어서 스트림 페이지에서 선택하여 답을 할 수 있으며, 수업 페이지에서 확인을 하고 답변하기 위해 (수업) 메뉴를 클릭합니다.

02 | 수업 페이지에서 제출 전인 진한 색으로 표시된 물음표가 있는 버튼의 질문을 클릭합니다. 과제 내용이 표시되면 (질문 보기) 버튼을 클릭합니다.

03 | 과제 제출을 위한 상세 페이지로 이동되며 오른쪽에 있는 '내 답변을 보면 할당됨'으로 표시되어 있습니다. 답변 입력란에 질문에 대한 답변을 입력하고 (제출) 버튼을 클릭합니다.

04 | 답변 제출 확인 대화상자가 활성화되며 제출한 답변은 변경이 불가능하다고 표시되어 있습니다. 만약 교사가 답을 수정할 수 있다고 설정한 경우에는 해당 대화상자가 표시되지 않습니다.

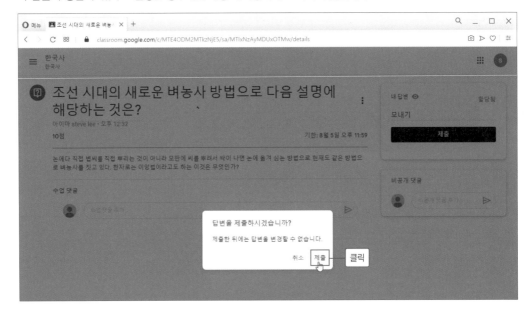

알아두기 답변 수정 옵션

교사가 학생이 답을 수정할 수 있는 옵션을 설정하는 경우 내 답변란에 (수정) 버튼이 활성화됩니다. 내 답변 오른쪽에 '제출함' 표시가 되어 있지만 필요에 따라서 수정이 가능합니다.

Section 17

출제된 **객관식 질문에 답변하기**

출제된 질문을 확인하고 답변하는 방법을 알아보겠습니다. 교사가 퀴즈를 출제할 때 학생이 클래스 개요를 볼 수 있음에 체크를 해제한 경우는 본인이 답변한 것만 확인 가능하며 체크가 된 경우는 답변을 한 학생 숫자가 표시됩니다.

01 | 수업 스트림 페이지에 공지된 질문을 클릭하여 질문에 답변할 수 있지만 수업 페이지에서 답변하도록 하겠습니다. 수업 페이지로 이동하기 위해서 (수업) 메뉴를 클릭합니다.

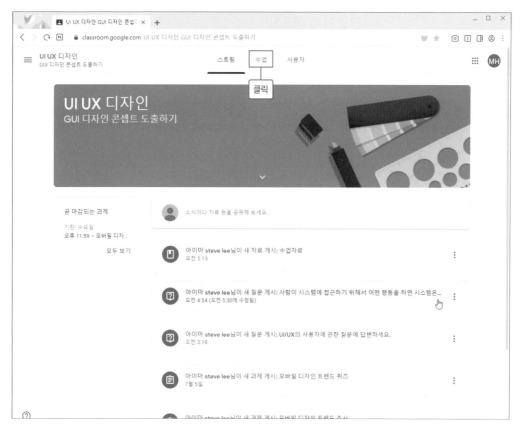

수업 페이지로 이동하여 과제 또는 질문에 답변하는 이유는 스트림 페이지에는 제출 유무를 확인할 수 없기 때문에 수업 페이지로 이동하여 제출하거나 미제출된 과제를 구분하여 제출하는 것이 효율적입니다. 만약 미제출한 과제를 확실하게 알고 있다면 스트림 페이지에서 클릭하여 제출할 수 있습니다.

02 | 수업 페이지에서 보면 제출한 과제나 질문은 밝은 회색으로 표시되기 때문에 아직 미제출인 질문에 답변하기 위해서 해당 질문을 클릭합니다.

03 | 질문에 관련된 내용이 아코디언 형태로 펼쳐지면서 답변을 바로 제출할 수 있습니다. 좀 더 상세한 내용을 확인하면서 답변하기 위해서 상세 페이지로 이동할 수 있는 [질문 보기]를 클릭합니다. 직접 답변하고 종료하려면 답을 선택하고 [제출] 버튼을 클릭합니다.

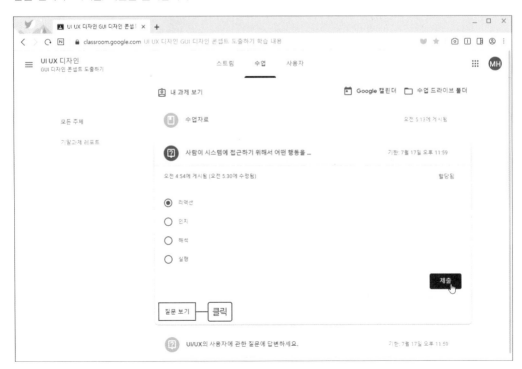

04 | 상세 페이지의 경우 과제 제출 페이지와 레이아웃이 동일하며 오른쪽에 있는 옵션 박스에서 답을 선택하고 〔제출〕 버튼을 클릭하여 답변할 수 있습니다.

05 | 〔제출〕 버튼을 클릭하면 답변을 제출 여부를 묻는 대화상자가 활성화됩니다. 제출된 답변은 변경이 불가능하며 〔제출〕을 클릭하여 완료합니다.

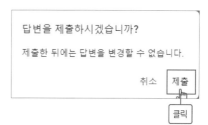

06 | 학생이 클래스 개요를 볼 수 있도록 설정한 질문의 경우라면 해당 질문에 답변한 사람의 숫자가 표시됩니다.

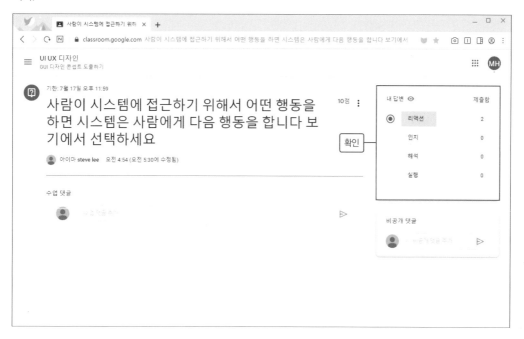

Section **18**

모든 수업 **과제를 확인하고 제출하기**

과제를 제시간에 제출하지 못하는 경우 평가에 손해가 발생할 수 있기 때문에 특히 여러 과목을 수강하는 학생에게는 과제 및 기타 출제된 퀴즈 등에 늦지 않게 답변해야 합니다. 학생이 스스로 과제를 관리할 수 있도록 제공하는 미완료 과제 확인 기능을 이용하여 과제를 확인하고 제출해 보겠습니다.

01 │ 수업 카드 페이지에서 (기본 메뉴) 버튼을 클릭합니다. 나타난 기본 메뉴에서 등록한 수업의 (미완료 과제)를 클릭합니다. 교사인 경우는 수업에도 미완료 과제 또는 리뷰할 장소 메뉴 항목이 있으며, 현재는 학생이 등록하는 과제이므로 등록한 수업에서 클릭합니다.

02 │ 미완료 과제 페이지가 활성화되면서 모든 수업에 대해서 누락된 과제, 기한 없는 과제, 기한이 있는 과제들이 표시됩니다. 요일만 나오는 경우 해당 주의 몇일 안 남은 과제이며, 날짜가 표시된 경우 약간 여유가 있는 과제들입니다.

03 | 〔완료〕 메뉴를 클릭하면 이미 제출한 과제들이나 퀴즈가 표시되며 기한별로 표시가 됩니다.

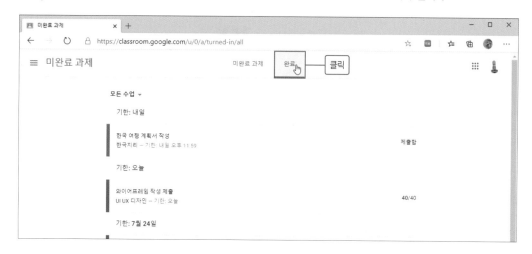

04 | 〔미완료 과제〕 메뉴를 클릭하고 과제를 제출하기 위해 과제 명을 클릭합니다. 누락된 과제가 있어서 누락된 과제를 클릭해 보았습니다. 어떤 과제를 클릭해도 해당 과제 상세 페이지로 이동합니다.

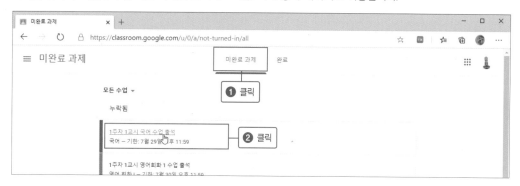

05 | 과제 상세 페이지로 이동하며 내 과제 부분을 보면 '누락됨'이라고 표시되어 있습니다. 만약 제출한 과제면 '제출함', 아직 기한이 남은 미제출 과제라면 '할당됨'이라고 표시됩니다. 과제를 제출하려면 내 과제 옵션 박스에 있는 〔+ 추가 또는 생성〕 버튼을 클릭하여 과제를 생성 후 제출하면 됩니다.

Section 19

수업에 필요한 **자료 만들기**

　온라인 실시간 강의를 위한 시스템이 별도로 존재하지 않는다면, 클래스룸에 동영상 강의를 제공할 수 있지만 동영상 강의가 정상적으로 재생된 것을 확인할 방법을 제공하지 않고 있습니다. 수업 등을 위한 자료, 녹화 강의 등을 유튜브와 연계하여 자료로 제공할 수 있습니다.

01 | 자료를 등록하기 위해 자료를 등록할 수업의 스트림 페이지에서 (수업) 메뉴를 클릭하여 수업 페이지로 이동합니다.

02 | 자료를 등록하기 위해 (+ 만들기) 버튼을 클릭하고 팝업 메뉴에서 (자료)를 클릭합니다.

03 | 제목에 수업 자료의 타이틀과, 설명에 부가적인 설명을 추가적으로 입력합니다. 수업 자료를 주제로 새로 등록하여 구분하기 위해 주제의 콤보박스를 클릭하고 [주제 만들기]를 클릭합니다.

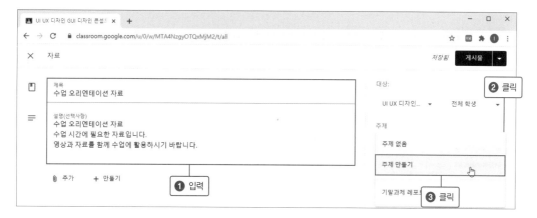

04 | 주제의 콤보박스가 텍스트 입력 상태로 변경되며 구분할 주제를 입력합니다. 수업 자료 등록을 위해 '수업 자료'라고 입력하였습니다.

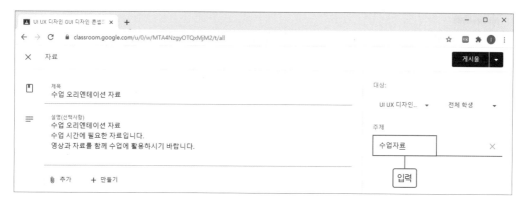

05 | 유튜브에 등록하거나 유튜브에 있는 강의 영상을 활용하기 위해 [추가] 버튼을 클릭하고 팝업 메뉴에서 [YouTube]를 클릭합니다.

06 | 동영상 삽입 대화상자가 활성화되면 기존의 유튜브에 등록된 영상을 자료로 사용하기 위해 검색하여 사용한다면 동영상 검색 탭에서 검색어를 입력하고 자료로 활용할 강의 영상을 선택하고 (추가) 버튼을 클릭합니다.

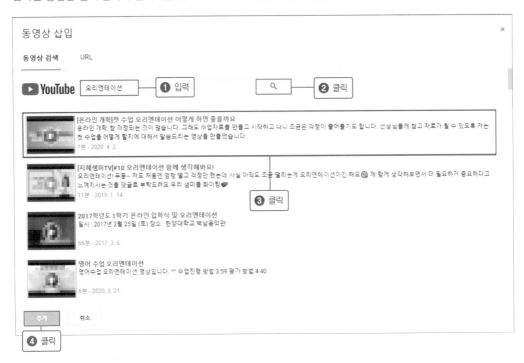

07 | 유튜브 영상의 주소를 알고 있다면 동영상 삽입 대화상자의 (URL) 탭을 클릭하고 미리 복사해둔 주소를 붙여넣습니다. 주소를 입력하면 해당 주소 동영상을 확인할 수 있고 (추가) 버튼을 클릭하여 유튜브 영상을 자료로 제공합니다.

유튜브의 주소창에 있는 주소를 입력할 수 있지만 공유 기능을 활용하여 주소를 복사할 수 있습니다.

❶ 영상의 주소를 복사하기 위해서 유
튜브 영상의 하단에서 [공유]를 클
릭합니다.

❷ 공유 대화상자가 나타나면 복사할 유튜브의 주소가 나
타나며, [복사]를 클릭하여 주소를 복사하고 필요한 영
역에 붙여 넣으면 됩니다.

08 | 수업 자료를 파일 형태로 제공하기 위해서 [추가]를 클릭하고 팝업 메뉴에서 [파일]을 클릭합니다.

09 | Google 드라이브로 파일 삽입하기 대화상자가 활성화되면, 필요한 강의 파일을 업로드 탭의 하단에 드래그하여 적용하고 (업로드) 버튼을 클릭합니다. 자동으로 구글 드라이브에 등록되며, 구글 드라이브에 저장된 파일을 사용할 경우 내 드라이브에서 확인하여 추가할 수 있습니다.

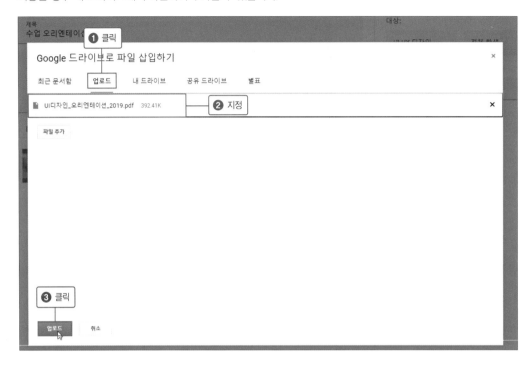

10 | 유튜브 영상과 제공할 PDF 파일 형태가 등록된 것을 확인할 수 있습니다. 자료를 모두 추가하였으면 오른쪽 상단에 있는 (게시물) 버튼을 클릭하여 자료를 등록합니다.

11 | 왼쪽 하단에 '자료 생성됨' 메시지와 함께 수업 자료 주제가 새롭게 등록되며 등록한 자료가 리스트에 표시되는 것을 확인할 수 있습니다.

12 | 등록한 자료의 제목을 클릭하면 세부 내용을 확인할 수 있고 등록한 자료도 확인이 가능합니다.

Section 20

구글 드라이브를 활용하여 수업 자료 만들기

수업 자료를 웹브라우저에서 만드는 방법과 비슷하게 앱에서도 만들 수 있습니다. 앱에서는 파일을 직접 자료로 등록하지 않고 구글 드라이브에 등록된 자료를 이용하여 앱으로 수업 자료를 만들어 보겠습니다.

01 | 수업에 사용할 자료를 만들기 위해서 구글 클래스룸 앱을 실행하고 자료를 만들 수업 카드를 터치하여 수업 스트림 페이지로 이동합니다.

터치

02 | 수업 페이지로 이동하면 수업 자료를 만들기 위해서 내비게이션 바에서 [수업]을 터치합니다.

터치

03 | 수업 페이지로 이동하면 새로운 자료를 등록하기 위해서 오른쪽 하단에 있는 [+] 추가 버튼을 터치합니다.

04 | 팝업 메뉴에서 자료를 추가하기 위해 [자료]를 터치합니다.

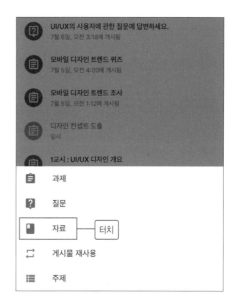

05 | 자료 등록 페이지로 이동하면 과제의 제목과 설명을 입력합니다. 수업 자료는 버튼으로 구분되지만 과제와 혼동되지 않도록 주제로 구분하는 것이 좋습니다. 주제를 설정하기 위해서 [주제 없음]을 터치합니다.

06 | 주제 선택 대화상자에서 수업 자료라고 등록되어 있으면 선택하고, 수업 자료 또는 관련된 주제가 없으면 주제 추가를 터치하여 주제를 추가합니다. 등록된 주제를 선택하여 체크가 된 상태에서 오른쪽 상단에 있는 (저장)을 터치하여 주제를 설정합니다.

07 | 주제가 수업 자료로 변경되었습니다. 수업에 사용할 자료를 추가하기 위해서 상단에 있는 클릭 모양의 첨부 파일 버튼을 터치합니다.

08 | 자료를 첨부하기 위한 팝업 메뉴가 활성화됩니다. 구글 드라이브, 링크 등으로 외부 자료를 가져올 수 있고, 카메라로 직접 촬영하거나 스마트폰에 저장된 사진을 자료로 사용할 수 있습니다. 파일을 통하여 스마트폰에 저장된 파일도 사용할 수 있습니다. 구글 드라이브에서 파일을 선택하여 자료로 추가하기 위해 (드라이브)를 터치합니다.

구글 드라이브에서 파일을 가져오려면 구글 드라이브 앱이 필요합니다.

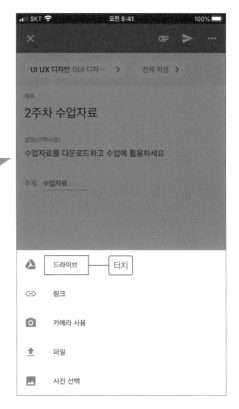

09 | 구글 드라이브에서 저장된 폴더로 접근해서 자료로 추가할 파일을 터치합니다. 폴더가 아닌 파일을 터치하면 자동으로 자료에 파일이 등록됩니다.

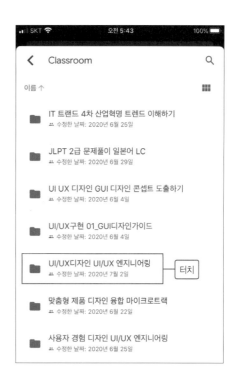

10 | 파일 추가가 모두 완료되면 상단의 (보내기(▶)) 버튼을 터치하여 자료 생성을 완료합니다.

11 | 수업 자료 카테고리에 새로 생성된 자료가 등록되면서 하단에 '자료 생성됨' 메시지가 표시됩니다.

Section 21

수업 자료를 활용하여 **수업 받기**

학생들은 제공된 수업 자료를 활용하여 수업을 참여할 수 있습니다. 자료의 경우 실시간 수업이 아닌 동영상 강의 및 강의 자료 등을 등록하여 수업에 활용할 수 있으며, 구글 미트를 이용하여 실시간 화상 수업을 하는 경우도 자료 기능으로 등록된 수업 자료를 활용합니다.

01 | 강의 자료를 확인하기 위해 수업의 스트림 페이지에서 수업 자료를 클릭하여 자료를 확인할 수 있습니다. 자료는 수업 페이지에서 확인도 가능하므로 (수업)을 클릭합니다.

02 | 이전 예제에서 등록한 수업 자료 주제에 등록되어 있는 (수업 오리엔테이션 자료)를 클릭합니다.

03 | 수업 자료 내용이 아코디언 형태로 펼쳐지면서 확인이 가능합니다. 자료 페이지로 이동하기 위해 (자료 보기)를 클릭합니다.

04 | 자료 상세 페이지로 이동하여 해당한 자료에 댓글을 달 수 있으며, 등록된 자료를 확인할 수 있습니다. 유튜브에 등록된 동영상을 재생하기 위해서 (YouTube 동영상)을 클릭합니다.

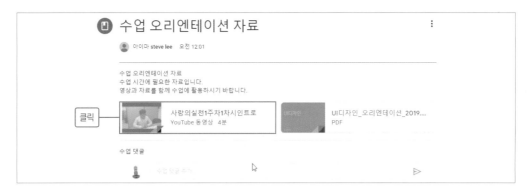

05 | 유튜브 영상이 재생되지만 유튜브 페이지로 이동되는 것이 아니라 유튜브 영상이 페이지 내에서 재생됩니다. 영상을 크게 보려면 유튜브 페이지로 이동하거나 전체 보기를 눌러서 전체 화면으로 시청할 수 있습니다. 영상을 모두 확인한 경우 왼쪽 상단의 (닫기) 버튼을 클릭하여 영상의 재생을 중지할 수 있습니다.

유튜브에 동영상을 업로드하는 경우 검색 등을 통해서 수업을 듣는 학생이 아닌 경우도 영상 재생이 가능합니다. 따라서 수업을 듣는 학생에게만 제공하기 위해서는 영상을 공개가 아닌 일부 공개로 하면 검색이나 채널 방문으로 볼 수 없고, 링크를 제공 받거나 링크를 등록한 경우에만 그 링크를 통해서 영상을 재생할 수 있습니다.

06 | 자료 상세 페이지에서 저장되어 있는 PDF 파일을 클릭하면 PDF 문서가 표시됩니다.

07 | PDF 문서를 다운로드하기 위해서 오른쪽 상단에 있는 (더 보기) 버튼을 클릭하고 팝업 메뉴에서 (새창에서 열기)를 클릭합니다.

08 | 브라우저의 새로운 탭에서 PDF 문서가 열리며 오른쪽 상단에 있는 (다운로드) 버튼을 클릭하면 다운로드가 가능합니다. 필요에 따라서 구글 드라이브에 저장할 수 있습니다.

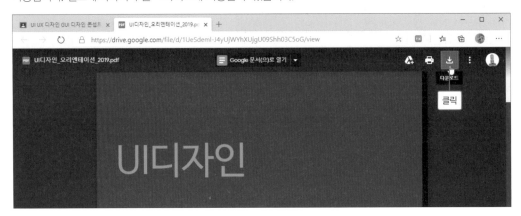

Section 22

자료의 설문지 기능으로 **출석 체크 만들기**

구글 설문 기능을 응용하여 퀴즈 과제, 자료에서 출석을 보조로 체크할 수 있습니다. 퀴즈 과제의 경우 학생이 출석 체크를 했는지 확인할 수 있지만, 자료의 설문 기능을 사용하는 경우 학생은 확인할 수 없습니다. 확인 및 중복 방지를 위해서는 퀴즈 과제를 활용하는 것을 추천합니다. 예제에서는 자료에 출석 체크를 위한 구글 설문을 추가하여 자료의 내용을 확인 후 출석 설정을 합니다.

01 │ 수업 스트림 페이지라면 자료를 수정하여 출석 체크를 위한 설문 기능을 활용하기 위해서 게시된 자료의 [더 보기(⋮)] 버튼을 클릭하고 수정을 통해서 자료를 수정할 수 있습니다. 수업 페이지에서 수정하기 위해 [수업] 메뉴를 클릭하여 이동합니다.

02 │ 수업 페이지로 이동하면 과제와 자료 등이 등록되어 있습니다. 자료에 출석 관련된 내용을 추가하기 위해서 자료의 날짜 오른쪽으로 이동하면 보이지 않던 [더 보기] 버튼(⋮)이 나타나면 해당 버튼을 클릭하고 팝업 메뉴에서 수정을 위해서 [수정]을 클릭합니다.

03 | 자료의 상세 페이지로 이동하면 하단에 있는 [+ 만들기] 버튼을 클릭하고 팝업 메뉴에서 [설문지]를 클릭합니다.

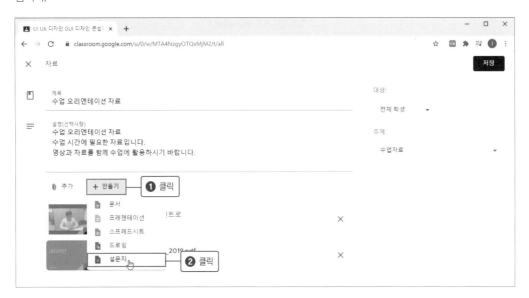

 설문지 기능을 통하여 제출 받을 수 있는 퀴즈 과제의 설문지 만드는 기능은 다음 단계와 같은 방법으로 설문지 기능을 이용해서 출석 체크를 할 수 있습니다. 과제, 질문, 자료 등은 설문 기능을 추가하고 출석 체크를 할 수 있지만 제출 여부를 체크하는 기능이 없습니다. 따라서 퀴즈 과제 기능이 출석 체크에는 유용하지만 자료에 출석 기능을 적용하는 이유는 자료에 등록된 자료나 동영상을 보고 수업을 참여한 것으로 확인하기 위한 목적으로 해당 페이지에서 출석 체크하기 위해서 사용됩니다.

04 | 설문 기능이 브라우저의 새로운 탭에 열립니다. 'Untitled form'이라고 표시된 설문 제목에 '수업 명과 출석 체크'라고 제목을 입력합니다. 설문지 설명에 출석 체크를 위해서 질문에 답변하라는 메시지를 입력하였습니다.

05 │ 첫 번째 설문에 출석에서 학년을 물어보기 위해 설문 부분을 클릭하여 수정을 활성화하고, 객관식 질문 콤보박스를 클릭하여 드롭다운을 선택합니다. 질문에 '학년'이라고 입력하고 보기에 학년을 입력합니다. 그리고 필수로 답변을 받기 위해서 토글 스위치를 클릭하여 필수 설문으로 활성화합니다.

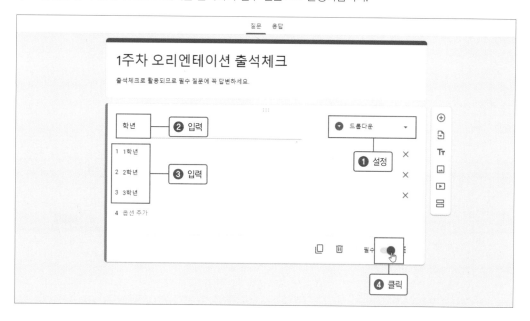

06 │ 질문을 추가하기 위해서 설문 오른쪽에 있는 옵션바에서 (질문 추가(⊕))를 클릭합니다.

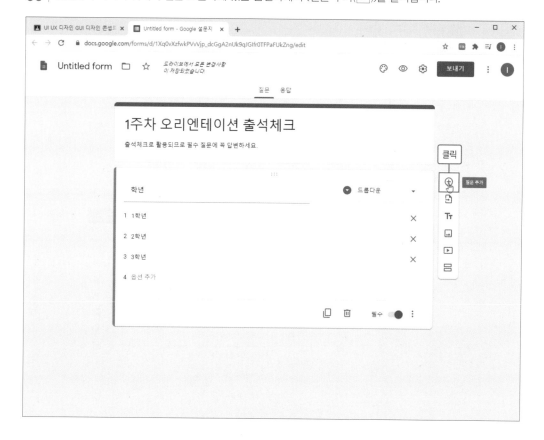

학년마다 반이 다른 경우 해당 학년을 선택하는 경우 학년별로 다른 질문 페이지로 이동하게 할 수 있습니다. 질문을 통해서 해당하는 답변 항목으로 이동하는 경우는 섹션을 구분해야 하며, 섹션별로 반을 구분하여 답변을 받을 수 있습니다.

❶ 섹션을 추가하기 위해서는 오른쪽 옵션 바에서 [섹션 추가]를 클릭하여 섹션을 추가합니다.

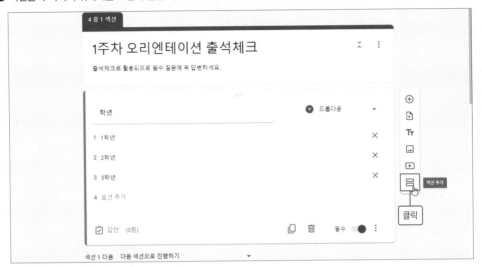

❷ 섹션이 추가되면 각 섹션별로 질문을 추가하고 각 답변별로 지정한 섹션으로 이동하기 위해 하단에 있는 [더보기] 버튼을 클릭하고, 팝업 메뉴에서 [답변을 기준으로 섹션 이동]을 클릭합니다.

❸ 답변 부분을 보면 [다음 섹션으로 진행하기]를 클릭하여 이동할 섹션을 클릭하여 지정합니다. 각 학년을 입력받고 동일한 기능을 이용하여 이후 이동할 섹션을 지정하여 학번과 이름 등을 받을 수 있습니다.

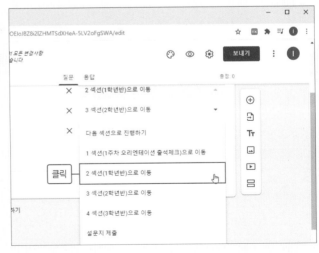

07 | 질문이 추가되면 '반'이라고 입력하고 반 항목을 추가합니다. 드롭박스 또는 객관식 질문을 이용하며, 반은 객관식 질문으로 설정하여 진행하겠습니다. 역시 필수 항목으로 설정하기 위해서 필수 토글 스위치를 클릭하여 필수 설문으로 설정합니다. 새롭게 질문을 추가하기 위해서 (질문 추가) 버튼을 클릭합니다.

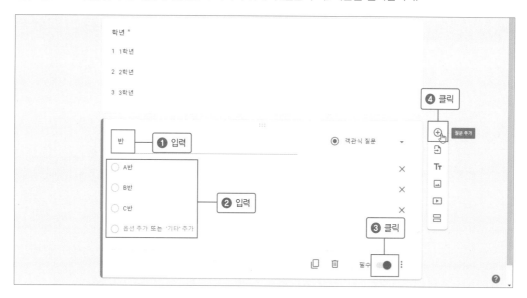

08 | 질문 항목을 '학번'을 입력한 다음 드롭박스를 클릭하고 팝업 메뉴에서 (단답형)을 클릭합니다. 자동으로 응답 확인 옵션이 추가되어 숫자만 입력 받도록 설정되었습니다.

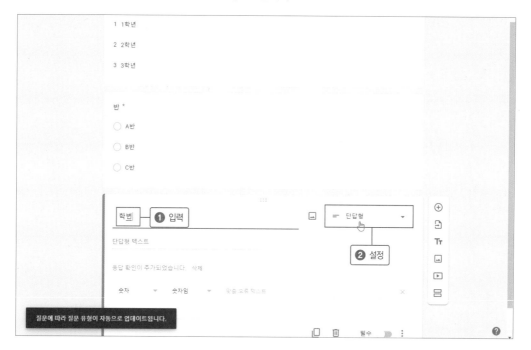

 일반적인 단답형 설문에는 추가적인 옵션이 필요없지만, 학번을 단답형으로 설정하면 왼쪽 질문에 따라 질문 유형이 자동으로 업데이트됩니다.

응답 확인 기능으로는 숫자, 텍스트, 길이, 정규 표현식 등을
제공합니다. 해당하는 항목에 따라서 세부 옵션 및 설정을 변
경할 수 있습니다. 각 항목 설정에 따라서 맞춤 오류 텍스트
항목은 공통적으로 표시됩니다.

❶ 질문에 응답 확인 기능을 추가하려면 오른쪽 하단에 있는
〔더 보기〕 버튼(⋮)을 클릭하고 팝업 메뉴에서 〔응답 확인〕을
클릭합니다.

❷ 숫자인 경우 초과, 크거나 같음, 미만, 작거나 같음, 같음,
같지 않음, 사이값, 사이값 제외, 숫자임, 정수로 설정
하고 해당 항목별 옵션 설정이 변경될 수 있으며, 각각
지정한 규칙의 답변을 받을 수 있습니다.

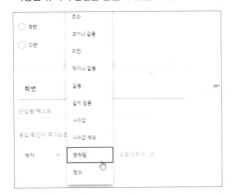

❸ 텍스트인 경우 포함, 포함하지 않음, 이메일 주소,
URL로 설정하고 해당 항목에 맞춰 값을 입력 받을 수
있습니다.

❹ 길이의 경우 최대 문자수와 최소 문자수를 지정할 수
있습니다.

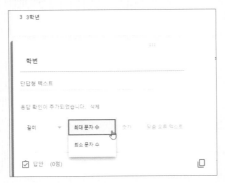

❺ 정규 표현식을 설정하면 포함, 포함하지 않음, 일치,
일치하지 않음으로 지정할 수 있습니다.

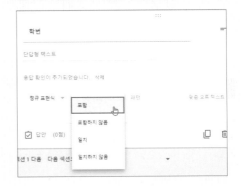

09 | 왼쪽 하단에 메시지가 표시되는데 추가적으로 '질문에 따라 답변 확인이 자동으로 추가되었습니다.' 라고 표시됩니다. 메시지에 따라 이미 적용되었기 때문에 추가로 변경되는 부분은 없으며 메시지만 추가됩니다.

10 | 질문을 필수로 설정하기 위해 오른쪽 하단에 있는 필수 토글 스위치를 클릭하여 필수 항목으로 활성화합니다. 이름 질문을 추가하기 위해서 오른쪽 옵션 바에서 (질문 추가(⊕)) 버튼을 클릭합니다.

11 | 설문 항목에 '이름'이라고 입력하고 객관식 질문 콤보박스를 클릭하고 팝업 메뉴에서 (단답형) 버튼을 클릭합니다. 필수 질문으로 만들기 위해서 토글 스위치를 클릭하여 필수 질문으로 설정합니다.

12 | 출석 체크 설문 항목으로 구분하기 위해서 왼쪽 상단에 있는 Blank Quiz를 클릭하고, 입력 상태가 되면 해당 시간과 출석 체크라는 제목을 입력합니다. 출석 체크용 설문이 모두 완성되었습니다.

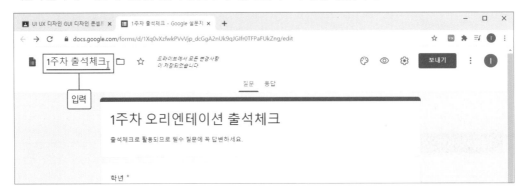

13 | 웹브라우저에서 자료를 만들던 탭으로 이동하면 자료 페이지에 설문지가 등록된 것이 확인되며, 아직은 지정된 출석 체크 설문지로 변경되지 않은 Untitled form이라고 등록되어 있습니다. 최종적으로 적용하기 위해 오른쪽 상단에 있는 (저장) 버튼을 클릭합니다.

14 | 왼쪽 하단에 '자료 수정됨'이란 메시지와 함께 수업 페이지로 이동합니다.

Section 23

자료에 있는 **설문지 활용하여 출석 체크하기**

퀴즈 과제를 통한 설문은 학생이 제출 여부를 확인할 수 있지만 자료나 기타 항목에 추가된 설문지는 제출 여부를 확인할 수 없어서 학생은 제출 여부를 잘 기억해야 합니다. 만약 교사가 퀴즈 과제로 출석 체크를 한다면 제출 여부를 확인할 수 있습니다.

01 | 자료 페이지 내에서 출석 체크 Google 설문지가 있다면 클릭합니다.

02 | 각 항목에 답변을 입력합니다. * 표시는 필수 항목이므로 누락되면 제출되지 않습니다. 따라서 모든 항목에 답변을 입력하고 (제출) 버튼을 클릭합니다.

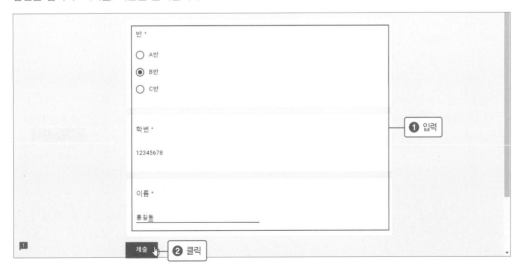

03 | 제출이 완료되면 '응답이 기록되었습니다'라는 메시지와 함께 완료됩니다.

알아두기 퀴즈 과제 기능

퀴즈 과제 기능으로 출석 체크를 만들 경우는 출석 제출 여부를 학생도 확인할 수 있기 때문에 유용하게 활용될 수 있지만 학생들이 출석을 체크할 수 있는 항목에 대한 기능을 찾기 어려울 수 있습니다. 따라서 학생들에게 충분한 공지를 통해서 출석 체크를 원활하게 할 필요가 있습니다. 퀴즈 과제 기능인 경우 출석 체크하는 기간을 설정할 수 있기 때문에 유용하게 활용할 수 있는 장점도 있습니다.

❶ 수업 페이지에서 [+ 만들기] 버튼을 클릭하고 팝업 메뉴에서 [퀴즈 과제]를 클릭합니다.

❷ 과제 항목에서 제목과 안내에 출석에 관련된 내용을 입력하고 점수는 미채점, 기간을 설정하고, 주제는 출석 체크로 구분합니다. 출석 관련된 내용을 만들기 위해서 설문지를 클릭합니다.

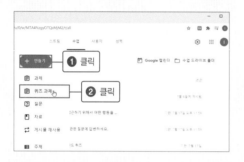

❸ 설문지가 활성화되면 자료의 출석 기능처럼 필수 항목으로 설문을 완성합니다. 설문을 완성하면 브라우저에서 수업 페이지 탭을 클릭하여 이동합니다.

❹ 설문 기능과 출석 체크용 퀴즈 과제가 모두 완료되면 [과제 만들기]를 클릭하여 출석 체크용 퀴즈 과제를 완료합니다.

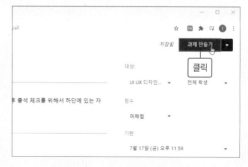

Section 24

출석 확인하고 **스프레드시트로 관리하기**

출석 확인을 위해서는 설문으로 이동이 필요합니다. 설문 답변은 엑셀과 같은 스프레드시트 문서로 저장할 수 있습니다. 스프레드시트로 저장된 출석 정보는 엑셀이나 PDF 파일로 저장하여 관리할 수도 있습니다.

01 | 학생들이 입력한 출석을 확인하기 위해 수업 자료에 등록되어 있는 출석 관련 구글 설문지를 클릭합니다.

02 | 구글 설문지 페이지로 이동하면 오른쪽 하단에 있는 (설문지 수정(✏️)) 버튼을 클릭합니다.

03 | 설문 상단에 질문 탭 오른쪽에 응답 탭이 있습니다. 현재 구글 설문을 이용하여 출석 체크한 인원이 표시되어 있습니다. 출석 확인을 위해서 (응답)을 클릭합니다.

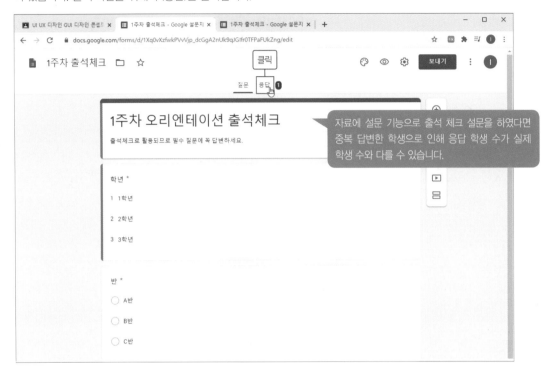

04 | 응답한 출석에 관련된 요약이 표시됩니다. 요약에는 설문을 통해 입력된 정보의 통계가 표시되어 있습니다.

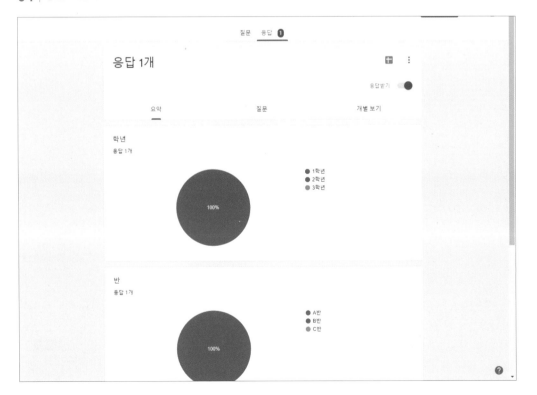

05 | 각각 학생별로 출석 체크한 내용을 확인하기 위해서 (개별 보기)를 클릭합니다. 개별 보기의 경우 학생별로 입력한 내용을 확인할 수 있습니다.

06 | 엑셀 등에서 활용하기 위해서 스프레드시트로 변환해야 합니다. 스프레드시트로 만들기 위해 오른쪽 상단에 있는 (스프레드시트 만들기) 버튼을 클릭합니다.

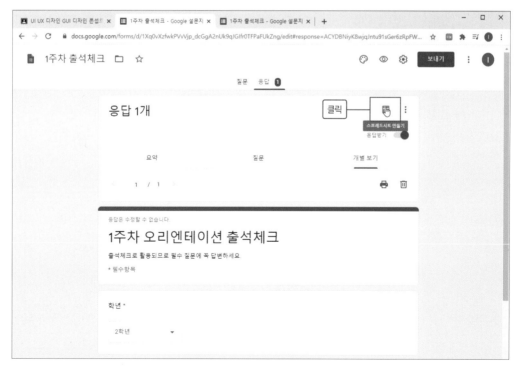

07 | 응답 수집 장소 선택 대화상자가 활성화되면 새 스프레드시트를 만들기 위해 스프레드시트 문서 명을 확인하고 (만들기) 버튼을 클릭합니다.

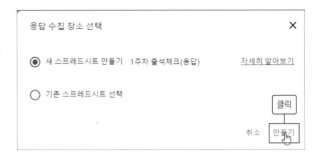

08 | 익숙한 MS 오피스 엑셀과 비슷한 환경의 구글 스프레드시트에 출석 체크된 문서가 나타납니다. 질문 항목은 상단에 등록되고, 입력한 내용은 학생별로 입력되어 있어서 활용이 가능합니다.

알아두기 구글 문서 저장하기

구글 스프레드시트에서 MS 오피스의 엑셀 문서나 기타 문서로 저장하기 위해서는 (파일) 메뉴를 클릭한 다음 팝업 메뉴에서 (다운로드)를 클릭하고 필요한 문서 형식을 클릭하면 저장됩니다.

Section 25

동일한 자료를 사용하기 위한 **게시물 재사용하기**

자료나 과제 등을 등록했는데 다른 수업에서 동일한 자료를 등록해야할 경우 복사할 필요가 있습니다. 과목별로 필요한 부분을 복사하여 사용하는 방법을 확인해 보겠습니다. 처음에 만들 때 여러 영역에 만들 수 있는 기능도 있으니 만들 때부터 여러 과목에 동시에 만드는 것도 가능합니다.

01 | 자료를 재활용하기 위해서 상단에 있는 (수업) 메뉴로 이동하여 게시물 재사용을 해 보겠습니다.

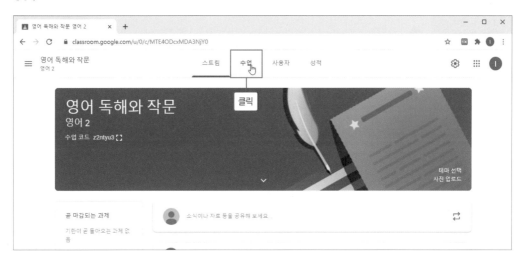

02 | 게시물을 재사용하기 위해서는 다른 수업에서 필요한 부분을 복사해서 가져와야 합니다. 수업 페이지에서 (+ 만들기) 버튼을 클릭하고 팝업 메뉴에서 (게시물 재사용)을 클릭합니다.

03 | 수업 선택 대화상자가 나타나면 복사할 과제나 자료가 있는 수업을 클릭합니다.

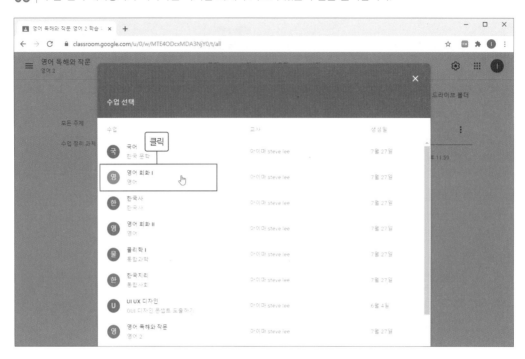

04 | 수업으로 이동하면 대화상자 상단에 '게시물 (선택한 교과목 명) 선택'이라는 메시지가 표시됩니다. 복사할 자료를 선택하고 오른쪽 하단에 있는 [재사용] 버튼을 클릭합니다.

 하단에 있는 모든 첨부파일의 '새 사본 만들기'를 체크하는 경우 구글 드라이브의 과목별 폴더에 복사되며, 체크되지 않은 경우는 폴더별로 사본을 생성하지 않습니다.

05 │ 선택한 과제나 자료가 복사되고 상세 페이지로 이동합니다. 혹시 수정할 내용이 있다면 수정하고 최종적으로 완료되었다면 오른쪽 상단에 [게시물] 버튼을 클릭합니다.

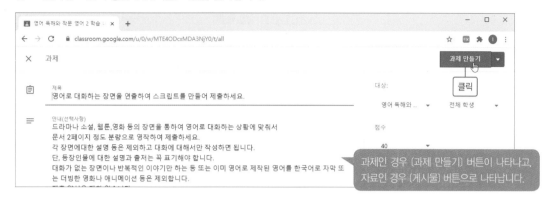

과제인 경우 [과제 만들기] 버튼이 나타나고, 자료인 경우 [게시물] 버튼으로 나타납니다.

06 │ 왼쪽 하단에 '자료 생성됨'이라고 메시지가 표시되며, 수업 자료에 복사한 자료가 등록된 것을 확인할 수 있습니다.

07 │ 스트림 페이지로 이동하면 스트림에도 재사용된 게시물 자료가 등록되어 있습니다.

Section 26

불필요한 **과제나 자료 삭제하기**

임시로 저장한 과제나 자료 또는 만들기 중에 오류로 인하여 완전하게 만들어지지 않은 경우 초안으로 등록되며, 불필요한 경우 삭제가 필요합니다. 또한 잘못 작성한 경우에도 삭제가 필요하며 수업 페이지에서 가능합니다. 과제나 자료를 삭제하는 방법을 확인해 보겠습니다.

01 | 수업 페이지에서 초안이라고 표시된 완성되지 않은 과제가 표시되어 있습니다. 과제를 만들기 도중에 오류가 발생하여 중단한 과제로, 불필요하기 때문에 삭제하겠습니다. 초안 오른쪽으로 마우스 커서를 이동하면 (더 보기(┋)) 버튼이 활성화되며 클릭하여 팝업 메뉴에서 (삭제)를 클릭합니다.

02 | 과제 초안 삭제 여부를 확인하는 대화상자가 나타납니다. 삭제를 진행하기 위해 (삭제)를 클릭합니다.

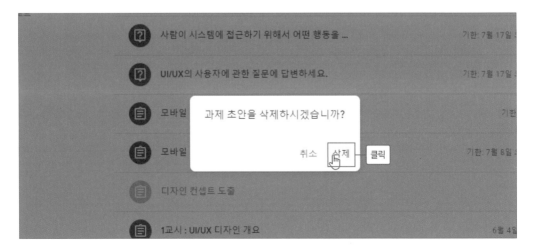

03 | 초안으로 등록된 오류가 난 과제는 삭제가 되었습니다. 잘못 등록된 과제를 삭제하기 위해서 삭제할 과제의 날짜 표시 오른쪽으로 이동하여 〔더 보기〕 버튼(⋮)을 클릭합니다. 해당 과제를 삭제하기 위해서 팝업 메뉴에서 〔삭제〕를 클릭합니다.

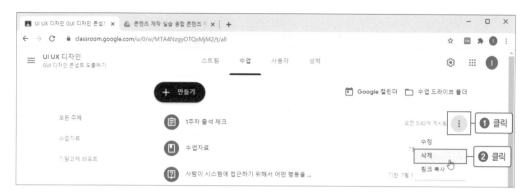

04 | 과제의 경우 학생들의 과제 등록 여부와 관계없이 성적과 댓글이 삭제된다는 메시지가 대화상자에 표시됩니다. 삭제를 진행하기 위해 〔삭제〕 버튼을 클릭합니다.

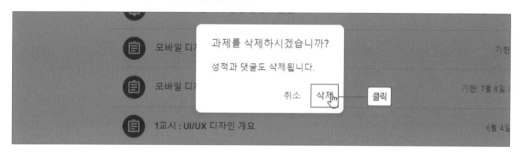

05 | 삭제가 완료되면 수업 페이지에서 해당 과제가 삭제된 것을 확인할 수 있습니다.

실시간 영상 수업을 위한
구글 미트 사용하기

영상을 통해 학생들의 얼굴을 보면서 수업을 할 수 있는
구글 미트 사용 방법을 알아봅니다. 화상 수업의 준비물인
웹캠이나 스마트폰 설치부터 오디오와 비디오 설정 방법을
학습하고 수업 참여자를 초대합니다. 필요에 따라서 특정
프로그램 화면을 공유하여 수업하는 방법과 구글 미트의
장점인 영상이나 애니메이션으로 발표가 가능합니다.

Part 4

Section 01

화상 회의 및 온라인 수업을 위한 **준비물 살펴보기**

화상 회의나 온라인 수업은 동영상을 기반으로 하는 것이므로 동영상 제작은 필수입니다. 영상을 제작하기 위해서는 기본적으로 PC와 영상을 촬영할 수 있는 웹캠, 스마트폰 또는 카메라, 소리를 담을 수 있는 마이크가 필요합니다. 처음부터 비용을 들여 고가의 장비를 구매하는 것보다 기존에 가지고 있는 장비들을 이용하는 것이 좋으며, 사용 목적과 필요에 따라 하나씩 장비들을 추가하는 것을 권장합니다.

웹캠

웹캠은 쉽게 말해서 컴퓨터에 연결하는 카메라입니다. 주로 화상 회의 수단으로 사용하거나 컴퓨터 화면에 본인 얼굴을 같이 담아서 녹화할 때 사용합니다. 유튜버나 크리에이터들이 스트리밍(인터넷 방송)을 하는 상황에서 이 웹캠은 필수적인 준비물 중 하나입니다. 실시간 화상 회의나 온라인 수업이 아닌 이상, 생방송을 하는 것이 아니므로 추후에 편집을 통해 버벅거리는 부분이나 어색한 부분을 잘라내는 것이 가능합니다. 웹캠은 컴퓨터나 노트북에 연결하여 HD ~ 4K급의 화질로 녹화를 가능하게 해 주는 장비입니다. 녹화 화질이 좋을수록 가격이 비싸지므로 여건에 맞게 웹캠을 준비하면 됩니다. 대표적으로 로지텍(Logitech) 사가 웹캠으로 유명합니다.

▲ HD급 화질로 영상을 녹화할 수 있는
로지텍 사의 C270

▲ 4K급 화질로 영상을 녹화할 수 있는
로지텍 사의 브리오(Brio)

▲ 화상 회의와 온라인 수업에 최적화된
FHD급 조이트론 사의 HD20

▲ 무선 블루투스 무선 웹캠인
우파워 사의 Woopower 3C

▲ LED 조명이 포함된
노보맥스 사의 NC-150

▲ 얼굴 추적이 가능한
마이크로스프트 사의 라이프 캠

내장형 웹캠

데스크톱에는 별도로 구매해서 장착을 해야 하지만 휴대용 노트북에는 대부분 웹캠이 내장되어 있습니다. 하지만 노트북 내장 웹캠의 경우, 화질이 HD급 화질이라는 점에서 보는 사람에 따라 낮은 화질이라고 생각할 수 있습니다. 그래도 급한 상황에서는 유용하게 사용할 수 있다는 점에서 하나의 녹화 수단으로 이용할 수 있습니다.

▲ 노트북에 달린 내장 웹캠

스마트폰

눈에 보이는 모든 장면을 피사체라고 합니다. 우리 주위에는 피사체를 영상으로 담아줄 멋진 도구가 많이 있습니다. 바로 스마트폰입니다. 스마트폰은 휴대가 간편하므로 언제 어디서든 주머니에서 꺼내 멋진 영상을 촬영할 수 있습니다. 단지 태생이 영상을 위한 도구가 아니다 보니 카메라보다 저장 공간이 작고, 배터리 소모가 빠르다는 것이 단점입니다.

스마트폰은 카메라뿐만 아니라 앱과 케이블의 힘을 빌려 웹캠의 대용품 및 음성 녹음을 이용하여 서브 녹음 기기로도 쓸 수 있습니다. 대부분 사람이 가지고 있지만 다용도의 기능을 가진 스마트폰으로 실시간 화상 회의와 더불어 온라인 강의 촬영까지 수월하게 진행할 수 있습니다.

▲ 애플 사의 아이폰   ▲ 삼성 사의 갤럭시폰

카메라

카메라와 캠코더는 태생이 촬영을 위한 도구이기 때문에 스마트폰보다 저장 공간이 크고 배터리 소모가 느리고 촬영물에서 선예도(Sharpness)와 해상력이 뛰어납니다. 카메라도 만드는 방식마다 크게 두 가지로 나뉩니다. 미러리스 카메라와 DSLR 카메라입니다. 미러리스 카메라와 DSLR 카메라는 상대적으로 고품질의 영상을 촬영할 때 사용합니다. 또한, 카메라에 끼우는 렌즈군에 따라 다양한 결과물을 만드는 것이 가능합니다. 카메라와 렌즈는 용도와 상황에 맞게 골라서 사용하면 됩니다. 대표적인 브랜드로는 캐논, 소니, 니콘 등이 있습니다.

▲ 우리가 흔히 보는 촬영용 DSLR과 미러리스 카메라

캠코더

캠코더는 일반적인 카메라에 비해 영상 촬영에 좀 더 특화되어 있습니다. 단지 카메라와 달리 렌즈군이 다양하지 않다는 것이 차이점입니다. 30분 이상의 긴 영상을 찍을 경우, 배터리나 촬영 지속 시간의 측면에서 캠코더를 채택하는 상황도 있습니다. 요즘에는 경계가 많이 허물어졌지만 불과 몇 년 전만 하더라도 영상 전문 캠코더가 아닌 이상, 많은 종류의 미러리스, DSLR 카메라와 스마트폰 등에는 촬영 제한 시간 30분이 있었습니다. 이는 기능적인 측면이 아닌 영상기기에 관련된 규제에 의한 것이기 때문입니다. 대표적인 브랜드로는 소니가 있습니다.

▲ 영상 촬영을 목적으로 하는 캠코더

알아두기 미러리스와 DSLR 차이점

미러리스와 DSLR의 차이를 온라인 강의를 제작하는 입장에서 알아두면 카메라를 고르는 기준이 될 수 있습니다.

카메라 종류	DSLR 카메라	미러리스 카메라
작동 원리	미러(Mirror) 개방 → 셔터 개방 → 빛 수용 → 셔터 폐쇄 → 미러 폐쇄	셔터 개방 → 빛 수용 → 셔터 폐쇄
미러(Mirror)의 유무	○	×
크기	크다.	작다.
대표 브랜드	캐논(Canon)	소니(Sony)
렌즈 종류	상대적으로 다양함.	상대적으로 적음.
화질	고품질, 고화소	고품질, 고화소

영상 녹화를 위한 마이크

컴퓨터를 활용하여 웹캠과 함께 영상 녹화를 하면 마이크는 중요한 역할을 합니다. 화상 회의나 온라인 강의 원천은 전달력이기 때문에 음질이나 음량의 측면에서 마이크는 필수로 갖추는 것이 좋습니다. 요즘 나오는 웹캠이나 노트북에는 기본적으로 마이크가 내장되어 있지만, 만족스러운 성능이라고 보기 어렵습니다. 따라서, 따로 외부 마이크를 사용하는 것을 권장합니다. 저렴한 핀 마이크부터 가격이 어느 정도 나가는 콘덴서 마이크까지 다양한 마이크를 컴퓨터에 사용 가능하므로 본인의 여건과 상황에 맞는 마이크를 갖추면 됩니다.

▲ 슈어 사의
MVL 핀 마이크

▲ 인프라소닉 사의
UFO 콘덴서 마이크

영상 촬영을 위한 마이크

카메라와 스마트폰에는 자체 내장 마이크 기능이 잘 되어 있어서 괜찮은 품질의 오디오를 녹음할 수 있습니다. 하지만 카메라와 스마트폰은 태생이 오디오 녹음을 위한 도구가 아닙니다. 따라서 기계의 내장 마이크에는 종종 노이즈가 들어가거나 소리가 작게 녹음되기 마련입니다. 별도의 외장 마이크를 사용한다면 더 만족스러운 촬영본을 얻을 수 있습니다. 오디오는 정말 중요합니다. 아무리 영상이 좋아도 소리가 들리지 않으면 강의 영상으로 사용할 수 없기 때문입니다.

샷건 마이크는 주위의 환경음과 피사체의 소리를 같이 녹음할 때 사용합니다.* 반면 핀 마이크는 주위의 환경음을 제외하고 피사체의 소리를 집중적으로 녹음할 때 사용합니다.

▲ 샷건 마이크   ▲ 핀 마이크

알아두기 필수는 아니지만, 있으면 좋은 조명

❶ **조명** : 조명 기구가 있다면 촬영을 하는 장소와 본인의 모습을 양질의 영상으로 전달할 수 있습니다. LED로 구성된 조명과 전통적으로 사진 촬영에 사용하는 지속광인 스탠드 조명을 고려합니다.

❷ **크로마키(초록색 천)** : 크로마키는 주로 방송을 하는 스트리머나 BJ들이 사용하는 장비입니다. 크로마키가 있다면 배경을 제거하고 사람의 모습만 화면에 보이도록 하는 것이 가능합니다. 크로마키가 준비되어 있다면 강사의 후면에 설치하는 것이 좋습니다.

▲ 지속광 촬영용 스탠드 조명   ▲ 핸드폰을 거치해서 사용할 수   ▲ 휴대용 크로마키(초록색 천)
                                있는 링라이트 조명

PC에 카메라를 달아주자! **웹캠 연결하기**

PC나 노트북에 웹캠을 달아서 실시간 화상 회의를 진행하거나 온라인 강의용으로 녹화를 진행할 수 있습니다. 웹캠을 PC에 연결하고 잘 연결되었는지 테스트하는 방법을 알아봅니다.

PC용 웹캠 세팅하기

01 │ 웹캠에 USB 포트에 케이블을 연결합니다.

02 │ 웹캠을 컴퓨터의 모니터 위에 올려놓습니다. 컴퓨터에 웹캠을 고정해서 안정적으로 촬영할 수 있게 합니다.

웹캠을 PC에 연결하기

03 │ 웹캠 케이블의 반대편은 컴퓨터 USB 포트에 연결할 수 있습니다. 컴퓨터 본체에 케이블을 연결합니다. 웹캠과 컴퓨터 연결이 완료됩니다.

연결 테스트하기

PC 카메라 앱 실행

01 | 노트북 내장 웹캠 및 PC용 외부 웹캠 불문하고 웹캠은 USB를 꽂는다고 자동으로 실행되는 것이 아닙니다. 잘 연결되었는지 테스트가 필요합니다. PC의 '시작' 메뉴를 클릭합니다. 기본 메뉴의 검색창에 (카메라)를 검색합니다.

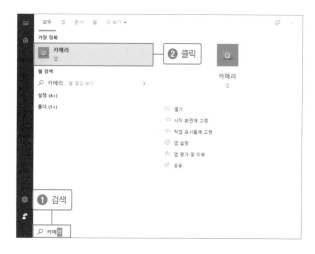

카메라 앱 실행

02 | 카메라 앱이 실행됩니다. '카메라의 정확한 위치 엑세스를 허용할까요?'라는 대화상자가 표시되면 (예) 버튼을 클릭합니다.

웹캠 테스트

03 | 웹캠이 잘 연결되었다면 웹캠으로 실시간 촬영되는 화면이 표시됩니다. 표시되지 않는다면 웹캠 연결이 실패한 것이기 때문에 다시 연결하거나 해당 웹캠 제조사에서 제공하는 웹캠 관련 드라이브를 다운로드하여 다시 연결합니다.

Section 03

웹캠이 없을 경우, **스마트폰을 웹캠으로 만들기**

웹캠 가격으로 인해 웹캠을 마련하는 것이 부담스러울 수 있습니다. 혹은 장비가 없는 상황에서 갑작스럽게 화상 회의나 온라인 강의를 진행해야 하는 상황이 올 수 있습니다. 많은 사람이 가지고 있는 스마트폰은 이러한 상황에서 웹캠으로 사용할 수 있습니다. 스마트폰을 웹캠으로 사용하는 방법에 대해 알아봅니다.

스마트폰 설정하기

01 | 앱스토어(구글플레이 스토어)에서 검색창에 'iVCam'을 입력하고 검색된 iVCam 앱을 설치합니다.

> **iVCam과 비슷한 프로그램**
> iVCam 이외에도 스마트폰을 웹캠으로 만드는 다양한 프로그램이 있습니다. DroidCam, iriun, NDI 등 프로그램을 알아보고 맞는 것을 사용하면 됩니다. 기종이나 PC 종류, 기기 제조 일자 등에 따라 지원하는 범위가 천차만별이기 때문에 반드시 본인의 상황에 맞는 프로그램을 찾아서 사용하는 것을 권장합니다.

02 | 스마트폰을 컴퓨터로 연결하기 위해서는 스마트폰을 USB처럼 쓸 수 있게 변경해야 합니다. 이를 USB 디버깅이라고 합니다. (핸드폰 설정) – (휴대전화 정보) 창에 들어갑니다.

03 │ 본인의 휴대폰 정보가 표시됩니다. 메뉴에서 [소프트웨어 정보] 창으로 이동합니다.

04 │ 소프트웨어 정보가 표시됩니다. [빌드 번호] 창을 연속으로 터치 합니다. '개발자 모드를 켰습니다.'라는 문구가 표시되면서 '개발자 모드'가 해제됩니다.

05 │ [설정] 창으로 이동하여 하단에 [개발자 옵션]이 활성화되면 터치 합니다.

06 | 〔개발자 옵션〕 창에 들어가면 디버깅 영역에 〔USB 디버깅〕 설정이 있습니다. 클릭하여 활성화합니다. USB 디버깅을 허용하면 USB 디버깅이 완료됩니다.

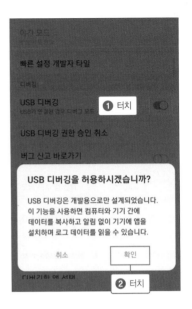

PC에 'iVCam' 설치하기

01 | 웹브라우저에서 iVCam 사이트 (https://www.e2esoft.com/ivcam)로 이동합니다. 〔Download for Windows〕를 클릭합니다.

02 | 설치 파일이 자동으로 설치됩니다. 정해진 설치 과정을 거치고 iVCam을 실행하면 그림과 같이 설치가 완료됩니다. iVCam을 실행한 상태로 다음 단계를 진행합니다.

스마트폰을 웹캠으로 연결하기

iVCam 앱 실행

01 | 스마트폰의 USB 디버깅을 설정한 상태에서 다운받은 'iVCam'앱을 실행합니다. 'iVCam PC 검색...' 이라는 문구가 표시됩니다.

02 | 스마트폰을 웹캠처럼 사용하기 위해 미니 삼각대를 활용하여 스마트폰을 고정합니다. 스마트폰을 들고 강의를 진행할 수 없으므로 반드시 삼각대를 활용하여 세워야 합니다.

스마트폰 PC에 연결하기

03 | PC와 스마트폰에 iVCam 프로그램과 앱을 실행한 채로 스마트폰 연결 케이블을 활용하여 PC와 연결합니다. USB 사용을 허용하면 스마트폰의 카메라 기능이 웹캠처럼 PC에 표시되는 것을 확인할 수 있습니다.

스마트폰과 카메라와 다르게 웹캠은 주로 실시간 화상 회의에서 두각을 보입니다. PC에 설치하여 내 모습을 촬영하여 실시간으로 소통하고 의견을 전달할 수 있습니다. 여기서는 웹캠 사용 시 알아두어야 하는 개념들에 대해 알아봅니다.

적절한 눈높이에 웹캠을 고정하자

웹캠은 주로 PC 모니터 위나 노트북 모니터 위에 고정하여 사용합니다. 웹캠으로 전신을 보여주는 경우는 거의 없기에 상반신을 균형 있게 보여주면 됩니다. 상반신을 가장 이상적으로 보여주기 위해서는 웹캠이 촬영자의 눈높이에 맞거나 눈높이보다 살짝 위에 있으면 됩니다.

웹캠을 PC에 고정하고 필요하다면 컴퓨터 의자의 높이나 앉은 환경을 조절하여 보기 좋은 구도로 모습을 잘 보이게 합니다.

화상 회의에 참여하기 전 반드시 웹캠을 테스트하자

화상 회의 도중 흐름이 깨지면 회의가 원활하게 진행되지 않는 경우가 많습니다. 웹캠이 그 원인 중 하나가 될 수 있습니다.

급하게 웹캠을 연결하고 화상 회의에 참여하게 되면 웹캠이 실행되지 않거나 연결이 되지 않아 곤란한 경우가 많습니다. 회의 시작 전에 반드시 〔시작 프로그램〕 → 〔카메라〕 앱을 통해 웹캠의 연결 상태를 체크하도록 합니다.

▲ 시작 프로그램 → 카메라 앱에서 웹캠의 연결 상태를 테스트할 수 있습니다.

Section 04

구글 미트에서 **오디오와 비디오 설정하기**

구글 미트를 이용하여 화상회의를 시작하기 위해서는 먼저 오디오와 비디오를 사용할 수 있는지 설정 확인을 해야 합니다. 자신의 PC에서 오디오 및 비디오 사용이 가능한지 확인해 봅니다.

01 ｜ 구글 사이트(www.google.com)에서 검색 창에 '구글 미트'라고 입력하여 검색한 다음 검색 리스트에서 'Meet-Google'을 클릭합니다.

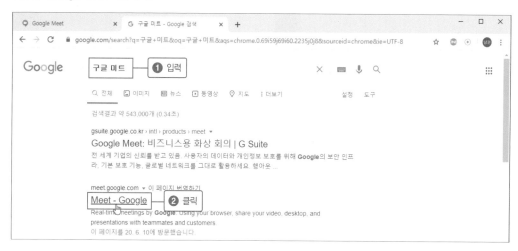

02 ｜ Google Meet 사이트(meet.google.com)로 이동합니다. 비디오와 오디오 설정을 위해 설정 버튼(⚙)을 클릭합니다.

03 | 마이크 사용과 카메라 사용 권한을 요 청하는 대화상자가 표시되면 〔허용〕 버튼을 클릭합니다.

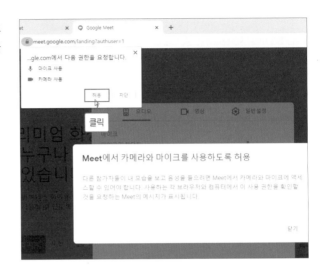

04 | 〔오디오〕 탭을 클릭해 보면 마이크와 스피커 세팅 값이 표시됩니다. 기본 설정 값 이 맞다면 〔설정〕을 누릅니다.

05 | 〔영상〕 탭을 누르면 카메라 설정이 표 시되며, 미리보기 창에 영상 화면이 표시됩 니다. 〔설정〕을 눌러 오디오와 영상 설정을 닫습니다.

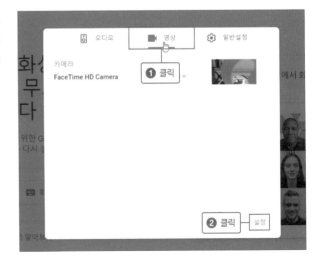

Section 05

구글 미트를 이용하여 **회의 시작하기**

구글 미트를 이용하여 회의를 시작해 보겠습니다. 회의가 시작되면 진행자의 영상이 메인 화면에 표시되며, 오른쪽 화면에 회의 세부 정보에도 진행자의 영상이 표시됩니다.

01 | 내 PC에서 오디오와 영상 사용 설정이 되었다면 구글 미트 사이트(meet.google.com)에서 (회의 시작) 버튼을 클릭합니다.

02 | 알림 표시 권한 요청 대화상자가 표시되면 (허용) 버튼을 클릭한 다음 (지금 참여하기) 버튼을 누릅니다.

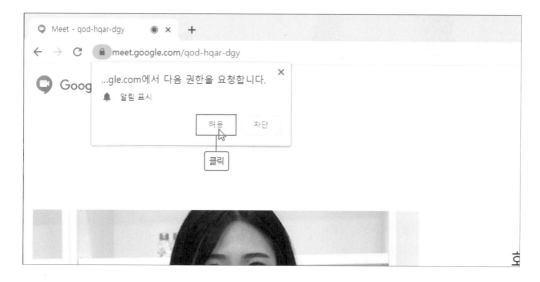

03 〔다른 사용자 추가〕 대화상자가 표시되면 참여 정보를 복사하거나 사용자 추가를 할 수 있습니다. 여기서는 〔닫기〕 버튼을 눌러 대화상자를 닫습니다.

04 그림과 같이 메인 화면에 진행자의 비디오가 표시되고, 오른쪽 상단에 작은 썸네일 화면으로 진행자의 비디오도 표시됩니다. 〔모두에게 표시〕 버튼을 클릭합니다.

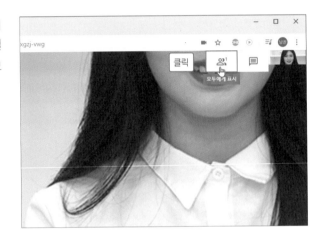

05 오른쪽 화면에 회의 세부 정보가 표시됩니다. 마찬가지로 진행자의 영상이 썸네일 화면으로 표시됩니다.

Section 06

구글 주소록에 **참여자 등록하기**

구글은 구글 주소록으로 온라인 수업에 참여할 참여자를 등록하여 간단하게 참여 메일을 보낼 수 있습니다. 구글 주소록에 참여자를 등록시키는 방법에 대해 알아봅니다.

01 | 구글 주소록 사이트(contacts.google .com)에서 연락처를 추가하기 위해 (연락처 만들기)를 클릭합니다.

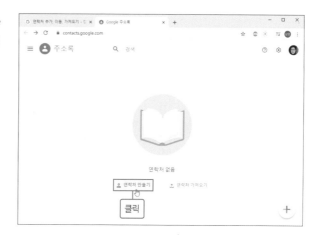

02 | 새 연락처 만들기 대화상자가 표시되면 연락처에 추가할 참여자의 이름과 성, 소속, 이메일과 전화번호를 입력하고 (저장)을 클릭합니다.

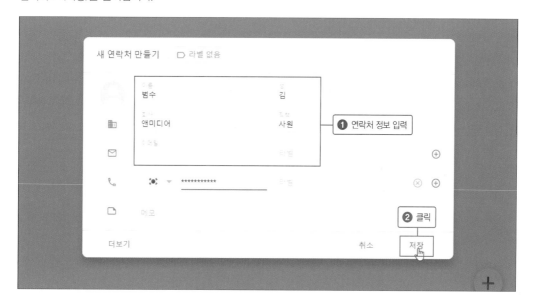

03 | 그림과 같이 연락처를 추가한 참여자의 세부 정보가 표시됩니다. (닫기) 버튼을 클릭합니다.

04 | 진행자의 연락처를 추가하기 위해 (새 연락처 추가) 버튼을 클릭한 다음 (연락처 만들기)를 클릭합니다.

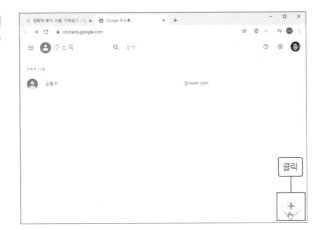

05 | 다음과 같이 참여자의 새 연락처 정보를 입력한 다음 (저장)을 클릭하여 연락처 정보를 추가합니다.

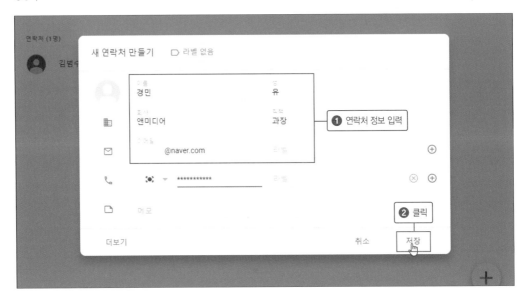

Section 07

구글 스프레드시트로 **수업 참여자 연락처 내보내기**

많은 수업 참여자의 연락처를 관리하기 위해 구글 스프레드시트 앱을 이용하여 수정하거나 엑셀 파일로 저장한 다음 연락처를 한번에 편리하게 수정할 수 있습니다.

01 | 구글 크롬을 실행한 다음 화면 상단의 (Google 앱) 버튼을 클릭하고 (주소록) 버튼을 누릅니다.

02 | 주소록이 표시되면 (기본 메뉴) 버튼을 클릭합니다.

03 | 연락처를 별도의 파일로 저장하기 위해 (연락처) 메뉴에서 (내보내기)를 클릭하여 연락처 내보내기 대화상자를 표시합니다. 옵션에서 Google CSV 항목을 선택한 다음 (내보내기)를 클릭합니다.

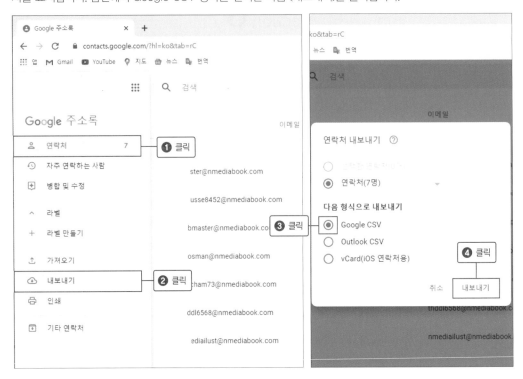

04 | 구글 크롬 브라우저 하단에 주소록이 파일로 저장되는 것을 확인할 수 있습니다.

05 │ 저장된 'contects.csv' 파일을 구글 드라이브에 업로드한 다음 (Google 앱) 버튼을 클릭하고 (스프레드시트) 버튼을 클릭합니다.

06 │ 구글 스프레드시트가 실행됩니다. 저장된 주소록 파일을 불러오기 위해 (파일) 메뉴에서 (열기)를 클릭합니다.

07 │ 파일 열기 대화상자에서 파일로 저장된 주소록인 'contects. csv' 파일을 더블클릭합니다.

08 | 〔Google 스프레드시트(으)로 열기〕를 클릭하면, 주소록이 스프레드시트 형식으로 표시됩니다.

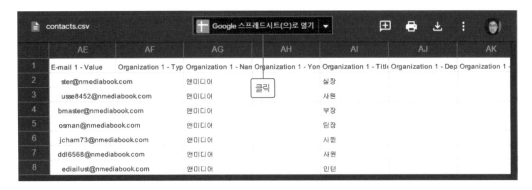

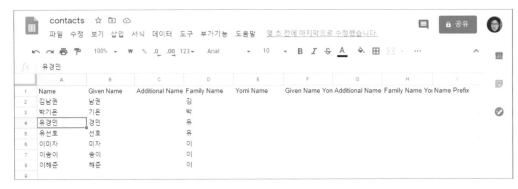

09 | 엑셀 파일로 저장하기 위해 〔파일〕 메뉴에서 〔다운로드〕-〔Microsoft Excel(.xlsx)〕을 선택합니다. 주소록에 엑셀 파일로 저장되며, 엑셀을 실행하여 주소록을 수정할 수 있습니다.

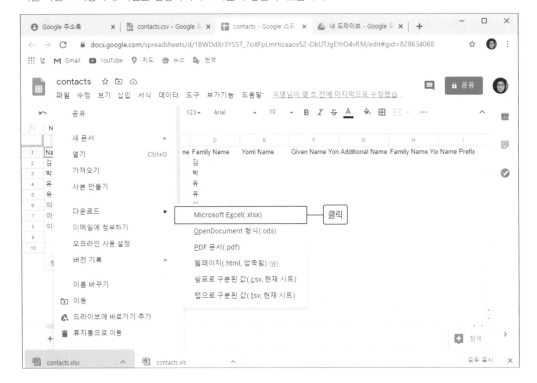

Section 08

이메일로 **참여자 초대하기**

구글 주소록에 참여자를 등록시켰다면 구글 미트에서 바로 참여 메일을 보낼 수 있습니다. 사용자 추가 기능을 이용해 화상 수업 참여 메일을 보내는 방법을 알아봅니다.

01 | 내 PC에서 오디오와 영상 사용 설정이 되었다면 구글 미트 사이트(meet. google.com)에서 [회의 시작] 버튼을 클릭합니다.

02 | 회의가 준비되면 [지금 참여하기] 버튼을 클릭합니다.

03 | 상단 메뉴에서 [모두에게 표시] 버튼을 클릭합니다.

04 | 참여자를 회의에 참여시키기 위해 [사용자]를 클릭한 다음 [사용자 추가]를 클릭합니다.

05 | 사용자 추가 대화상자가 표시되면 구글 주소록에 등록된 참여자 항목이 표시됩니다. 참여시키려는 참여자를 선택한 다음 [이메일 보내기] 버튼을 클릭합니다.

06 | 참여자의 메일을 확인해 보면 그림과 같이 메일이 전송된 것을 확인할 수 있습니다. 메일에서 [회의 참여] 버튼을 클릭하여 회의에 참여합니다.

Section 09

카카오톡으로 **회의 참여 문자 보내기**

구글 주소록에 참여자가 등록되어 있지 않다면 참여자에게 카카오톡으로 참여 문자를 보내 간단하게 화상 회의에 참여시킬 수 있습니다. 참여 정보 복사 기능으로 참여자를 화상 회의에 참여시켜 봅니다.

01 │ 내 PC에서 오디오와 영상 사용 설정이 되었다면 구글 미트 사이트(meet.google.com)에서 (회의 시작) 버튼을 클릭합니다.

02 │ 참여자에게 회의에 참여하도록 문자를 보내기 위해 다른 사용자 추가 대화상자에서 (참여 정보 복사)를 클릭합니다. 참여 정보가 클립보드에 복사됩니다.

03 | 카카오톡을 실행한 다음 회의에 참여
시키려는 참가자에게 Ctrl + V 를 눌러 초대
URL을 전송합니다. 단톡방을 만들어 한번
에 초대 URL을 전달하는 것도 좋은 방법입
니다.

04 | 참여자가 자신의 PC에서 초대 URL을 클릭하면 구글 사이트로 이동하며, 구글 플러그인 설치 화면이 표시
되면 (플러그인 설치) 버튼을 클릭합니다. 구글에서 비디오를 사용할 수 있도록 (실행) 버튼을 클릭합니다.

05 | 플러그인이 설치되면 구글 미트에서 비디오 사용이 가능합니다. 화상 회의 준비가 실행됩니다.

Section 10

참여자가 **화상 회의 참여하기**

참가자가 화상 회의에 참가를 하려면 진행자가 참여를 수락해야 합니다. 진행자가 참가자의 참여 요청을 수락하여 화상 회의에 참여시켜 봅니다.

01 │ 참가자의 PC에서 미트(Meet) 사용을 위해 카메라와 마이크를 사용하도록 허용 대화상자가 나타납니다. 〔허용〕 버튼을 클릭한 다음 〔닫기〕 버튼을 클릭합니다.

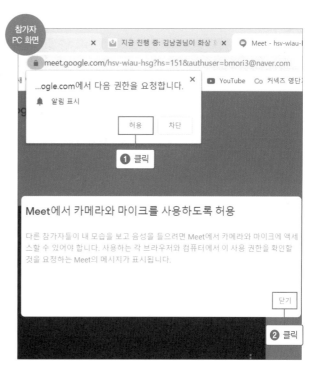

02 │ 참가자가 회의에 참여할 준비가 되었는지 묻는 화면이 표시되면 〔참여 요청〕 버튼을 클릭합니다.

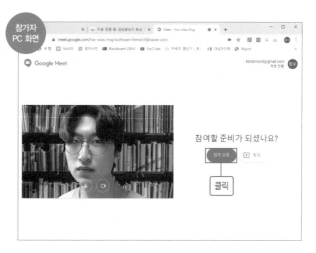

03 | 진행자가 참여 허락을 해야 참여할 수 있으므로, 참여 요청 대기 상태가 됩니다.

04 | 진행자의 PC에 '회의에 참여하고 싶어 하는 사용자가 있습니다.' 메시지와 참여자의 이름이 표시됩니다. 진행자가 (수락) 버튼을 누릅니다.

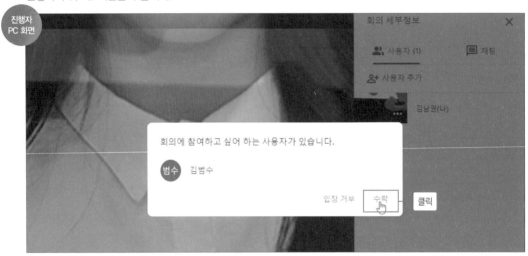

05 | 진행자 PC의 회의 세부 정보에 참여자가 표시되는 것을 확인할 수 있습니다.

Section **11**

참여자와 **실시간 채팅하기**

　온라인 수업에 참여한 참가자와 화상 수업 이외에 문자로 채팅할 수도 있습니다. 여기서는 진행자가 참가자들에게 단체로 문자를 전달하는 방법을 알아봅니다.

01 | 구글 미트 화상 수업을 참여한 다음 진행자가 참여자에게 문자를 전송하기 위해 진행자의 PC에서 (채팅) 버튼을 클릭합니다.

02 | 화면 오른쪽 하단의 문자 입력창에 전송할 문자를 입력한 다음 (보내기) 버튼을 클릭합니다.

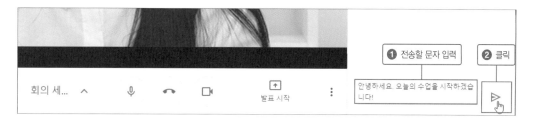

03 | 채팅 창에 입력한 문자가 표시됩니다. 표시된 문자는 참가한 참여자들에게 전송됩니다.

Section 12

원하는 스타일대로, **구글 미트 레이아웃 변경하기**

구글 미트에서 회의에 참여하였다면 레이아웃을 변경시킬 수 있습니다. 기본 레이아웃은 왼쪽 화면에는 진행자의 화면이 표시되고, 오른쪽 화면에 참여자 항목이 표시되어 있습니다.

01 │ 레이아웃을 변경하기 위해 (옵션 더보기) 버튼을 누른 다음 (레이아웃 변경)을 선택합니다.

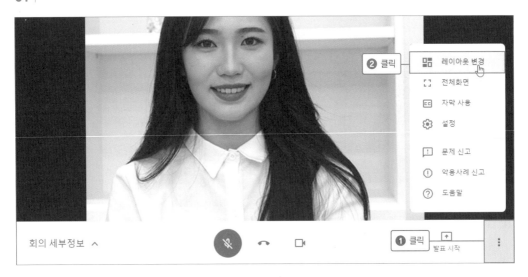

02 │ 레이아웃 변경 대화상자가 표시되면 구글 미트에서 기본으로 제공하는 레이아웃이 표시됩니다. 예제에서는 (사이드바)를 클릭합니다.

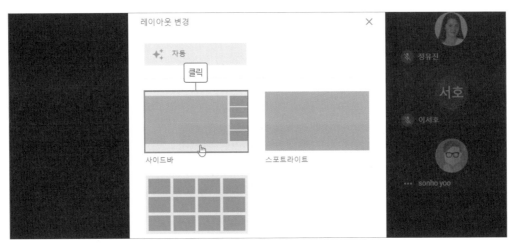

03 | 화면과 같이 왼쪽 화면이 메인 화면으로 크게 표시되며, 나머지 참가자 화면은 오른쪽에 서브 화면으로 변경됩니다.

04 | 이번에는 레이아웃 변경 대화상자에서 (타일식)을 클릭합니다.

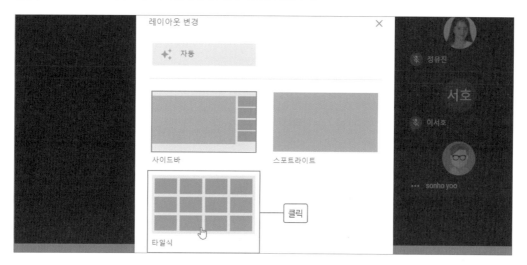

05 | 화면과 같이 동일한 크기의 화면이 타일 형태로 변경되며, 각각의 화면에는 참가자의 영상이 표시됩니다.

Section 13

그리드 뷰로 **다양한 화면 레이아웃 표시하기**

구글 미트에서 제공하는 레이아웃 이외에 다양한 레이아웃을 원한다면 그리드 뷰(Grid View)를 설치하여 사용이 가능합니다.

01 │ 크롬 브라우저의 검색창에 '구글미트 그리드뷰'를 입력한 다음 검색된 항목에서 'Goole Meet Grid View' 항목을 클릭합니다.

02 │ 그리드 뷰 앱을 크롬 브라우저에 추가하기 위해 (Chrome에 추가) 버튼을 클릭합니다.

03 | 'Google Meet Grid View을(를) 추가하시겠습니까?'라는 메시지가 표시되면 [확장 프로그램 추가] 버튼을 클릭합니다.

04 | 확장 프로그램 버튼을 클릭한 다음 [Google Meet Grid View]를 선택합니다.

05 | Google Meet Grid View를 구글 페이지에 적용하기 위해 [Source code available on GitHub]를 클릭합니다.

06 | 이제 구글 미트를 실행시킨 다음 화면 상단 메뉴를 확인해 보면 [Google Meet Grid View] 버튼이 표시됩니다. 아이콘을 클릭하여 원하는 화상 레이아웃을 선택하여 사용해 보세요.

Section 14
자동으로 음성을 인식하는 **영어 자막 사용하기**

온라인 수업을 하면서 영문 자막이 필요할 때 타이핑을 하지 않아도 음성을 인식하여 자동으로 영문 자막을 표시할 수 있습니다. 영어 자막 사용 방법에 대해 알아보겠습니다.

01 | 온라인 영상 화면에 영어 자막을 표시하기 위해 [옵션 더보기] 버튼을 클릭합니다.

02 | PC에 마이크가 내장되어 있거나 마이크 기능이 있는 웹캠이 설치되어 있다면, 팝업 메뉴에서 [자막 사용]을 선택합니다.

03 | 영어로 'Hello, let's start the class'라고 말을 해 보면 화면 하단에 영문으로 자막이 표시되는 것을 확인할 수 있습니다.

04 | 같은 방법으로 영어로 말을 해 보면 정확하게 화면 하단에 영문 자막이 표시되는 것을 확인할 수 있습니다.

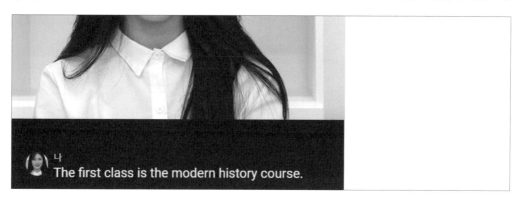

05 | 영문 자막 기능을 끄기 위해 (옵션 더보기) 버튼을 클릭한 다음 (자막 사용 중지)를 선택하면 자막 기능이 꺼지는 것을 확인할 수 있습니다.

Section 15

PC 전체 화면을 **공유하여 발표하기**

진행자가 자신의 PC 전체 화면을 참가자에게 화면 공유하여 수업할 수 있습니다. 발표 옵션에서 내 전체 화면 기능으로 전체 화면 공유 방법에 대해 알아봅니다.

01 | 내 PC의 전체 화면을 공유하기 위해 (발표 시작) 버튼을 클릭한 다음 (내 전체 화면)을 선택합니다.

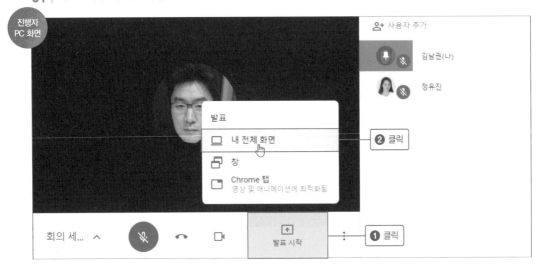

02 | 전체 화면 공유 대화상자가 표시되면 모니터에 실행된 전체 PC 화면을 선택합니다. 듀얼 모니터일 경우에는 두 개의 화면으로 표시됩니다. 원하는 모니터 화면을 선택한 다음 (공유) 버튼을 클릭합니다.

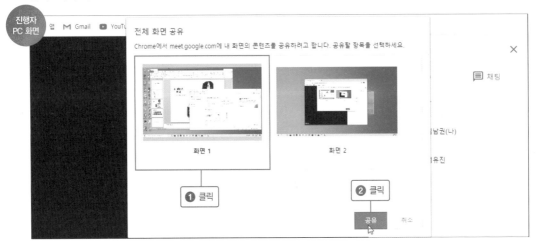

03 │ 진행자의 구글 미트 화면에는 '모든 참여자에게 발표하고 있습니다.'라는 메시지가 표시됩니다.

04 │ 회의 세부 정보에서 진행자 썸네일 화면을 클릭하면 화면상에 전체 PC 화면이 표시되는 것을 확인할 수 있습니다.

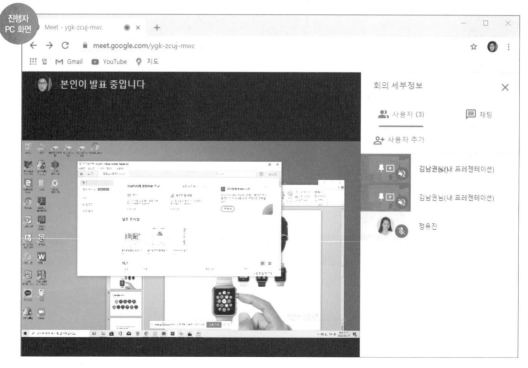

05 │ 진행자는 자신의 PC 화면에서 파일이나 프로그램을 실행시켜 강의를 하면 구글 미트 화면에서 해당 영상
이 공유되어 표시됩니다.

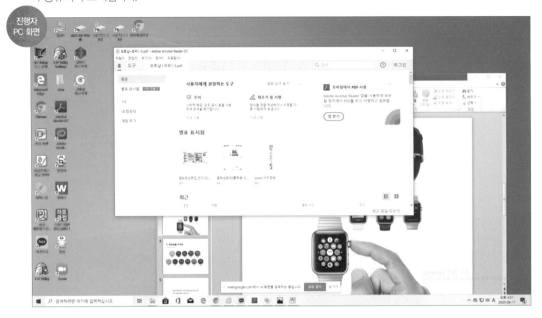

06 │ 참가자 구글 미트 화면에는 그림과 같이 진행자의 전체 PC가 공유되어 표시됩니다.

Section 16

선별적으로 프로그램 **화면 공유하여 발표하기**

진행자가 자신의 PC에 실행된 프로그램 화면을 공유하여 수업할 수 있습니다. 발표 옵션에서 창
기능으로 프로그램 화면을 선별하여 공유하는 방법에 대해 알아봅니다.

01 │ 내 PC의 전체 화면을 공유하기 위해 (발표 시작) 버튼을 클릭한 다음 (창)을 선택합니다.

02 │ 애플리케이션 창 공유 대화상자가 표시되며, 진행자의 PC에서 현재 실행되고 있는 프로그램 화면이 나타
납니다. 여기서는 실행되어 있는 파워포인트 화면을 선택하고 (공유) 버튼을 클릭합니다.

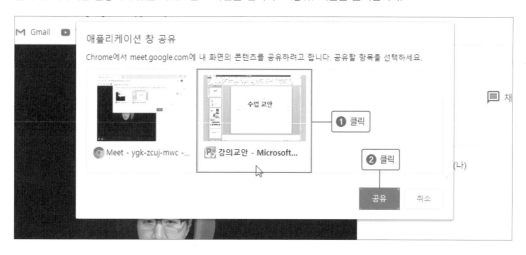

03 │ 진행자의 구글 미트 화면에는 '모든 참여자에게 발표하고 있습니다.'라는 메시지가 표시됩니다.

04 │ 회의 세부 정보에서 진행자 썸네일 화면을 클릭하면 화면상에 파워포인트 프로그램 화면이 표시되는 것을 확인할 수 있습니다.

05 | 진행자는 진행자 PC의 파워포인트 자료를 실행시키면서 수업을 진행합니다.

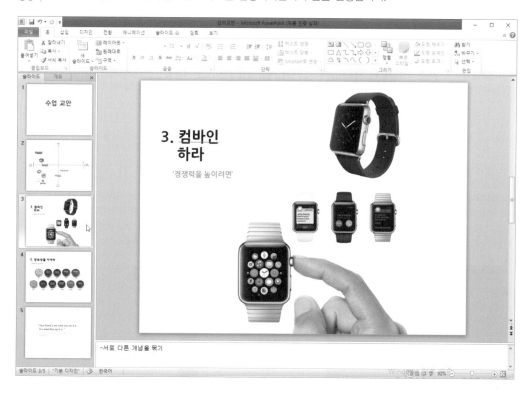

06 | 화면 공유 수업 중에 발표를 중지하려면 (본인이 발표 중입니다)를 클릭한 다음 (발표 중지하기)를 클릭합니다.

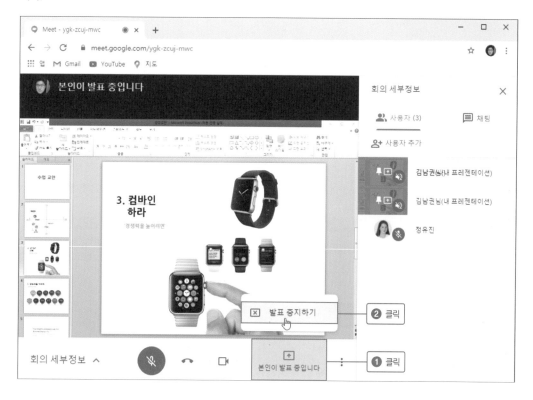

Section 17

영상이나 애니메이션으로 발표하기

진행자가 자신의 PC에서 동영상을 재생하고 참여자에게 공유할 수 있습니다. Chrome 탭 기능을 이용하여 미디어 콘텐츠를 선택하여 공유하는 방법에 대해 알아봅니다.

01 | 동영상 화면을 공유하기 위해 (발표 시작)을 클릭한 다음 (Chrome 탭)을 클릭합니다.

02 | Chrome 탭 공유 대화상자가 표시되면 동영상을 재생할 프로그램을 선택합니다. 진행자의 PC에 유튜브 EBS 교육방송(www.youtube.com/user/EBSLearning)을 선택하고 (공유) 버튼을 클릭합니다.

03 │ 구글 미트에서는 동영상을 공유할 수 있는 장점이 있습니다. 진행자의 PC 화면에서 동영상을 재생합니다.

04 │ 진행자 PC의 구글 크롬 화면에 그림과 같이 동영상 화면이 표시되며, 현재 이 탭이 구글 미트와 공유되는 것을 표시합니다.

05 │ 참가자 PC의 구글 미트 화면에는 그림과 같이 진행자가 공유한 유튜브 동영상 화면이 재생되는 것을 확인할 수 있습니다.

과제 채점과
공정한 평가하기

학생들을 평가하기 위해 과제를 평가하고 성적을 관리
하는 방법을 소개합니다. 공정한 평가를 위해 항목과 단
계를 나눠 단계별로 점수를 공개할 수 있도록 기준표나
자동 채점을 통한 성적을 평가합니다. 퀴즈 과제를 자동
채점하는 방법과 성적에 반영하는 방법 등 효율적으로
학생들의 과제를 채점하고 평가하기 위한 기능들을 학
습합니다.

Part 5

Section 01

성적 평가와 커뮤니케이션 화면 살펴보기

성적 평가를 하기 위해서는 과제물을 확인하고 채점하는 과정이 필요합니다. 단순한 과제 평가가 아닌 댓글을 통하여 과제에 대한 의견이나 수정 요청 등을 할 수 있지만 학생이 과제에 같이 접속한 상태라면 채팅을 이용하거나 해당 문서를 동시에 실시간으로 수정하는 기능을 제공합니다. 채팅 기능은 평가할 때 학생이 동일한 문서를 접속한 상태일 경우만 활성화됩니다.

학생 리스트 콤보박스

학생을 확인하고 선택할 수 있으며 평가된 학생은 점수도 표시됩니다.

이전 학생, 다음 학생

학생 리스트 순으로 이전 또는 다음 학생을 선택할 수 있습니다.

댓글창

해당 내용에 관련된 댓글이 표시됩니다.

채팅 패널

채팅을 위한 패널이 활성화되며 서로 채팅 기능으로 대화를 할 수 있습니다.

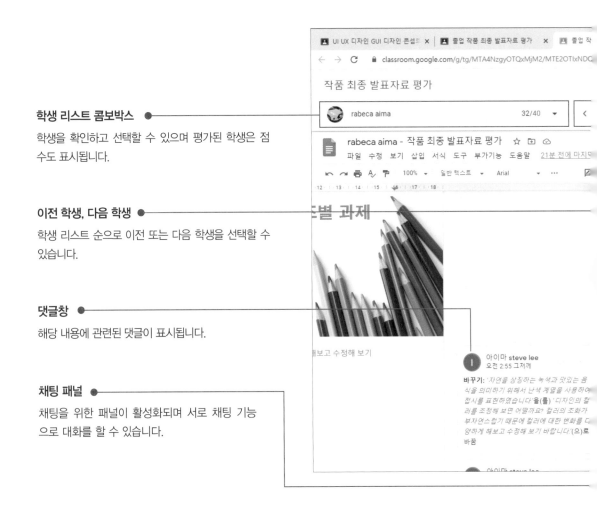

반환

학생의 성적을 적용하고 학생이 확인할 수 있습니다. 해당 학생의 성적만 반환하거나 학생 리스트 중 성적이 변경된 모든 학생의 성적을 반환할 수 있습니다.

댓글 기록 열기

주고받은 댓글을 확인하고 댓글을 새롭게 작성할 수 있습니다.

채팅 표시

채팅을 패널에 표시할 수 있습니다. 단, 학생도 동일한 문서에 접속된 상태인 경우에만 학생과 채팅 표시 버튼이 활성화됩니다. 학생도 동일하게 교사 버튼이 활성화됩니다.

공유

내용을 공유할 수 있습니다.

파일

과제로 제출된 파일을 확인하고 선택하여 평가할 수 있습니다.

성적

전체적인 성적을 입력할 수 있습니다.

기준표

기준표를 활용하여 성적을 평가할 수 있습니다.

비공개 댓글

기준표 하단에 있으며, 비공개 댓글을 학생에게 전송할 수 있습니다.

Section 02

평가를 효율적으로 하는 **기준표 살펴보기**

과제를 출제하고 평가를 하는 것은 수업에서 매우 중요한 부분입니다. 특히 온라인으로 수업을 진행하는 경우 학생들과의 커뮤니케이션을 위해서 또는 수업에 대한 참여도를 높이기 위해서도 사용될 수 있습니다. 그러나 평가는 어려운 과정이며, 학생들도 평가에 대한 피드백을 궁금해할 수 있으므로 기준표를 활용한 평가는 매우 유용하게 사용될 수 있습니다.

점수 사용

점수를 사용하지 않고 평가에 대한 포맷을 만들어 학생한테 과제에 대한 피드백 용도로 사용할 수 있습니다. 등급별 점수 입력 항목이 사라집니다. 평가 점수는 별도로 입력해야 합니다.

점수 정렬 기준

기준 내 점수에 따른 등급의 정렬 순서를 결정합니다.

점수

등급에 따른 점수를 입력합니다. 필수 항목이나 점수 사용을 해제하면 점수 항목은 비활성화됩니다.

등급 제목

등급이나 평가에 관련된 메시지를 요약하여 입력합니다.

설명

등급에 따른 설명을 통하여 평가에 대한 내용을 학생에게 전달할 수 있습니다.

등급 추가

등급을 추가할 수 있습니다.

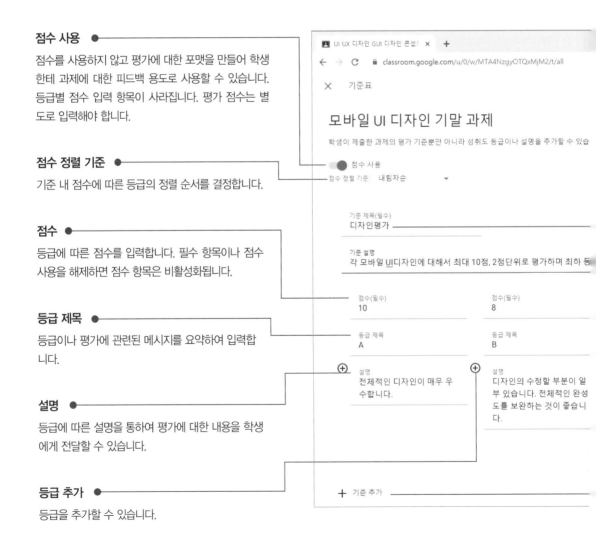

총점

점수 평가가 되면 전체적인 점수가 표시되며, 기준표 작성할 때는 기준별 최고 점수 합계가 표시됩니다.

더 보기 버튼

기준표를 삭제하거나 기준표를 스프레드시트 문서로 만들 수 있습니다.

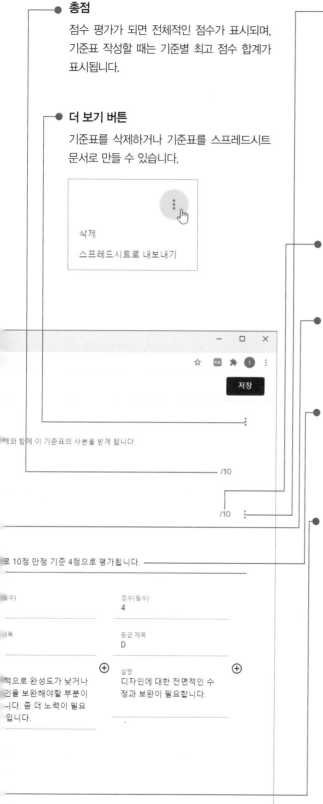

기준 더 보기

기준을 삭제하거나 복사할 수 있으며, 기준 위치를 위 또는 아래로 조정할 수 있습니다.

기준 점수

기준의 최고 점수를 표시합니다.

기준 제목

평가 카테고리로 구분할 수 있는 기준에 대한 제목을 입력합니다.

기준 설명

기준에 대한 설명으로, 평가 방법이나 평가 기준을 설명하여 학생들의 평가 방법에 대한 궁금증을 해결할 수 있습니다.

기준 추가

평가를 위한 기준을 추가할 수 있습니다. 기준표는 과제 제출 전에 상세 내용에서 확인할 수 있고, 학생에게 상세하게 제공됩니다. 따라서 기준표는 평가 전에 작성할 수 있으며, 다른 기준표를 가져다 사용할 수도 있습니다.

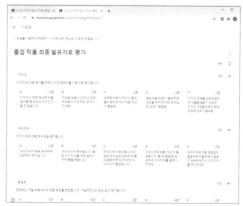

Section 03

학생별로 **과제 평가하고 반환하기**

학생별로 과제를 평가하고 평가한 점수를 학생들에게 제공하려면 반환 또는 돌려주기 과정을 통하여 학생들에게 성적을 적용하는 과정이 필요합니다. 과제를 제출한 학생들의 과제를 확인하고 성적을 평가하는 방법을 확인하겠습니다.

01 | 과제를 만들고 평가하기 위해서 수업 스트림 페이지에서 (수업) 메뉴를 클릭합니다.

교사가 스트림 페이지에서 과제를 클릭하면 평가를 위한 페이지로 바로 이동이 됩니다.

02 | 수업 페이지에서 평가할 과제를 클릭하고 과제의 상세 내용이 나타나면 하단에 있는 (과제 보기) 버튼을 클릭하여 평가를 위한 페이지로 이동합니다. 과제 상세 내용에는 제출한 학생과 제출하지 않은 학생 수가 표시됩니다.

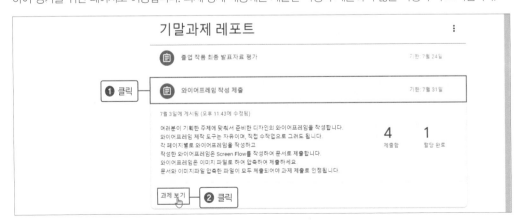

03 | 과제 평가를 위한 페이지로 이동하며 평가를 위해 과제를 제출한 학생을 클릭합니다.

04 | 학생의 평가를 위한 제출 과제 페이지로 이동하면 과제 내용을 확인할 수 있습니다. 기본적으로 이미지나 문서 형태가 표시되며, 오른쪽에 여러 파일이 있는 경우 리스트가 표시됩니다. 각 문서나 파일별로 새 창에서 해당 과제를 열어 확인할 수 있습니다. 과제 제출 일시 및 제출 기록 확인도 가능하며 과제를 평가할 수 있습니다.

05 | 두 번째 파일을 확인하기 위해 파일 리스트에서 두 번째 파일을 선택하면 내용이 두 번째 파일로 변경됩니다. 파일별로 평가하는 것이 아닌 과제 전체의 점수를 입력하기 때문에 모든 파일을 보고 성적을 입력할 수 있습니다.

06 | 필요에 따라서 성적 평가에 대한 설명을 추가하려면 비공개 댓글에 필요한 내용을 입력하고 (게시) 버튼을 클릭합니다.

07 | 입력한 성적은 아직 초안 상태로 학생에게 공개된 상태가 아닙니다. 학생에게 성적을 최종적으로 적용하고 공개하기 위해서는 반환 과정을 진행해야 합니다. 오른쪽 상단에 있는 (반환) 버튼을 클릭하여 해당 학생의 성적을 반환합니다.

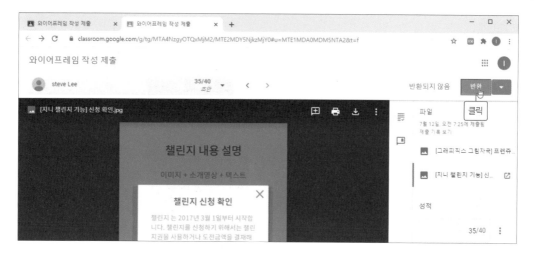

08 | 성적 반환을 하기 위해 성적 반환 관련 대화상자가 활성화됩니다. 학생 이름과 적용된 성적을 확인하고 (반환) 버튼을 클릭합니다.

09 | 성적 적용이 완료되어 학생에게 성적이 공개되면 상단 점수 부분에 '초안' 표시와 '반환되지 않음' 메시지가 사라지며 (반환) 버튼도 비활성화됩니다. 성적 채점이 완료되었다면 브라우저에서 탭을 닫고 성적 채점 페이지로 이동하면 됩니다. 그러나 학생이 여러 명인 경우는 각각의 학생들을 채점해야 합니다.

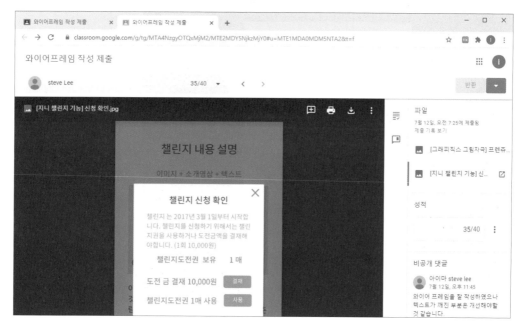

10 | 학생이 여러 명인 경우 왼쪽 상단에 학생 이름이 있는 부분을 클릭하면 과제 제출한 학생과 제출하지 않은 학생들이 표시됩니다. '제출됨' 표시가 된 학생을 클릭합니다.

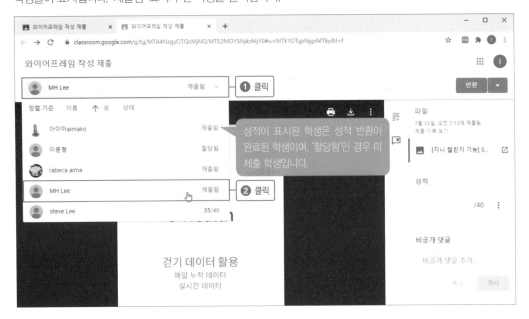

11 | 선택한 학생 과제 상세 페이지로 이동하며 성적 및 비공개 댓글을 입력합니다. 학생별로 반환할 수 있지만 학생들 평가를 하고 한번에 반환하겠습니다. 학생 이름 오른쪽에 성적이 표시되고 '초안'이라고 표시가 됩니다. 성적은 입력이 되었지만 반환되지 않은 상태입니다.

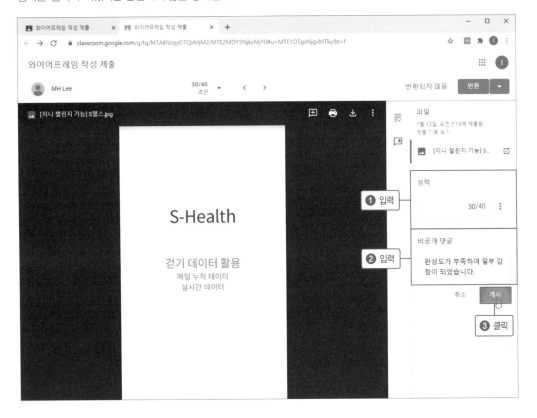

12 | 학생 이름 부분을 클릭하여 한명씩 선택하여 성적을 입력합니다. 순차적으로 하려면 학생 이름 오른쪽에 있는 < > 버튼을 클릭하여 순차적으로 이동할 수 있습니다. 성적이 모두 입력된 것을 확인하기 위해서는 학생 이름 부분을 클릭하면 나오는 콤보박스에서 확인이 가능합니다.

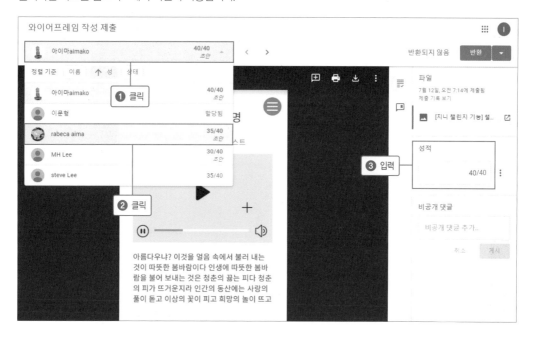

13 | 성적 입력이 되었으나 초안 상태인 모든 학생의 성적을 반환하여 학생에게 공지하기 위해 (반환) 버튼 오른쪽에 있는 (확장) 버튼을 클릭합니다. 팝업 메뉴에서 (여러 제출물 반환)을 클릭하여 평가된 모든 과제의 성적을 반환합니다.

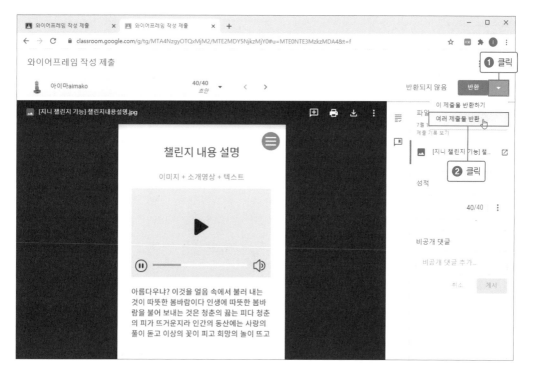

14 | 성적 반환 확인을 위한 대화상자가 활성화되며 학생과 성적을 확인할 수 있으며, 성적을 반환할 학생을 선택할 수도 있습니다. 현재는 성적 평가된 모든 학생의 성적을 반환하기 위해 (반환) 버튼을 클릭합니다.

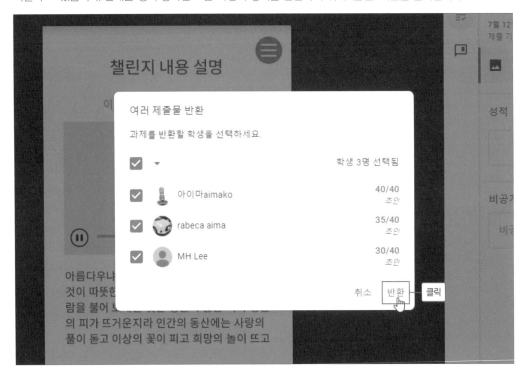

15 | 성적 반환이 완료되면 학생 과제 페이지로 이동하며 학생 성적을 확인 가능하며, 채점이 완료된 학생은 채점 완료로 구분되어 리스트에서 하단으로 이동합니다.

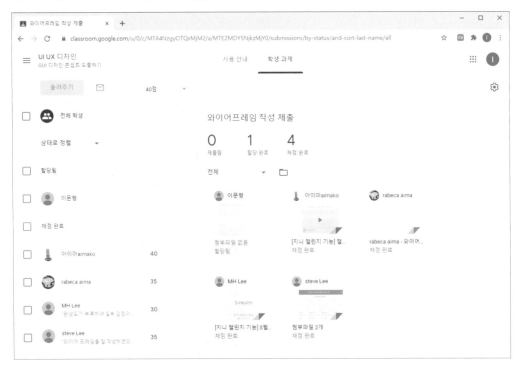

16 | 성적 채점 및 비공개 댓글을 확인하기 위해서 채점 완료 리스트에서 학생아이디를 클릭하면 학생이 제출한 과제 및 비공개 댓글을 확인할 수 있습니다. 학생이 제출한 성적과 성적 채점에 관한 기록을 확인하기 위해서는 학생 이름 하단에 있는 (기록 보기)를 클릭합니다.

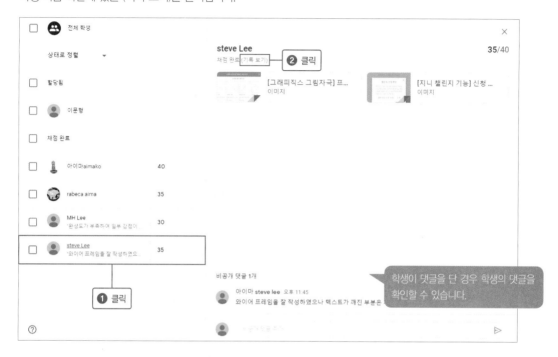

17 | 학생의 과제 제출 시간 및 채점한 시간을 확인할 수 있는 대화상자가 나타나며 성적 및 시간 등을 확인하면 (닫기)를 클릭합니다.

알아두기 교사가 학생이 해당 과목에서 할당되거나 제출한 과제를 확인하려면, 학생 과제 평가에 대한 상세 페이지에서 학생 이름을 클릭하면 해당 학생에게 할당된 모든 과제와 제출한 과제 등을 확인할 수 있습니다.

Section 04

학생 평가 페이지에서 **성적 돌려주기로 평가하기**

학생 평가 페이지에서 과제를 평가하고 학생들에게 성적을 반영할 수 있습니다. 학생들 리스트를 동시에 보고 학생 평가를 확인한 다음 정정하거나 성적을 적용하여 돌려주기 기능으로 평가한 학생들의 성적을 반환할 수 있습니다.

01 | 평가를 하기 위해서 수업 페이지에서 평가할 과제를 선택하고, 과제의 상세 내용이 표시된 하단에 있는 [과제 보기]를 클릭합니다.

02 | 과제를 평가할 수 있는 학생 과제 페이지로 이동합니다. 페이지로 이동하면 전체 학생들이 제출한 과제와 미제출 상태를 확인할 수 있습니다.

03 | 과제를 평가하기 위해서 왼쪽에 있는 학생 리스트에서 과제를 제출한 첫 번째 학생을 클릭합니다. 학생을 클릭하면 학생의 과제에 관련된 내용이 표시됩니다. 첨부되어 있는 문서를 보고 평가하기 위해서 첨부 문서로 되어 있는 과제 파일을 클릭합니다.

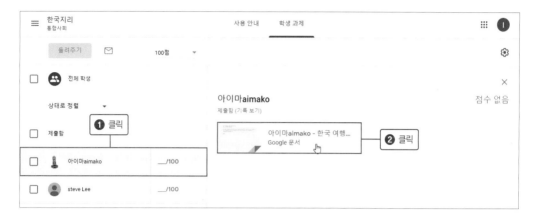

04 | 과제 내용을 확인하고 평가하여 성적을 입력합니다. 학생 과제 페이지에서 동시에 여러 학생을 반환할 예정이므로 (반환) 버튼을 클릭하지 않고 학생 과제 페이지 탭을 선택하여 이동합니다.

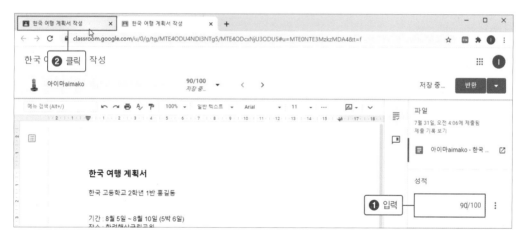

05 | 페이지를 이동하면 성적이 초안으로 반영됩니다. 과제 상세 페이지에서 성적을 입력하지 않고 학생 과제 페이지에서 성적을 입력할 수 있습니다. 브라우저에서 과제 상세 페이지 탭은 닫아도 성적 입력에는 변화가 없습니다.

06 동일한 방법으로 성적을 입력하거나 학생 과제 페이지에서 학생들의 모든 성적을 입력하고 성적을 부여하기 위해서 성적을 입력한 학생을 체크하여 선택한 다음 왼쪽 상단의 [돌려주기] 버튼을 클릭합니다.

07 성적에 관하여 최종적으로 반환할 것인지 물어보는 대화 상자가 나타나며, 학생과 성적을 확인하고 [돌려주기]를 클릭합니다. 만약 학생들에게 동일한 메시지를 전달하려면 비공개 댓글 란에 입력하고 [돌려주기] 버튼을 클릭하면 댓글도 동시에 등록됩니다.

08 브라우저 왼쪽 하단에 '3개의 제출물 반환됨' 메시지가 표시되고 성적이 완료된 것을 확인할 수 있습니다.

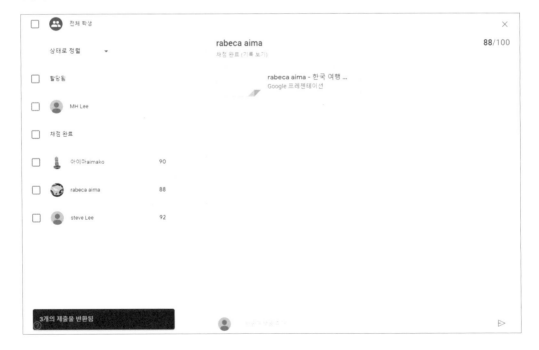

교사 페이지에서는 스트림, 수업, 사용자, 성적 등 총 네 가지 메뉴를 제공합니다. 학생과 달리 성적 메뉴가 추가되어 있는데, 해당 과목에 수업을 듣는 모든 학생의 과제 제출 및 성적을 확인할 수 있습니다.

❶ 상단의 성적 메뉴를 클릭하는 경우 해당 교과목의 모든 과제와 학생 성적 등에 대한 정보를 확인할 수 있습니다.

❷ 성적 페이지로 이동하면 학생별로 모든 과제에 대해서 제출 여부 및 성적 평가가 표시됩니다.

> 채점은 하였지만 반환 또는 돌려주기를 하지 않아 학생 성적으로 적용되지 않은 경우에는 초안으로 표시되며, 점수가 없는 과제는 '제출함'으로 표시됩니다. 성적 입력란이 비어 있는 경우 평가 전인 상태이며, 과제를 기한이 지나도 제출하지 않은 경우는 '누락됨'이 표시됩니다.

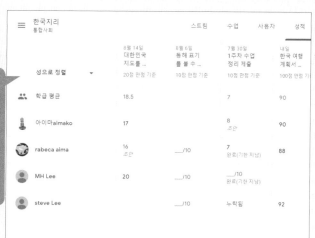

❸ 성적 부여를 성적 페이지에서 직접 적용할 수 있습니다. 학생의 성적을 입력하고 오른쪽으로 마우스 커서를 이동하면 [더 보기] 버튼을 클릭하고 [돌려주기]를 클릭하면 성적이 반환되어 적용됩니다.

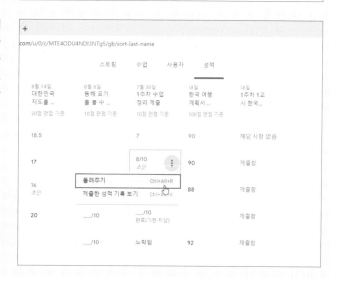

Section **05**

기준표를 활용한 **과제 평가와 학생 화면 확인하기**

과제를 만들 때 기준표를 이용하여 만들어 보았습니다. 과제에 적용된 기준표를 활용하여 평가를 하고 학생 화면에서 평가를 확인해 보도록 하겠습니다. 기준표는 성적 평가 및 학생들에게 성적에 대한 공지도 자동으로 할 수 있기 때문에 유용하게 사용할 수 있습니다.

01 | 교사가 성적을 평가하기 위해서 교사의 수업 페이지에서 기준표로 만든 과제를 클릭합니다. 클릭한 과제의 상세 내용이 표시되며 평가를 위해서 하단에 있는 (과제 보기)를 클릭합니다.

02 | 평가를 위해서 학생 과제 페이지로 이동하면 오른쪽에 전체 학생의 과제 제출 여부를 확인할 수 있으며, '제출함'이 표시된 학생의 과제를 클릭합니다.

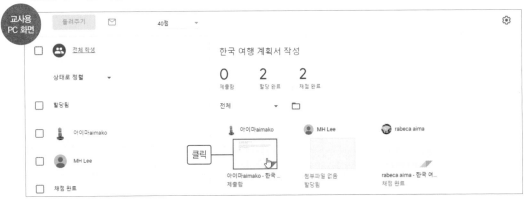

03 | 과제가 브라우저의 새로운 탭에서 열리면서 평가가 가능한 페이지로 이동됩니다. 오른쪽을 보면 기준표가 표시되어 기준표를 활용한 평가가 가능합니다.

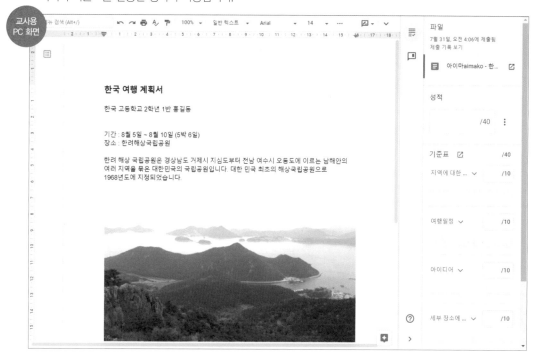

04 | 기준표의 각 항목의 사각형 박스인 등급을 클릭하면 해당하는 등급의 점수가 각 항목별로 적용됩니다. 모든 항목의 합계도 표시가 되며 성적에도 반영됩니다. 성적을 확인하고 최종적으로 학생에게 반환하기 위해서 [반환] 버튼을 클릭합니다.

05 │ 학생 성적에 대한 반환 처리 여부를 확인하는 대화상자가 나타나며, 학생 이름과 성적을 확인하고 (반환) 버튼을 클릭합니다.

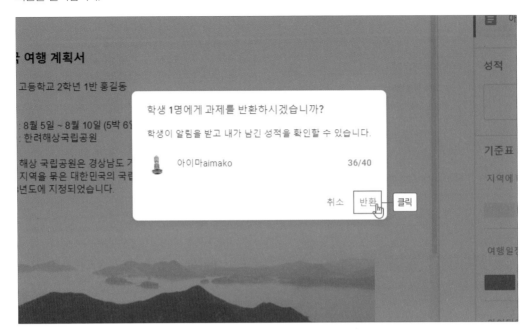

06 │ 성적이 적용되면 '채점 완료' 메시지가 표시되며 과제를 아직 제출하지 않거나 평가하지 않은 학생과 구분 됩니다.

07 교사가 채점을 하여 반환하였기 때문에 학생의 과제 상세 페이지에도 채점 완료 표시가 되어 있으며, 기준 표에서 평가 내용을 확인할 수 있습니다. 기준표의 색이 적용된 박스가 부여받은 성적 관련 등급이며, 마우스 커서를 이동하면 해당 점수와 등급이 표시됩니다.

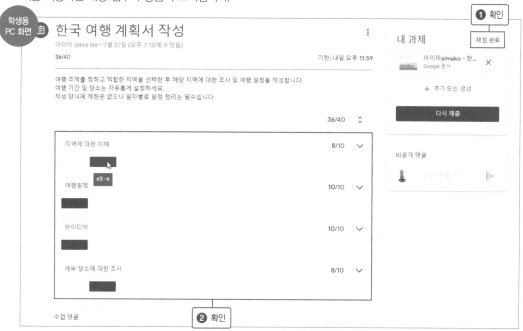

08 좀 더 상세한 내용을 확인하기 위해서 [기준 펼치기] 버튼을 클릭하면 평가 받은 등급에 따른 세부 내용을 확인할 수 있습니다.

Section **06**

퀴즈 과제를 **자동 채점 확인하고 성적에 반영하기**

퀴즈 과제는 지스위트 포 에듀케이션(G Suite for Education)이 아닌 개인 계정으로 사용하는 경우 자동 채점한 내용이 성적으로 반영되지 않습니다. 따라서 개인 계정에서는 수동으로 성적을 입력해야 하며, 학생의 정보를 질문으로 받아야만 학생 정보를 확인하면서 성적을 반영할 수 있습니다. 학교나 기관이라면 G Suite 계정으로 구글 클래스룸을 사용하는 것이 좋습니다.

01 | 퀴즈 과제로 자동 채점된 내용을 확인하기 위해서 수업 페이지에서 해당 퀴즈 과제를 클릭합니다.

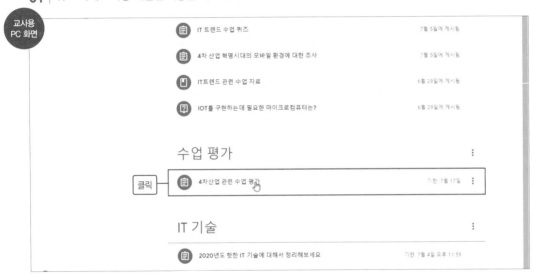

02 | 퀴즈 과제 내용이 표시되며 현재 제출한 학생은 1명입니다. 평가를 위해서 [과제 보기]를 클릭합니다.

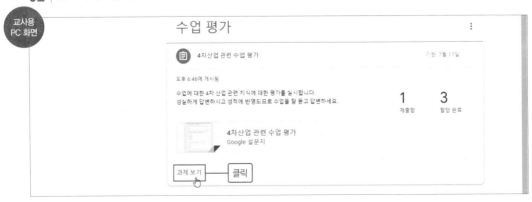

03 | 평가를 위한 학생 과제 페이지로 이동하였습니다. 퀴즈 과제는 학생별로 클릭이 불가능합니다. 따라서 평가를 위해서는 설문 기능으로 이동하여야 하며, 평가를 위해 작성된 구글 설문지를 클릭합니다.

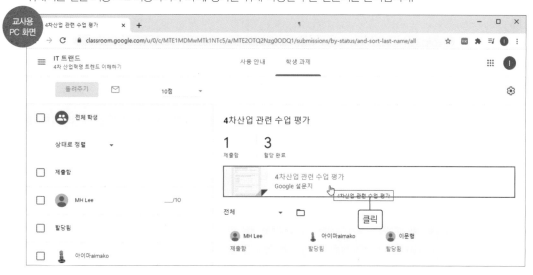

 지스위트 포 에듀케이션(G Suite for Education)을 사용한다면 해당 페이지의 오른쪽상단에 〔성적 가져오기〕 버튼이 활성화되며, 클릭하면 자동으로 학생들별로 성적을 불러와 적용합니다. 개인 계정은 해당 기능을 지원하지 않기 때문에 수동으로 성적을 입력해야 합니다.

04 | 설문지 항목이 표시됩니다. 해당 페이지에서는 평가 내용을 확인할 수 없으며, 설문 결과를 보기 위해서 오른쪽 하단에 있는 〔설문지 수정〕 버튼을 클릭합니다.

05 | 상단 탭을 보면 질문을 확인할 수 있는 질문탭이 있고 현재 응답된 숫자가 표시되어 있습니다. 응답 결과를 보기 위해서는 상단에 있는 (응답)을 클릭합니다.

06 | 요약 페이지가 보이지만 요약의 경우 답변한 학생들의 평균이 표시되기 때문에 평가에는 의미가 없습니다. (개별 보기)를 클릭하여 응답한 학생을 확인합니다. 응답한 학생별로 왼쪽 상단에 점수가 표시됩니다. 여러 명인 경우 (이전 응답), (다음 응답) 등을 활용하여 성적을 확인할 수 있습니다. 필요에 따라서 정답 또는 오답 처리를 본 페이지에서 개인별로 할 수 있습니다.

평가 결과와 점수는 스프레드시트에 저장하여 점수 및 답변을 확인할 수 있습니다.

❶ '오른쪽 상단에 있는 [스프레드시트에서 응답 보기] 버튼을 클릭합니다.

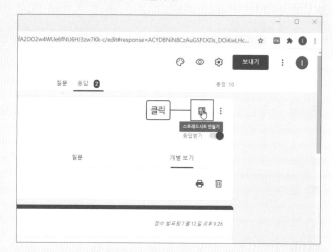

❷ 스프레드시트가 저장될 위치를 확인하기 위해서 응답 수집 장소 선택 대화상자가 활성화되며, 새 스프레드시트에 만들기 위해서 기본 설정 상태를 유지하고 [만들기]를 클릭합니다.

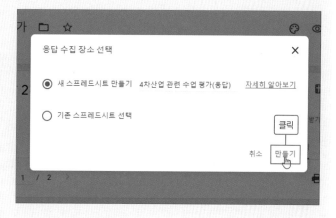

❸ 구글 스프레드시트 문서로 열리며 학생별로 응답한 시간과 채점된 점수와 문제별로 학생들이 입력하거나 선택한 답변을 확인할 수 있습니다.

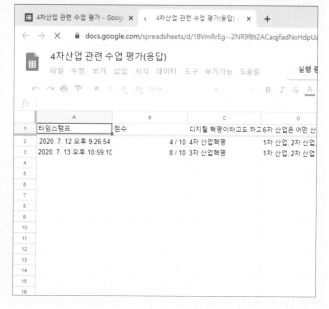

07 │ 브라우저에서 성적 평가를 위한 학생 과제 페이지 탭을 선택하고 해당 학생의 성적을 입력하고 반영하기 위해서 〔돌려주기〕 버튼을 클릭합니다.

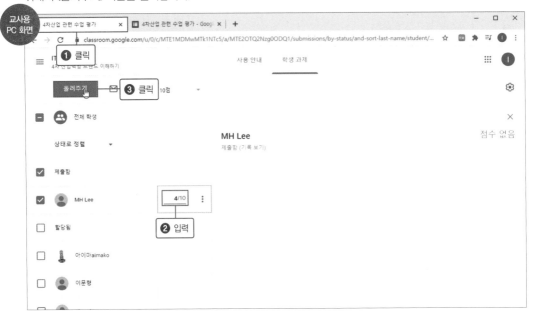

지스위트 포 에듀케이션(G Suite for Education)을 사용하지 않고, 학생을 확인할 수 있는 질문을 넣지 않은 경우 확인이 매우 어렵습니다. 만약 이런 경우라면 학생이 입력한 시간을 확인하여 수동으로 성적을 반영해야 합니다. 스프레드시트로 변환하였다면 타임스탬프가 퀴즈 질문을 제출한 시간이며, 스프레드시트에는 초 단위로 구분되지만 성적 평가 페이지에는 분 단위로만 확인이 가능합니다. 따라서 분 단위로만 학생들이 구분된다면 비교하여 학생 성적을 적용할 수 있습니다. 학생 아이디를 클릭하고 하단에 있는 〔기록보기〕를 클릭하면 해당 과제를 제출한 시간이 표시됩니다.

08 │ 성적 반환 여부를 묻는 대화상자가 활성화됩니다. 학생 이름과 성적을 확인하고 〔돌려주기〕를 클릭합니다.

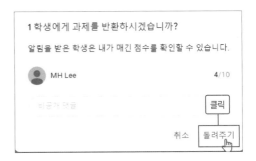

09 | 성적 적용이 완료되면 채점 완료 카테고리가 생기며, 채점 완료된 학생은 해당 항목으로 이동되고 성적이 표시됩니다.

10 | 성적이 반환되기 전까지 학생의 과제 페이지에는 점수가 자동으로 채점되어도 표시되지 않지만, 교사가 성적을 반환하면 과제 상세 페이지에 점수가 표시됩니다.

Section 07

앱으로 **과제 확인하고 성적 반환하기**

앱에서 채점을 하고 학생의 성적을 반환하도록 하겠습니다. 다만 예제에서는 기준표가 적용된 과제로 진행하며, 앱에서는 기준표로 채점이 불가능합니다. 따라서 확인만 가능하며, 모바일에서 웹 브라우저로 클래스룸을 접속해도 클래스룸 앱으로 연결되며 기준표 활용 평가가 불가능하기 때문에 PC에서 별도로 기준표 평가를 해야 합니다.

01 | 구글 클래스룸 앱을 실행하고 과제를 평가하기 위한 수업 카드를 보면, 출제한 과제가 수업 카드 하단에 표시되어 있고, 평가할 과제를 터치하여 바로 이동도 가능합니다. 과제를 평가하기 위해서 수업을 터치합니다.

02 | 과제를 평가하기 위해서 수업 스트림 페이지로 이동하면 과제가 표시되어 있습니다. 수업 설정에서 스트림의 페이지를 알림 요약 표시로 한 상태여서 상세 내용이 표시되고 있습니다. 과제 제목 부분을 터치하여 과제 설명 페이지로 이동합니다.

할당됨 또는 채점 완료 등 인원 표시가 된 곳을 클릭하면 과제 평가를 하는 학생 과제 페이지로 이동됩니다.

03 │ 과제 설명 페이지를 보면 과제에 대한 세부 내용을 확인할 수 있고 과제 평가에 대한 기준표가 적용된 것을 확인할 수 있습니다. 과제 평가를 위해서 [학생 과제] 탭을 터치합니다.

04 │ 학생 과제 페이지로 이동하면 제출한 학생과 과제가 출제되었으나 제출하지 않은 학생, 채점 완료 학생으로 구분됩니다. 성적을 평가하기 위해서 제출한 학생을 터치합니다.

05 │ 학생 과제 평가 페이지로 이동하면 점수를 입력할 수 있으며, 첨부 파일 및 기준표가 적용된 것을 확인할 수 있습니다. 과제를 확인하기 위해서 첨부 파일을 터치합니다.

06 │ 과제에 대한 파일을 확인할 수 있습니다. 현재는 구글 프레젠테이션 문서로 되어 있는 파일을 확인한 것입니다. 과제 확인이 모두 완료되었으면 [닫기] 버튼을 터치합니다.

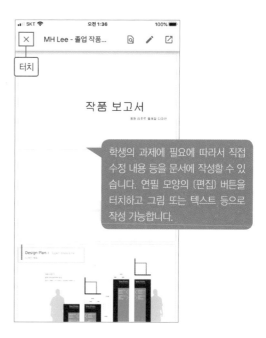

07 | 평가 페이지로 이동하면 점수 추가 부분을 터치하여 점수를 숫자로 입력할 수 있습니다. 평가를 위해서 기준표를 확인하기 위해 기준표의 항목을 터치합니다.

08 | 기준표는 기준별로 확인이 가능하며 좌우로 스와이프하여 기준표의 등급을 확인 가능합니다. 단, 앱에서는 기준별 등급을 평가할 수 없으므로 기준표를 활용한 평가는 컴퓨터의 웹 브라우저에서 실행해야 합니다.

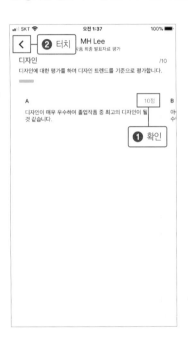

09 | 기준표를 확인하였다면 각 기준표를 고려하여 평가를 한 점수를 점수 입력란에 입력하고 오른쪽 상단에 있는 [반환] 버튼을 터치하여 성적을 학생에게 반환하여 적용합니다.

10 | 성적 반환 확인을 위해서 대화상자가 나타나며, 학생 정보 및 점수가 표시됩니다. 정상적으로 학생과 성적 반영이 되었다면 [반환] 버튼을 터치하여 성적을 최종적으로 적용합니다.

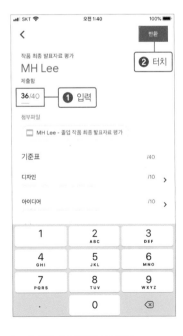

11 | 성적이 적용되면 학생에게 과제를 반환하였다는 메시지가 앱 하단에 표시됩니다.

12 | 성적이 반환되어도 기준표에 별도로 표시되지 않고 전체적인 점수만 적용되어 반영된 것을 확인할 수 있습니다.

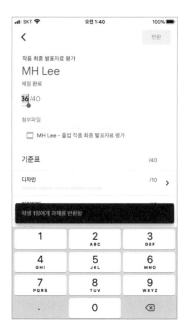

13 | 웹브라우저에서 해당 학생의 기준표를 반영하기 위해 해당 과제 페이지로 이동하여 동일 학생의 과제를 클릭합니다.

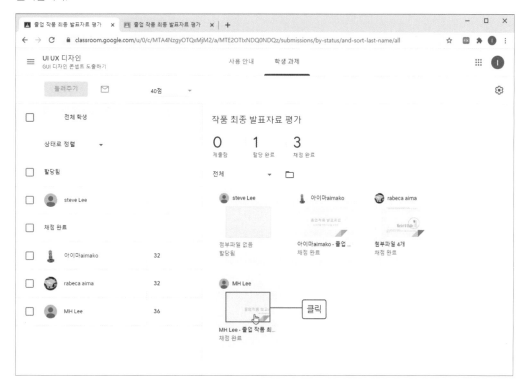

14 │ 과제를 보면서 기준표에 맞춰서 성적을 부여하면 성적이 적용되며 상단의 (반환) 버튼을 터치하여 성적을 반영합니다. 현재는 성적이 변경되도록 기준표를 작성하여 반환하였습니다.

15 │ 성적 업데이트 관련 대화상자가 나타나며 이전 성적이 동시에 표시되며, 수정된 성적을 적용하기 위해서 (반환) 버튼을 클릭합니다.

16 │ 앱에서 보면 기준표가 적용되고 성적도 수정된 것을 확인할 수 있습니다. 기준표가 적용된 것을 확인하기 위해 기준표의 수준을 터치합니다.

17 │ 적용된 기준표를 보면 적용된 등급이 좀 더 진한 색으로 표시되어, 기준표별 등급을 확인할 수 있습니다.

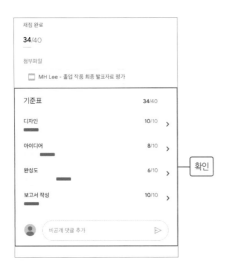

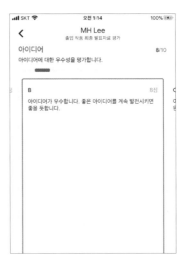

Section 08

과제에 **수정 제안하고 성적 반환하기**

학생과 커뮤니케이션하기 위해 기본적으로 댓글 기능이 있습니다. 그러나 구글 클래스룸에는 좀 더 다양한 기능을 활용하여 학생과 커뮤니케이션을 할 수 있습니다. 학생 과제를 실시간으로 수정 반영할 수 있고, 학생과 동일 문서를 열고 공유하면서 채팅도 가능합니다.

01 | 제출된 과제를 평가하기 위해 수업 스트림 페이지에서 과제의 내용 부분을 클릭합니다.

02 | 과제 평가를 위한 학생 과제 페이지로 이동하면 제출한 과제를 평가하기 위해 학생들 중에서 '제출함' 표시가 있는 학생의 제출된 과제를 클릭합니다.

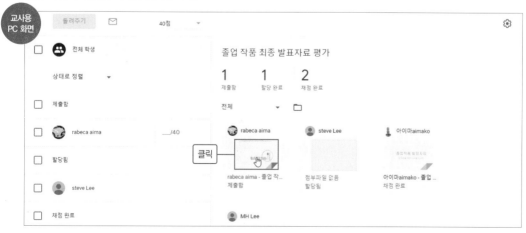

03 | 과제로 제출된 문서 파일이 열리고 적용된 기준표가 오른쪽에 표시됩니다. 문서를 수정하거나 수정 부분을 표시하기 위해 문서에 입력된 내용을 드래그하여 블록화하고 오른쪽 상단의 (제안 모드) 버튼을 클릭합니다.

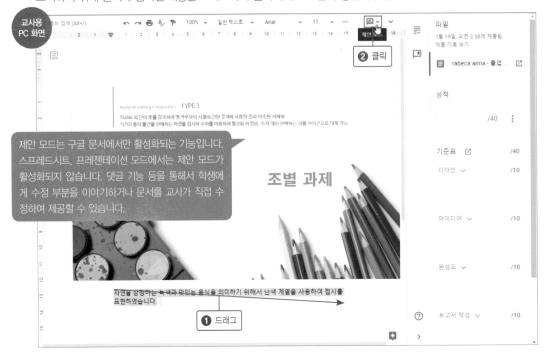

04 | 팝업 메뉴에서 문서를 직접 수정하려면 제안 모드에서 수정을 선택할 수 있으나 기존 문서 내용에 학생이 직접 수정할 수 있도록 수정을 제안할 수 있습니다. 제안 모드는 기존 문서 내용에 취소선이 표시되고 제안 내용을 입력할 수 있습니다. 수정을 학생에게 요구할 수 있는 제안 기능을 활용하기 위해 팝업 메뉴에서 (제안)을 클릭합니다.

 구글 문서에서 제공하는 제안 모드의 수정, 제안 모두 문서에 내용을 입력할 수 있습니다. 수정의 경우 수정한 부분을 표시하지 않고 직접 내용을 변경하지만, 제안의 경우 수정 내용에 취소선을 표시하고 내용을 옆으로 입력하여 기존 내용과 비교하여 수정할 수 있습니다. 교사와 학생의 문서 첨삭, 수정 및 보완 요청 등이 가능합니다. 따라서 학생의 경우 수정을 사용할 수 있지만, 교사의 경우 제안을 사용하여 내용에 필요한 부분을 수정하는 것을 추천합니다.

05 문서의 내용 중 수정을 제안할 부분을 드래그하고 내용을 타이핑하면 취소선이 표시되며, 해당 부분에 문자가 입력됩니다.

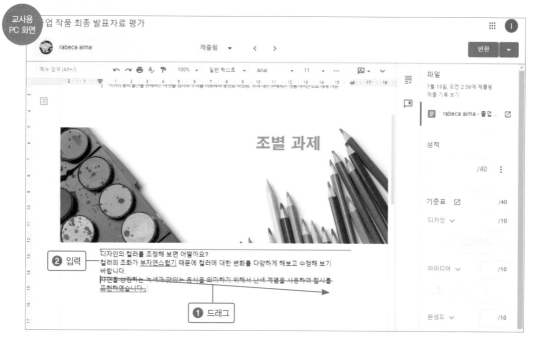

06 수정 제안된 내용이 아직 학생 페이지에서는 보이지 않습니다. 학생 페이지에서 내용을 확인하기 위해 성적 반환이 필요합니다.

07 | 교사 페이지에서 학생에게 수정 내용을 반영하기 위해 기준표를 활용하여 성적을 설정하고 (반환) 버튼을 클릭하여 성적을 적용합니다.

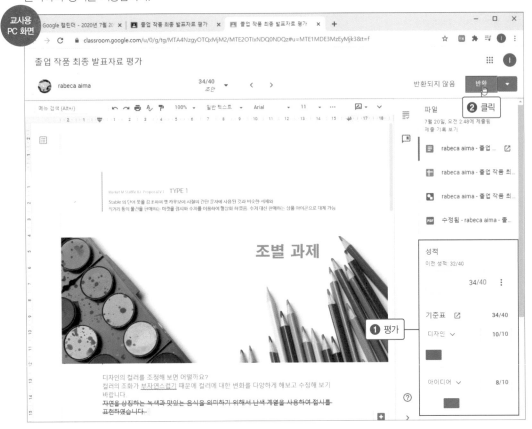

08 | 성적 반환을 위한 확인 대화상자가 활성화되며, 학생 이름과 점수를 확인하고 (반환) 버튼을 클릭합니다.

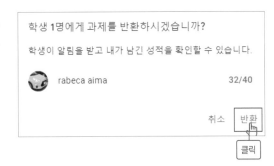

09 | 학생 페이지에서 보면 성적이 반환된 후 수정 내용이 반영되어 보이는 것을 확인할 수 있습니다.

10 │ 학생은 다시 교사에게 수정 제안에 대한 의견을 다시 제안할 수 있지만 교사가 제시한 수정 제안 내용을 반영한다면 취소된 부분을 블록화하고 키보드에서 [Delete]을 눌러 삭제합니다.

11 │ 교사 페이지에도 실시간으로 수정된 내용이 반영되어 취소선이 그어졌던 부분이 삭제된 것을 확인할 수 있습니다.

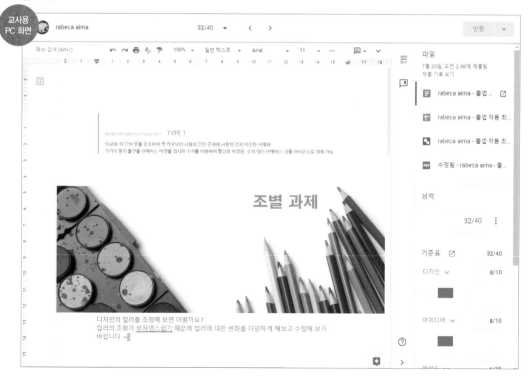

Section 09

소통을 위한 **채팅과 댓글 기능 활용하기**

교사와 학생은 과제물을 공유하면서 서로 의견을 채팅과 댓글로 공유하면서 대화할 수 있습니다. 수정과 제안은 구글 문서에 한하여 가능하지만 채팅과 댓글은 구글 문서를 비롯하여, 프레젠테이션, 스프레드시트에서도 사용이 가능하며, 필요한 부분은 수정 및 첨언, 수정 요청 등을 할 수 있습니다.

01 | 교사와 학생은 과제물을 공유하면서 채팅으로 의견을 주고받기 위해, 평가를 하는 페이지에서 [메뉴 표시] 버튼을 클릭합니다.

02 | 메뉴 영역이 확장되어 표시되면 채팅 기능을 활성화하기 위해 [채팅 표시] 버튼을 클릭합니다.

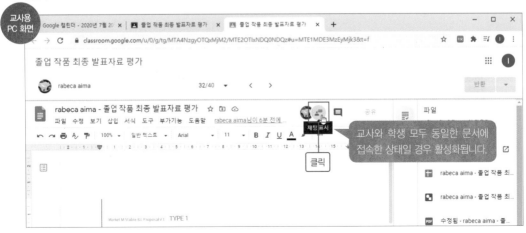

03 | 채팅창이 활성화되면 하단에 있는 채팅 입력창에 필요한 내용을 입력하고 키보드에서 Enter 를 누릅니다. 대화 내용은 위쪽의 공간에 표시됩니다.

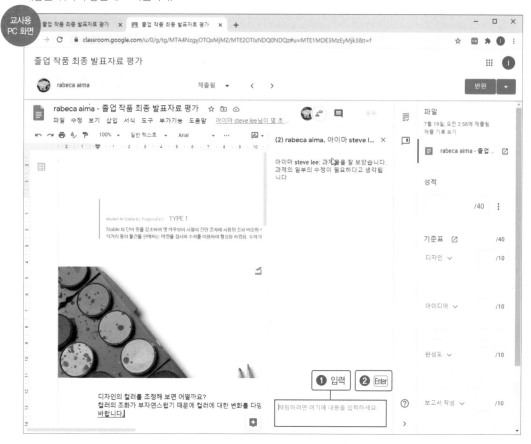

04 | 학생의 과제 페이지를 보면 상단에 [채팅 표시] 버튼에 빨간색 표시와 함께 읽지 않은 메시지가 있다는 팝업 메시지가 표시됩니다. 또한 교사가 전달한 채팅 내용 일부가 표시됩니다. 채팅을 확인하기 위해 [채팅 표시] 버튼을 클릭합니다.

05 | 채팅 영역이 표시되면서 전달 받은 메시지가 표시됩니다. 채팅에는 앞쪽에 주고받은 아이디가 표시됩니다. 필요한 내용을 채팅창에 입력하고 Enter 를 통하여 전송합니다. 연속으로 채팅 메시지를 입력이 가능합니다.

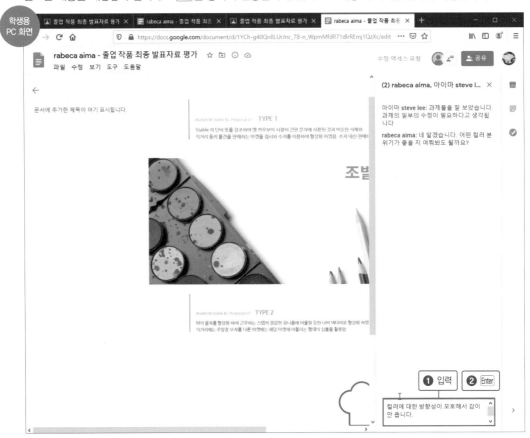

06 | 교사 페이지에도 주고받은 메시지가 실시간으로 표시되며, 학생은 두 번 메시지를 각각 입력하였기 때문에, 대화 내용을 보면 단락이 구분되어 약간 간격이 떨어져 있습니다. 메시지를 여러 번 전송하여도 계속 보냈다면 학생 이름은 중복 표시되지 않습니다.

07 │ 채팅 외에 학생에게 수정 사항 또는 의견을 남길 수 있는 방법으로 댓글이 있습니다. 댓글을 입력하기 위해서 문서에서 텍스트 또는 이미지 등 요소를 선택하고 문서 오른쪽을 보면 (댓글 추가) 버튼이 표시되며, 댓글 작성을 위해 (댓글 추가) 버튼을 클릭합니다.

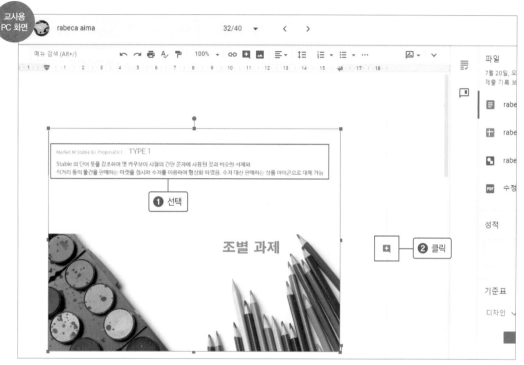

댓글을 적용하는 방법에는 여러 가지가 있습니다. 기본적으로 상단에 있는 메뉴 바에서 (댓글 추가)를 클릭하여 댓글을 추가할 수 있으며, 메뉴를 확장하면 나오는 (댓글 기록 열기) 클릭하고 나오는 댓글 기록 팝업에서 (댓글추가) 버튼을 클릭하여 추가할 수 있습니다.

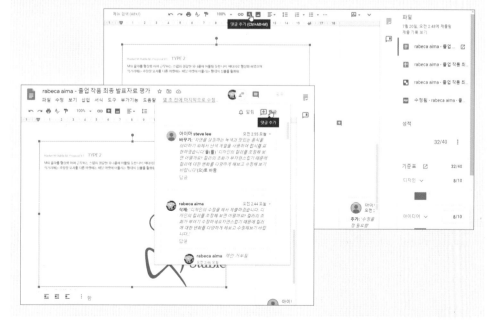

08 | 댓글을 입력할 수 있는 입력 대화상자가 활성화되며, 멘션을 통하여 다른 사용자와도 공유할 수 있습니다. 댓글 대화상자의 댓글 입력 창에 필요한 내용을 입력하고 (댓글) 버튼을 클릭합니다.

09 | 댓글이 전송되면 댓글 창의 내용이 이텔릭체로 표시됩니다.

10 | 학생 페이지를 보면 댓글이 있는 경우 페이지 오른쪽 부분에 작은 박스 일부가 표시되는 것을 볼 수 있습니다. 댓글이 해당 영역에 있다는 표시입니다.

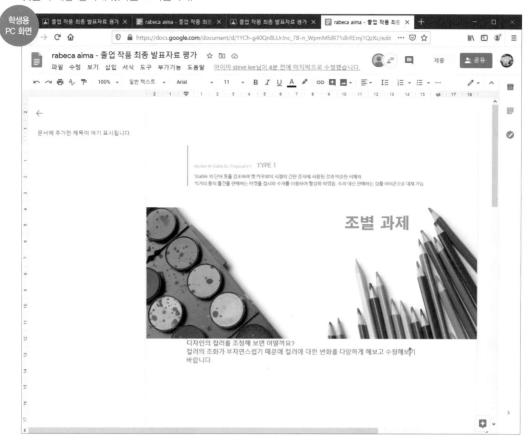

댓글은 댓글 기록 보기를 통하여 주고받은 댓글이나 제안을 수용하거나 거부한 내역을 확인할 수 있습니다.

11 | 좌우 스크롤을 드래그하여 오른쪽 댓글 영역으로 이동하면 댓글을 확인할 수 있으며, 교사가 전달한 댓글을 보고 해당 내용을 적용하겠다는 수용 의사를 보내기 위해 [제안 수용] 버튼을 클릭합니다.

문서를 작성하거나 평가를 위해 과제를 평가할 때 구글에서 제공하는 문서, 프레젠테이션, 스프레드시트 같은 경우 탐색 기능을 지원합니다. 별도로 웹브라우저를 열지 않고, 필요한 정보를 오른쪽 하단의 [탐색] 버튼을 클릭하면 검색할 수 있습니다.

작업중인 문서에 관련된 용어에 관련된 정보가 표시되고, 쉽게 문서 내용을 수정하거나 작성에 참고할 수 있습니다. 필요에 따라서 직접 검색할 수 있도록 검색 기능도 지원합니다.

12 교사에게 전달된 메시지에 답변하기 위해 상단에 있는 (댓글 추가) 버튼을 클릭합니다. 교사에게 전달할 내용을 입력하고 (댓글) 버튼을 클릭합니다.

13 댓글이 입력 완료되어 전달되면 댓글이 수정 불가능 상태로 변경되며 페이지 오른쪽에 표시됩니다.

14 | 교사 페이지에도 댓글이 실시간으로 적용되어 표시됩니다. 필요에 따라서 댓글의 내용을 수용하려면 (제안 수용) 버튼을 클릭하거나 (제안 거부) 버튼을 클릭하여 거부할 수 있습니다. 댓글에 추가적인 댓글을 적용하기 위해 댓글 부분을 클릭합니다.

15 | 댓글에 댓글을 적용할 수 있는 댓글창이 추가적으로 댓글 대화상자 하단에 추가됩니다. 댓글창에 필요한 댓글을 적용할 수 있습니다.

16 | 상단에 있는 (댓글 기록 열기)를 클릭하여 전달 받은 댓글을 확인하고 댓글에 댓글을 추가로 적용할 수 있습니다.

Section 10

자주 사용하는 **답변과 평가, 의견 모음 기능 사용하기**

많은 학생들을 평가하면 매번 일일이 댓글을 달고 답변을 입력하기 어려울 수 있습니다. 이런 경우 자주 사용하는 댓글이나 수정 요청, 첨언 등은 의견 모음 기능으로 추가 적용하고 복사하여 사용할 수 있습니다.

01 | 평가 페이지에서 자주 사용하는 댓글이나 메시지를 등록하고 반복하여 사용하기 위하여 (의견 모음) 버튼을 클릭하여 의견 모음 패널을 활성화합니다.

02 | 의견을 반복 사용하기 위해 의견을 저장해야 합니다. 의견 저장을 위해 패널에서 (+ 의견 모음에 추가)를 클릭합니다.

03 | 의견 추가 대화상자가 활성화되면 자주 사용할 문구를 입력하고 (추가)를 클릭합니다. 같은 방법으로 몇 개의 내용을 추가 적용합니다.

04 | 의견 모음 패널에서 입력된 의견 중에서 적용할 의견 메시지 오른쪽 부분으로 이동하고, (더 보기) 버튼을 클릭합니다. 의견 옵션 팝업 메뉴에서 (클립보드에 복사)를 클릭하면 해당 메시지가 클립보드에 복사되어 붙여넣기 할 수 있습니다.

05 | 댓글을 적용할 부분에서 문서 오른쪽으로 이동하고 (댓글 추가) 버튼을 클릭합니다.

06 | 댓글 입력창에서 Ctrl + V 를 활용하거나 마우스 오른쪽 버튼을 클릭하여 팝업 메뉴에서 (붙여넣기)를 클릭합니다. 복사된 의견이 붙여넣기된 내용을 확인하고 (댓글) 버튼을 클릭합니다.

07 | 의견 모음의 내용으로 댓글이 적용된 것을 확인할 수 있습니다.

08 | 학생 페이지에도 보면 정상적으로 댓글이 등록되어 전달된 것을 확인할 수 있습니다.

09 | 등록된 의견은 다른 학생의 과제를 평가할 때도 사용할 수 있으며, (학생 선택) 버튼을 클릭하여 다른 학생의 과제를 선택한 상태에서 댓글을 적용하기 위해 (댓글 추가) 버튼을 클릭합니다.

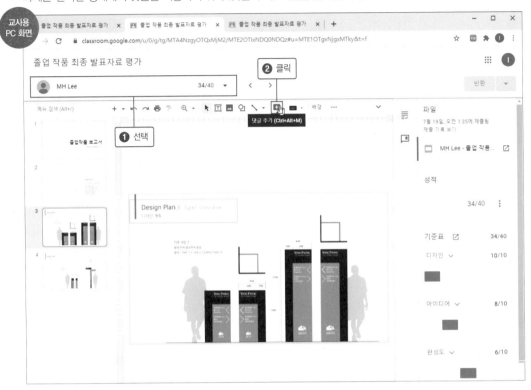

10 | 프레젠테이션 문서에서는 댓글창이 열리면서 페이지 크기가 자동으로 조절됩니다. 의견 모음에서 내용을 복사하기 위해 (의견 모음) 버튼을 클릭하고 의견모음 패널을 활성화합니다.

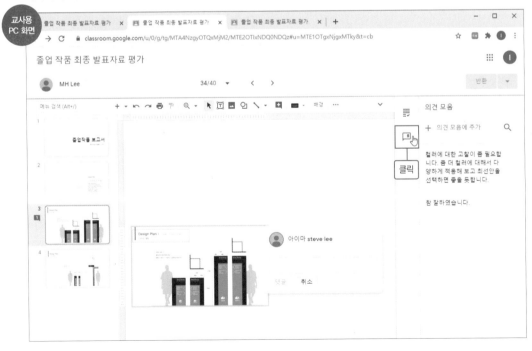

11 | 복사할 의견을 선택하고 의견 옵션 (더 보기) 버튼을 클릭하고 팝업 메뉴에서 (클립보드에 복사)를 클릭합니다.

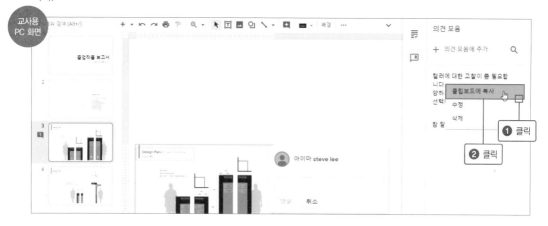

12 | 댓글을 입력하기 위해서 댓글 입력 창에서 Ctrl+V를 사용하거나 마우스 오른쪽 버튼을 클릭하여 팝업 메뉴에서 (붙여넣기)를 클릭합니다. 의견 모음의 내용이 복사되어 붙여넣기되고 댓글을 전송하기 위해서 (댓글) 버튼을 클릭합니다.

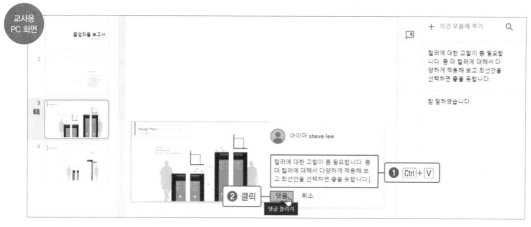

13 | 댓글이 정상적으로 전달되어 댓글 메시지가 표시됩니다.

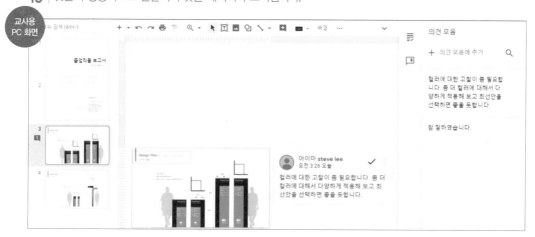

Section **11**

실시간 댓글 주고 받기로 **과제 지도하기**

구글 프레젠테이션 문서를 이용하여 과제를 받는 경우 슬라이드별로 선택하여 학생과 커뮤니케이션을 할 수 있습니다. 여기서는 댓글과 채팅을 활용하여 과제 첨삭 지도 및 평가를 하는 방법을 알아봅니다. 학생은 학생용 프레젠테이션 문서를 보고, 교사는 평가 페이지에서 동일 문서를 보고 있는 상태입니다.

01 | 문서의 왼쪽에 있는 슬라이드 노트 패널을 보면 학생에 현재 3번 슬라이드에 구글 계정 버튼의 표시가 있는 것을 확인할 수 있습니다. 해당 표시는 학생도 동일한 페이지를 보고 있다는 표시입니다. 전 단계에서 전달한 댓글을 확인하는 과정이라고 할 수 있습니다. 다른 페이지를 보는 경우 실시간으로 표시됩니다.

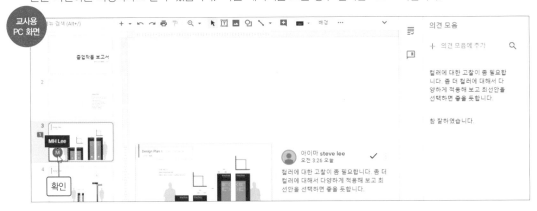

02 | 학생 페이지에서 보면 교사의 구글 계정 버튼이 문서에 표시되며, 교사와 학생 모두 동일한 페이지를 보고 있는 상태임을 확인할 수 있습니다. 댓글이 있는 경우 슬라이드 노트 왼쪽에 댓글의 개수가 표시된 말풍선 버튼이 표시됩니다.

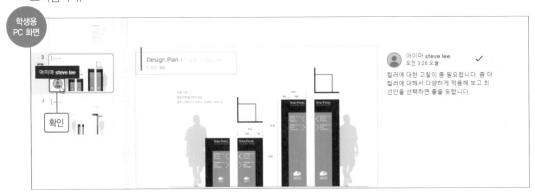

03 | 채팅을 이용하여 과제에 대한 지도가 가능하지만 댓글을 활용하도록 하겠습니다. 전달 받은 댓글에 답변하기 위해 댓글창을 클릭한 다음 댓글 입력창이 나타나면 답변할 내용을 입력하고 (답글) 버튼을 클릭합니다.

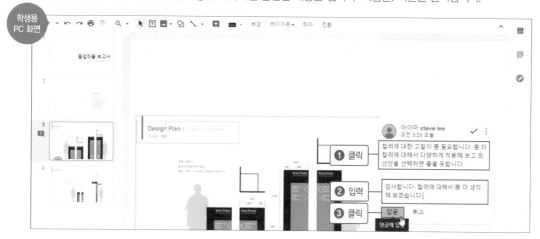

04 | 교사 페이지에서 보면 댓글에 적용한 답글은 대화상자에 이어서 표시됩니다.

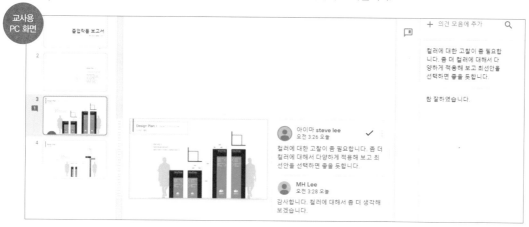

05 | 다른 슬라이드를 선택하고 댓글을 추가하여 교사에게 댓글을 전송하기 위해 (댓글 추가) 버튼을 클릭합니다.

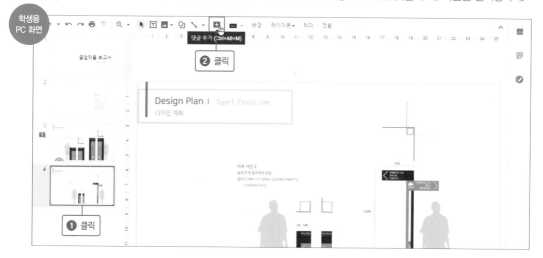

06 | 댓글 입력창이 나타나면 교사에게 문의할 또는 답변할 내용을 입력하고 (댓글) 버튼을 클릭합니다. 댓글을 전송하고 두 번째 슬라이드 노트를 클릭하여 두 번째 슬라이드로 이동합니다.

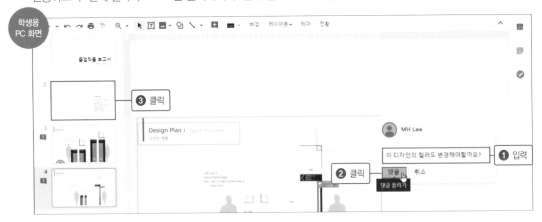

07 | 교사 페이지에서 보면 두 번째 슬라이드에 핑크색 구글 계정 버튼이 살짝 표시되는 것을 확인할 수 있습니다. 네 번째 슬라이드에 댓글 표시가 추가 적용된 것을 확인하고 댓글을 확인하기 위해 네 번째 슬라이드 노트를 클릭합니다.

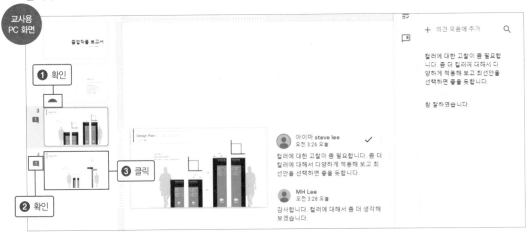

08 | 학생이 전송한 댓글을 확인하고, 학생이 현재 보고 있는 페이지로 이동하기 위해 구글 계정 버튼이 표시된 두 번째 슬라이드를 클릭합니다.

09 | 마우스를 두 번째 슬라이드 노트로 이동하면 현재 해당 페이지를 보고 있는 구글 계정 버튼을 정확하게 확인이 가능합니다. 마우스 이동에 따라서 표시가 되고 살짝 보이는 숨김 상태가 유지됩니다.

10 | 문서의 오른쪽에 있는 (메뉴 표시) 버튼을 클릭하여 메뉴 영역을 확장하고 (채팅 표시)를 클릭하여 채팅창을 이용하여 채팅으로 학생과 대화를 하면서 과제에 대한 지도가 가능합니다. 서로 보고 있는 페이지가 동일한 페이지인지 구글 계정 버튼을 통하여 확인이 가능합니다.

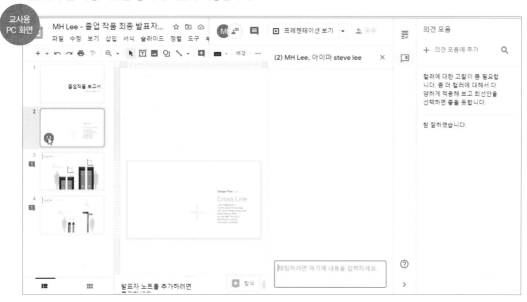

11 | 슬라이드의 바둑판 보기를 하는 경우도 댓글과 현재 보고 있는 슬라이드 표시는 동일하게 표시됩니다.

Section 12

과제 평가하면서 **댓글로 학생과 커뮤니케이션하기**

댓글과 채팅을 사용하여 메시지를 주고받는 방법을 확인해 보았습니다. 이번에는 스프레드시트, 드로잉 문서를 통하여 평가하면서 댓글을 주고받으면서 학생과 평가에 대한 커뮤니케이션을 하는 방법을 알아봅니다.

01 | 과제 평가 페이지에서 스프레드시트 문서를 선택하고 댓글을 추가하기 위해 (메뉴 표시)를 클릭하여 메뉴를 확대합니다.

02 | 스프레드시트는 각 셀마다 댓글을 작성할 수 있습니다. 댓글을 작성할 셀을 선택하고 (댓글 기록 열기)를 클릭하고, 팝업 메뉴에서 (댓글)을 클릭합니다.

03 | 학생에게 전달할 메시지를 입력합니다. 과제 평가에 관련된 내용이나 수정 의견 등을 입력한 다음 (댓글) 버튼을 클릭합니다.

04 | 학생 페이지에서 과제를 접속해 보면 제출된 과제이므로 현재는 수정이 불가능한 보기 전용 문서로 되어 있는 것을 확인할 수 있습니다. 과제 제출된 상태로 인한 보기 전용 상태에서 교사가 작성한 댓글이 표시되지 않습니다.

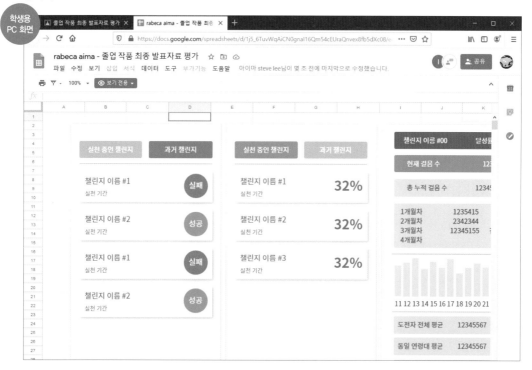

05 | 교사와 커뮤니케이션을 하면서 내용을 수정 보완하려면 과제 제출 문서에 대한 수정을 요구해야 합니다. 따라서 현재 문서에서 수정을 요청하기 위해 (보기 전용)을 클릭하고 팝업 메뉴에서 (수정 권한 요청)을 클릭합니다.

06 | 문서 수정을 요청하기 위한 권한 요청 대화상자가 표시됩니다. 메시지 입력란에 과제 수정 요청 관련 메시지를 입력하고 (보내기) 버튼을 클릭합니다.

07 | 문서 중앙 상단에 '요청 전송됨' 메시지가 표시되며, 학생은 교사가 수락할 때까지 기다려야 합니다. 교사가 메시지를 수락하는 단계는 생략하겠습니다.

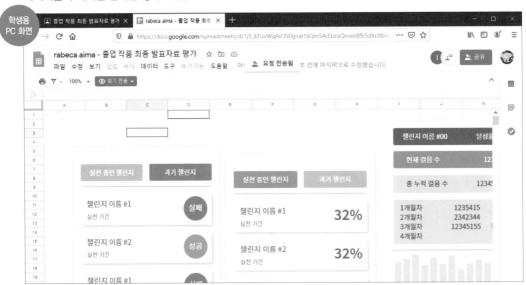

08 | 교사가 수정 권한 요청을 승인하는 경우 보기 전용 문서가 해제되면서 댓글 표시가 적용된 셀을 클릭하면 댓글을 확인이 가능합니다. 댓글이 적용된 경우 셀 오른쪽 상단에 작은 삼각형이 표시되어 있습니다.

09 | 교사의 댓글에 답글을 작성하려면 댓글 대화상자를 클릭하면 답글 입력창이 활성화되며 답글을 작성하고 [답글] 버튼을 클릭하면 전송됩니다.

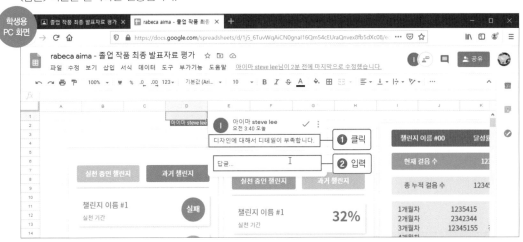

댓글과 답글을 주고받은 내용을 확인하기 위해서 [댓글 기록 열기]를 클릭하여 주고받은 내용을 모두 확인할 수 있습니다.

10 │ 구글 드로잉 문서를 파일에서 선택한 경우 드로잉은 그림을 직접 그려 작성할 있는 문서로, 사용자는 드로 잉으로 과제를 작성한 경우 드로잉에는 상단에 (댓글 추가) 버튼을 클릭하면 댓글 대화상자가 표시됩니다.

11 │ 댓글 입력창에 필요한 댓글 메시지를 입력하고 (댓글) 버튼을 클릭하면 메시지가 학생에게 전달됩니다.

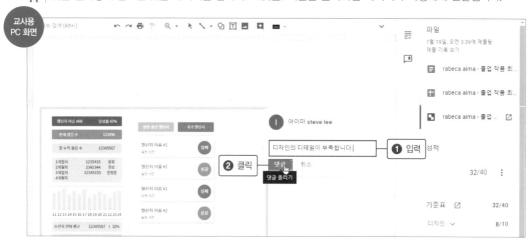

12 │ 학생 페이지로 이동하면 댓글이 드로잉 문서 오른쪽 부분으로 적용된 것을 확인할 수 있습니다.

13 | 댓글에 답글을 남기기 위해 댓글 대화상자를 클릭하고 대화창에서 (답글) 버튼을 클릭합니다.

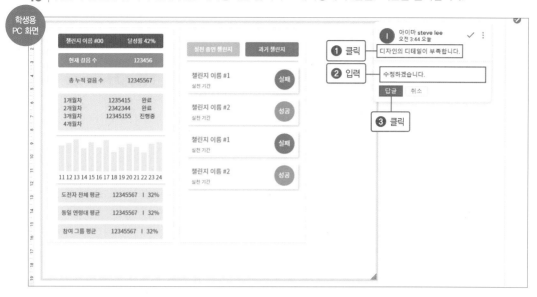

14 | 댓글에 대한 답글까지 댓글 대화상자에 활성화되고 전달된 것을 확인할 수 있습니다.

15 | 교사 페이지에도 정상적으로 해당 댓글에 대한 답글이 정상적으로 등록된 것을 확인할 수 있습니다.

Section 13

앱으로 **학생 과제물에 메모 작성하기**

구글 클래스룸 앱에서는 과제에 메모를 작성할 수 있는 기능이 있습니다. PC에서는 현재 이 기능을 제공하고 있지 않으며 기본적으로 문서들은 별도의 PDF 문서로 변환되어 저장되어 등록됩니다. JPG, PNG 같은 이미지 파일은 해당 이미지 파일로 저장이 됩니다.

01 | 구글 클래스룸 앱을 실행하고 학생이 제출한 과제물에 대해 메모를 남기기 위해 학생이 제출한 과제를 터치합니다.

02 | 학생 성적 페이지로 이동되면 학생이 제출한 과제를 확인하기 위해 또는 재점 완료가 되었어도 학생에게 과제 수정에 대한 메모를 남길 수 있습니다. 메모를 남길 학생을 터치합니다.

03 | 학생이 선택되면 점수와 첨부 파일들을 확인할 수 있습니다. 현재 과제는 기준표가 적용되어 평가된 과제입니다. 메모를 남기기 위해 첨부된 구글 문서를 터치합니다.

04 | 첨부된 과제 파일인 구글 문서가 나타나지만 구글 문서 앱에서 문서가 열린 것이 아니라 앱의 메모 기능이 활성화되었습니다. 메모를 남기기 위해 오른쪽 상단에 있는 [수정] 버튼을 터치합니다.

05 | 메모 기능이 활성화되면 하단에 있는 도구를 활용하여 메모를 남기거나 문서에 필요한 부분에 표시합니다. 하단의 도구를 활용하여 선의 형태와 굵기, 컬러 등을 변경할 수 있습니다.

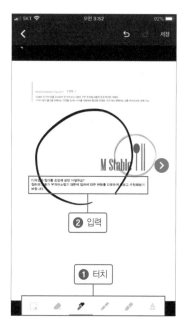

06 | 문서에 필요한 텍스트를 입력하기 위해서 하단에 있는 [텍스트 추가] 버튼을 터치하고, 텍스트가 필요한 부분을 터치한 다음 문자를 입력합니다.

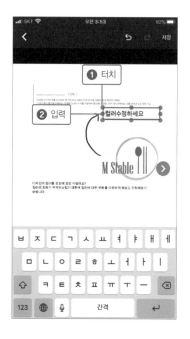

07 | 필요에 따라서 도구를 선택하면 컬러와 선 굵기를 선택할 수 있습니다.

08 | 팝업 메뉴 확장 버튼을 터치하면 기본적인 컬러를 기준으로 추가적인 컬러를 선택할 수 있습니다.

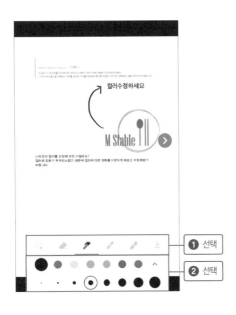

기본적으로 제공되는 도구는 여섯 가지이며 다음과 같습니다.

❶ **선택** : 메모를 선택하여 크기를 조정하거나 이동이 가능합니다.
❷ **삭제** : 메모를 삭제할 수 있습니다.
❸ **쓰기** : 펜 기능을 사용하여 선을 그릴 수 있습니다
❹ **표시** : 마커로 선을 그린 듯한 효과가 표현됩니다.
❺ **강조 표시** : 텍스트나 이미지의 일부분을 강조합니다.
❻ **텍스트 추가** : 문자 형태로 메모를 작성할 수 있습니다.

09 | 메모가 모두 완료되면 문서에 입력한 메모가 적용되고 PDF로 저장이 됩니다. 메모를 저장하기 위해서 오른쪽 상단에 있는 (저장)을 터치합니다.

10 | 문서가 저장되는 과정은 기존 문서가 PDF로 저장됩니다. 약간의 시간이 소요될 수 있습니다.

11 │ 첨부 파일이 3개였으나 메모를 작성하면 PDF 문서가 추가로 리스트에 등록된 것을 알 수 있습니다. 일반적인 PDF 문서와 비교하기 위해서 문서 앞에 '수정됨'이 표기됩니다.

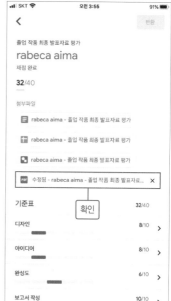

> **알아두기**
> 구글 클래스룸 앱에서는 구글 문서 외에 MS 오피스 문서도 수정이 가능합니다.

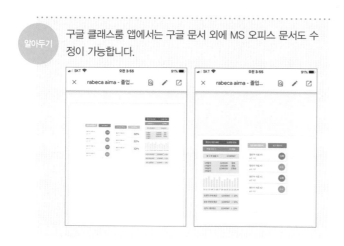

12 │ 앱에서 작성한 메모는 웹브라우저에서도 확인이 가능합니다. 해당 학생의 구글 클래스룸 페이지로 이동하면 수정 적용된 메모 문서인 PDF 문서가 추가된 것을 확인할 수 있습니다.

13 │ 메모 기능이 적용되어 추가된 PDF 문서를 내 과제에서 클릭하면 PDF 문서를 웹브라우저에서 확인할 수 있습니다.

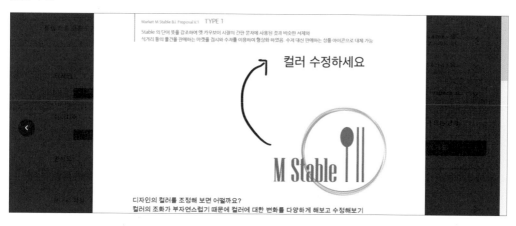

효율적인 온라인 수업 관리하기

구글 클래스룸을 이용하여 온라인 수업을 할 때 수업 개설부터 과제 피드백, 채점과 평가를 진행하였다면 이제부터는 온라인 수업 관리를 해야 합니다. 구글 캘린더를 이용하여 학기별 수업 일정을 작성하고, 이를 학생들에게 배포하여 참여를 유도해야 합니다. 스트림 페이지에서 학생들에게 필요한 내용을 공지하고 공유해야 하며, 수업 자료들은 안전하게 구글 드라이브를 이용하여 저장합니다.

Part 6

Section **01**

수업 세부 정보 설정 화면 미리보기

수업 설정 기능 일부를 확인해 보겠습니다. 수업 설정 기능을 활용하면 좀 더 활용도가 높아질 수 있습니다. 기본적으로 수업 세부 정보를 수정할 수 있으며, 개설할 때 내용을 입력하지 못한 내용 입력도 가능합니다.

수업 세부 정보 설정

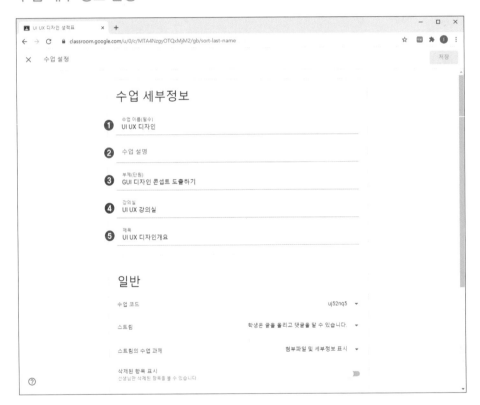

❶ 수업 이름

필수 정보로 과목명을 수정할 수 있습니다.

❷ 수업 설명

수업에 관한 부가적인 설명을 추가 적용할 수 있습니다. 수업 만들기에는 설정이 불가능하기 때문에 수업 설정에서만 적용이 가능합니다. 테마 부분을 확장하여 수업 정보를 확인할 때 수업 설명을 확인할 수 있습니다.

❸ 부제

수업에 관련된 단원별로 구분하거나 교과목 명 외에 부연적으로 설명될 수 있는 이름을 설정할 수 있습니다. 특정 테마의 수업 이름이 하단에 표시됩니다.

❹ 강의실

오프라인 수업을 병행할 때나 강의 관련하여 구분하기 위해 사용할 수 있으며, 강의실은 수업 카드나 스트림 페이지에 기본으로 노출되지 않고 테마를 확장하여 수업 정보를 확인할 때 사용합니다.

❺ 제목

제목도 수업 이름과 달리 기본적으로 노출되지 않으며, 테마를 확장한 경우 제목을 확인할 수 있습니다.

일반 수업 설정

❶ 수업 코드

수업 코드를 확인하고 복사, 변경할 수 있습니다.

❷ 스트림

스트림 페이지의 글 작성 관련 설정이 가능합니다. 선생님만 게시, 댓글 작성 기능으로 설정하는 경우 학생 페이지에서는 댓글 기능이 표시되지 않습니다. 따라서 학생들은 댓글 작성이 불가능합니다.

❸ 스트림의 수업 과제

수업 스트림 페이지에 표시되는 내용의 상세 내용 표시 등을 설정할 수 있습니다. 알림 숨기기를 하는 경우 모든 과제 및 자료 등을 스트림 페이지에서 제거합니다.

❹ 삭제된 항목 표시

선생님에게 삭제된 항목을 표시할 수 있습니다. 삭제된 항목은 밝은 회색으로 비활성화 상태로 스트림 페이지에 표시됩니다.

점수 매기기 설정

❶ 전체 성적 계산

전체 성적을 계산하여 표시할 수 있습니다. 카테고리를 설정하고 가중치를 적용하여 평가도 가능합니다. 교사의 성적 페이지에도 학생별로 종합 성적란이 추가되며, '%'로 전체 점수에 대한 비율이 표시됩니다. '전체 성적 없음' 으로 설정 시 종합 성적란은 표시되지 않습니다.

❷ 학생에게 전체 성적 표시

설정하는 경우 학생 페이지에서 자동 계산된 점수가 표시됩니다. 활성화된 경우 학생 성적 확인 페이지에서 % 단위로 오른쪽 상단에 표시됩니다.

❸ 성적 카테고리

성적 카테고리를 지정하여 전체 성적에 대한 가중치를 지정할 수 있으며, 전체 가중치의 합은 100%로 설정해야 합니다.

Section 02

구글 클래스룸 캘린더와 리뷰할 장소 기능 살펴보기

구글 클래스룸에는 과제 관리를 위해서 구글 클래스룸 캘린더 기능을 제공하여 수업 관리를 위한 기능을 지원하고 있습니다. 구글 클래스룸 캘린더는 과제를 확인할 수 있는 리뷰할 장소 기능과 미완료 과제 기능으로 과제 관리 기능을 지원하고 있습니다.

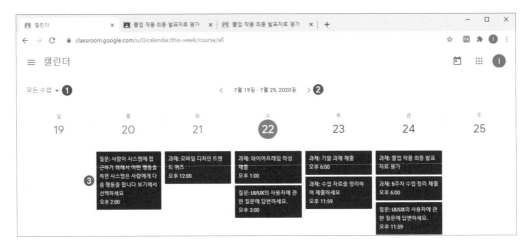

❶ **모든 수업 콤보박스** : 모든 수업의 과제를 보거나 희망하는 수업의 과제를 확인할 수 있습니다.

❷ **주차 표시** : 주 단위로 캘린더를 확인하고, 필요하면 주 단위로 이동하여 확인할 수 있습니다.

❸ **일정** : 과제나 질문 등의 일정이 카드 형태로 제공됩니다. 수업을 개설하여 운영하는 경우 평가해야 하는 과제를 확인하고 관리하기 위해 리뷰할 장소 기능을 제공합니다.

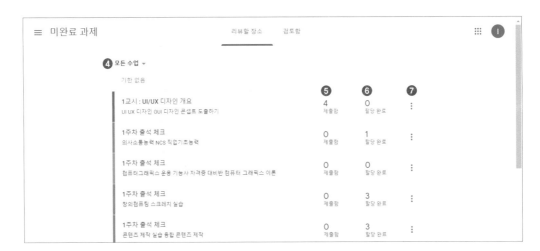

❹ **모든 수업 콤보박스** : 모든 수업의 과제를 보거나 수업의 과제를 확인할 수 있습니다.

❺ **제출함** : 과제가 출제되어 제출한 학생 수를 표시합니다.

❻ **할당 완료** : 아직 제출하지 않은 학생 수를 표시합니다.

❼ **더 보기** : '검토함'으로 해당 과제를 이동시켜 관리할 때 사용합니다.

❽ **모든 수업 콤보박스** : 모든 수업의 과제를 보거나 희망하는 수업의 과제를 확인할 수 있습니다.

❾ **완료** : 완료된 과제는 완료 메뉴를 클릭하여 확인할 수 있으며, 채점된 점수도 표시됩니다.

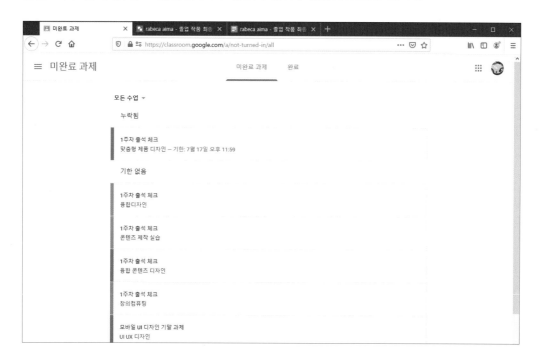

수업을 참여하는 경우 '미완료 과제'로 표시되며, 기한별로 과제가 표시됩니다. 기한이 지난 것이 가장 위쪽에 기한 없는 과제로 표시됩니다. 그 이후는 기한이 임박한 순으로 과제가 표시됩니다.

Section 03

테마 선택 기능으로 **수업 페이지 꾸미기**

수업 카드와 수업 스트림 페이지는 수업을 상징할 수 있는 테마를 선택하여 사용할 수 있습니다. 기본적으로는 적절한 테마 이미지를 자동으로 선택하여 수업이 개설되지만 필요에 따라서 교사는 테마를 변경할 수 있습니다.

01 | 수업 스트림 페이지와 수업 카드에서 보이는 테마 이미지를 변경하기 위해 테마의 오른쪽 하단에 있는 (테마 선택)을 클릭합니다.

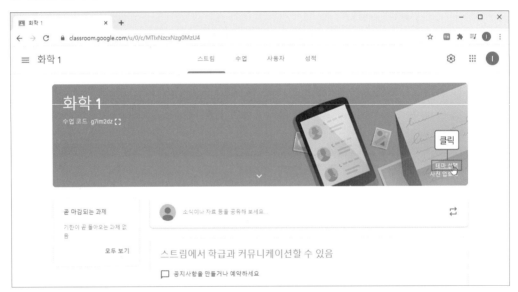

02 | 테마를 선택할 수 있는 갤러리 대화상자가 나타납니다. 현재 선택한 수업은 맞춤형 제품 디자인으로 디자인과 관련이 있는 (Math & Science) 탭을 클릭하고 Chemistry 테마를 클릭합니다.

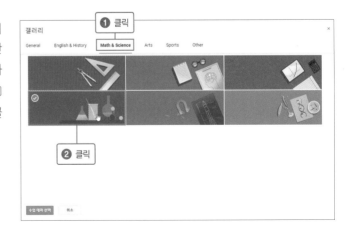

테마는 기본적으로 구글 클래스룸에서 제공하는 카드 형태 이미지로, 별도로 추가하는 기능은 없습니다. 기본적으로 6가지 카테고리로 제공하고 있으며, 각각의 카테고리별로 생성하는 수업의 이름에 맞춰 설정됩니다. 필요에 따라서 테마는 변경하여 사용할 수 있습니다.

▲ General 9종

▲ English & History 8종

▲ Math & Science 6종

▲ Arts 13종

▲ Sports 24종

▲ other 13종

03 | 수업 테마가 선택되면 왼쪽에 체크박스와 테두리에 색상이 파란색으로 변경되어 선택된 것을 확인할 수 있습니다. 선택된 테마를 적용하기 위해 왼쪽 하단에 있는 (수업 테마 선택) 버튼을 클릭합니다.

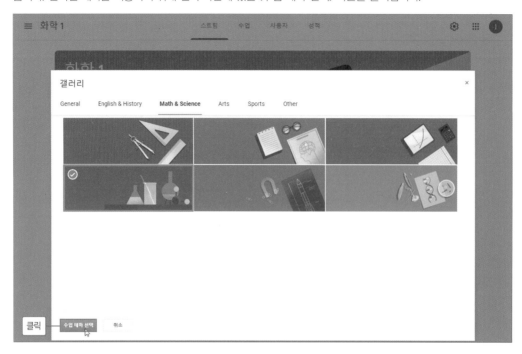

04 | 왼쪽 하단에 '수업 테마가 업데이트되었습니다.' 메시지가 표시되며, 선택한 테마 이미지로 변경된 것을 확인할 수 있습니다.

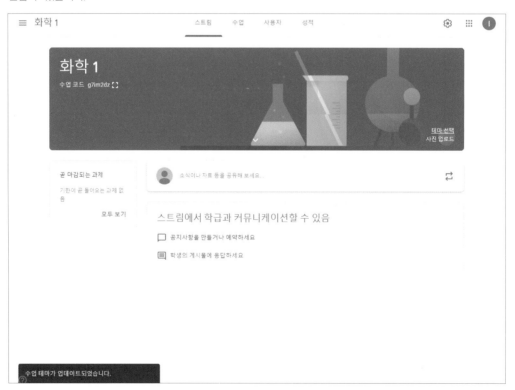

05 | 수업 카드 페이지에서도 변경된 것을 확인하기 위해 (기본 메뉴)를 클릭하고 기본 메뉴에서 (수업)을 클릭합니다.

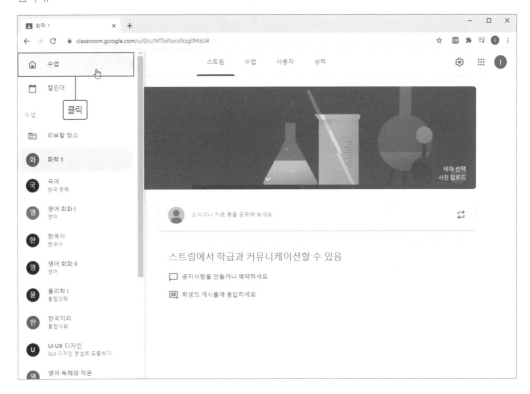

06 | 수업 카드 페이지에서도 수업 카드의 상단 테마 이미지가 변경된 것을 확인할 수 있습니다.

Section 04

무료 이미지를 활용하여 **테마 변경하기**

대표적인 무료 이미지 사이트인 픽사베이(https://pixabay.com/ko)를 이용하여 테마 영역을 꾸며보도록 하겠습니다. 제공되는 테마는 다양한 교과목에 대응하기에는 한계가 있습니다. 따라서 교사에 적절한 이미지를 선택하고 테마를 변경할 수 있습니다. 직접 포토샵과 같은 이미지 에디터를 활용하는 방법도 가능합니다.

01 | 무료 이미지를 다운로드하여 사용하기 위해 검색엔진에서 픽사베이를 검색하여 접속하거나 주소창에 'https://pixabay.com/ko'를 입력하여 사이트를 방문합니다. 자동 번역 기능을 지원하여 한글로 사용이 가능합니다.

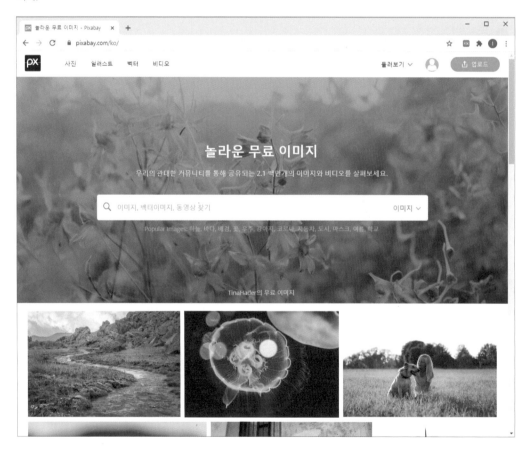

02 | 다운로드를 위해서는 회원 가입 및 로그인이 필요합니다. 회원 가입 및 로그인 과정은 생략합니다. 필요한 이미지를 검색하기 위해서 검색창에 '화학'으로 검색합니다. 검색되어 나온 이미지 중에서 수업에 어울리는 이미지를 클릭합니다.

03 | 선택한 이미지를 다운로드 받을 수 있는 페이지로 이동합니다. 기본적으로 테마에 사용되는 이미지는 가로 1,010픽셀, 세로 250픽셀 이상의 크기여야 합니다. 따라서 가로가 1,280픽셀 이상인 JPG 이미지를 선택하면 되지만, 고해상도 이미지를 사용하기 위해 가로가 1,920픽셀인 이미지를 선택하고 [다운로드] 버튼을 클릭합니다.

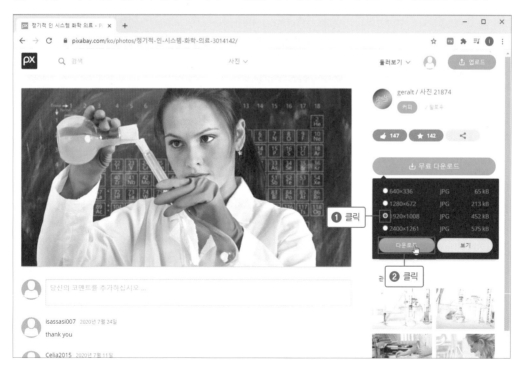

04 | 다운로드된 이미지를 테마로 적용하기 위해 수업 스트림 페이지에서 테마 오른쪽 하단에 있는 (사진 업로드)를 클릭합니다.

05 | 갤러리 대화상자가 나타나며 파일 탐색기로 폴더를 검색하여 사진을 추가하려면 (컴퓨터에서 사진 선택)을 클릭하여 선택할 수 있습니다. 다운로드된 폴더의 이미지를 찾아 갤러리 대화상자로 드래그하는 것이 편리합니다. 픽사베이에서 다운로드한 이미지를 대화상자로 드래그합니다.

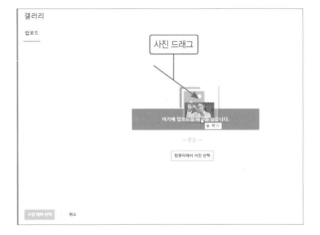

06 | 드래그하여 이미지가 썸네일 형태로 창에 표시됩니다. 조절점을 드래그하여 테마 영역에 보일 이미지 영역을 설정합니다. 설정이 완료되면 (수업 테마 선택) 버튼을 클릭하여 적용합니다.

07 | 수업 스트림 페이지로 이동하며 왼쪽 '하단에 수업 테마가 업데이트되었습니다.' 메시지가 표시되고 픽사베이에서 다운로드한 이미지가 테마에 적용된 것을 확인할 수 있습니다.

알아두기

테마 영역의 크기는 가로 1,000픽셀, 세로 240픽셀로 구성되어 있습니다. 따라서 포토샵 등에서 작업하기 위해서는 최소한 1,000픽셀, 세로 240픽셀 이상으로 크기를 지정하고 작업해야 합니다. 하단 이미지는 구글 테마에 적용된 원본 이미지를 100% 비율로 본 것으로, 브라우저의 테마에 적용된 이미지보다 조금 큰 것을 확인할 수 있습니다.

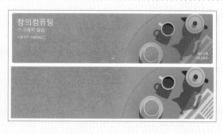

구글 클래스룸에 적용된 테마 이미지의 원본 크기는 가로 1,010픽셀, 세로 250픽셀 이미지로 되어 있으며, 상단을 기준으로 약간 축소되어 적용됩니다. 테마에 적용된 경우 오른쪽 하단에 테마 선택과 사진 업로드 버튼이 보이도록 컬러가 추가적으로 적용될 수 있습니다.

다운로드한 구글 테마 원본 이미지를 사진 업로드로 지정하는 경우 이미지 하단 부분이 조금 잘라서 이미지 일부는 보이지 않습니다.

따라서 포토샵에서 작업할 때는 가로 1,010픽셀, 세로 250픽셀을 권장합니다. 또한 하단 이미지 5픽셀 정도는 테마에서 보이지 않기 때문에 보이지 않는 여백 부분을 감안하여 텍스트나 이미지의 배치를 유의해야 합니다. 만약 지정된 크기보다 작은 이미지의 경우는 작은 이미지를 확대하게 되므로 테마 이미지가 희미하게 보일수 있습니다. 시각적인 주목도가 있는 부분이므로, 고해상도인 경우가 더 유용하고, 가로 세로 비율과 크기를 고려하여 테마용 이미지 작업이 필요합니다.

08 │ 수업 카드에서 적용된 것을 확인하기 위해서 (기본 메뉴)를 클릭하여 기본 메뉴에서 (수업)을 클릭합니다.

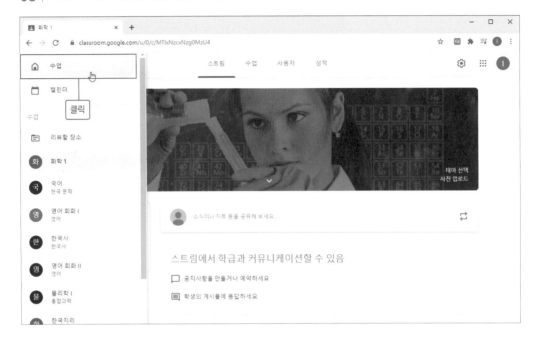

09 │ 수업 카드의 테마가 다운로드한 이미지로 변경된 것을 확인할 수 있습니다.

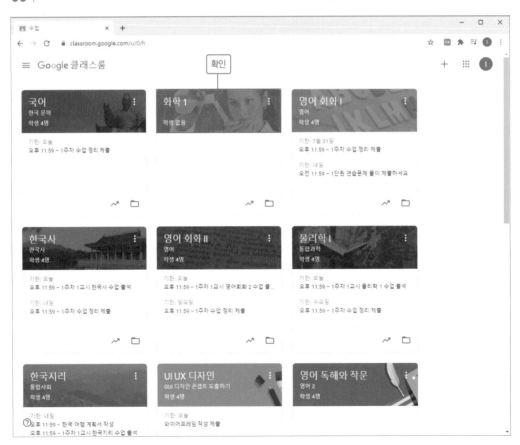

Section 05

수업 설정을 이용하여 **스트림 페이지 변경하기**

수업 스트림 페이지를 보면 기본적으로 제목과 제공되는 형태의 유형(과제, 자료, 질문 등) 표시, 기한 정도만 표시됩니다. 그러나 필요에 따라서 상세 정보가 노출되도록 교사는 설정할 수 있고, 학생들도 소식을 작성할 수 있도록 설정할 수 있습니다.

01 │ 수업 스트림 페이지를 보면 현재 제목과 과제 유형, 기한 정도만 표시되고 있습니다. 해당 내용이 좀 더 자세히 보여 스트림 페이지에서 학생들에게 정보를 많이 제공하기 위해 설정을 변경해야 합니다.

02 │ 설정을 변경하기 위해 오른쪽 상단에 있는 [수업 설정] 버튼을 클릭합니다.

03 | 수업 설정 페이지로 이동하면 기본적인 수업 세부 정보를 수정할 수 있는 그룹이 있고, 하단에서 일반 설정을 변경할 수 있습니다. 스트림 수업 과제 항목의 오른쪽에 있는 설정 부분을 클릭하고 콤보박스를 [첨부 파일 및 세부 정보 표시]를 클릭합니다.

04 | 설정이 변경된 것을 확인하고 이를 적용하기 위해 오른쪽 상단의 [저장] 버튼을 클릭합니다.

05 | 왼쪽 하단에 '설정이 저장됨' 메시지가 표시되며, 스트림 페이지에 각 과제나 질문, 자료 등에 세부 설명이 활성화되는 것을 확인할 수 있습니다.

06 | 교사의 화면만 변경된 것이 아니라 학생의 스트림 화면도 변경된 것을 확인할 수 있습니다. 교사는 과제 제출 학생 등에 대한 정보를 확인할 수 있고, 학생은 제출 완료 여부를 확인할 수 있습니다.

07 | 수업 설정은 모바일에도 동일하게 적용되어 각 내용별로 상세 내용이 펼쳐진 상태로 표시됩니다.

알아두기　첨부 파일 및 세부 정보 표시 기능은 교사와 학생 모두 한눈에 정보를 확인할 수 있는 장점이 있으나, 소식들이 많은 경우 스크롤이 길어질 수 있습니다. 특히 학생들도 소식을 작성하는 경우, 스크롤이 길어져서 필요한 정보를 확인하는데 제한이 있을 수 있습니다.

Section 06

스트림 페이지에서 **소식과 자료 공유하기**

스트림 페이지에서 학생들에게 필요한 내용을 공지하고 공유할 수 있으며, 설정에 따라서 학생들도 게시물을 작성할 수 있습니다. 학생이나 교사가 스트림 페이지에 작성한 소식은 과제가 아니기 때문에 캘린더에 등록되지 않으며 교사가 작성할 경우 다른 과목에 소식을 동시에 공유하거나 특정 학생에게만 소식을 공유할 수도 있습니다.

01 | 수업의 스트림 페이지에서 학생들에게 공유할 소식을 등록하기 위해 상단의 박스를 클릭합니다.

02 | 소식창이 넓어지면서 공유할 소식을 작성할 수 있습니다. 기본적으로 전달할 내용을 입력하고 소식을 공공으로 등록할 수업이나 학생을 콤보박스 메뉴에서 선택할 수 있습니다. 링크를 추가 적용하기 위해서 [추가] 버튼을 클릭합니다.

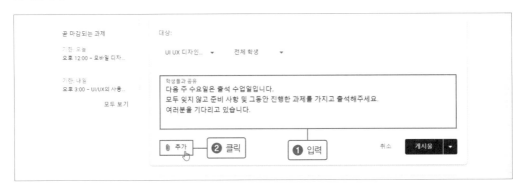

03 | 학생들이 참고할 사이트 링크를 추가하여 학생들에게 해당 사이트를 살펴보고 오게 하기 위해서 팝업 메뉴에서 (링크)를 클릭합니다.

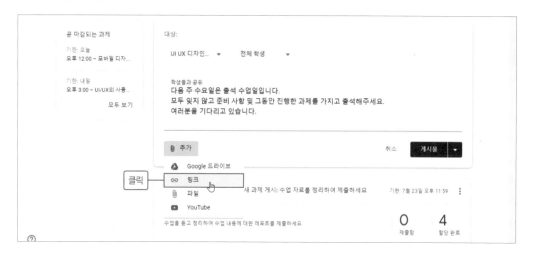

04 | 링크를 입력할 수 있는 링크 추가 대화상자가 나타나면 링크로 제공할 핀터레스트(https://www.pinterest.co.kr/) 사이트 주소를 입력하고 (링크 추가)를 클릭합니다.

05 | 게시글에 핀터레스트 링크가 추가된 것을 확인할 수 있습니다. 추가로 제공할 내용이 있다면 작성 또는 추가하고 최종적으로 입력이 완료되면 (게시물) 버튼을 클릭합니다.

06 | 게시물 작성이 완료되면 '게시물이 생성됨' 메시지가 표시되며 공유할 소식 작성이 완료되었습니다.

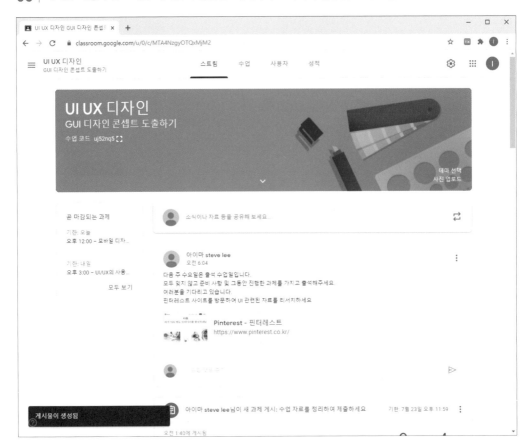

알아두기 수업 설정의 일반 탭에서 스트림의 수업 과제를 '알림 요약 표시'로 설정한 경우 과제 등은 요약해서 스트림 페이지에서 보이지만 학생이나 교사가 등록한 소식은 펼쳐진 상태로 스트림 페이지에서 보이게 됩니다.

Section 07

잘못 등록된 **학생 삭제하기**

학생이 잘못 등록되었거나 학적 변동 등으로 인하여 학생을 해당 수업에서 삭제해야 할 경우가 발생합니다. 삭제하지 않는 경우 불필요하게 여러 가지 과제 및 알림 등이 메일로 전달되어 학생이 불편함을 느낄 수 있으므로 잘못 등록된 학생을 삭제하는 방법을 확인해 보겠습니다.

01 │ 수업 스트림 페이지에서 구글 클래스룸에 등록된 학생을 삭제하기 위해서 (사용자) 메뉴를 클릭합니다.

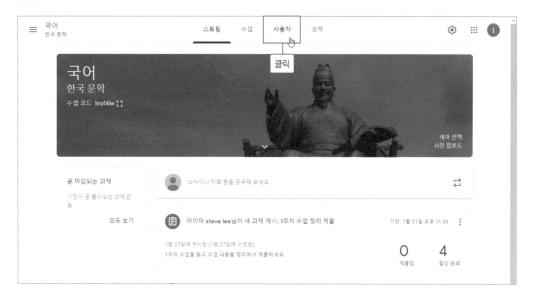

02 │ 사용자 페이지로 이동하면 현재 수업을 듣고 있는 학생을 확인할 수 있습니다. 학생의 이름은 구글 계정에 등록된 이름이 표시되기 때문에 수강 인증 학생 이름에 대한 확인이 필요합니다.

03 | 삭제할 학생의 이름 앞에 있는 체크박스를 클릭합니다. (작업) 콤보박스를 클릭하고 콤보박스에서 (삭제)를 클릭합니다.

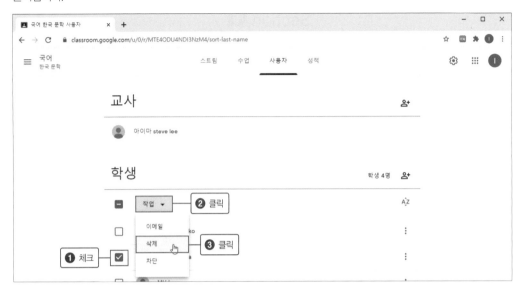

04 | 학생 삭제 관련 확인 대화상자가 표시되면 삭제할 학생의 이름과 이메일 주소를 확인하고 (삭제)를 클릭합니다.

05 | 학생 삭제가 되면 사용자 학생 리스트에서 즉시 삭제되며 표시되지 않습니다.

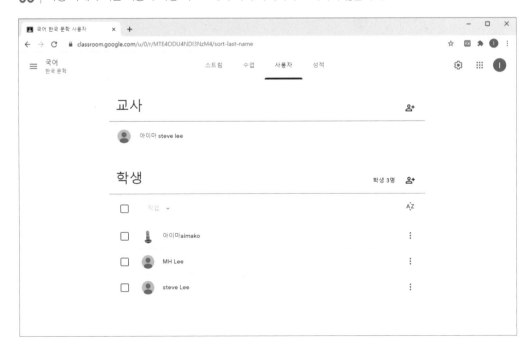

학생과 같이 교사를 삭제하거나 교사로서의 참여를 포기하고 수업에서 빠질 수 있습니다.

❶ 교사가 공동으로 수업을 진행하던 교사를 삭제할 경우 사
용자 페이지에서 해당 교사의 이름 오른쪽 부분에 있는
[더 보기] 버튼(▪)을 클릭하고 팝업 메뉴에서 [삭제]를
클릭합니다. 삭제 확인 대화상자가 나타나며 [삭제]를 클
릭하면 교사 목록에서 삭제됩니다. 삭제된 교사는 다시
초대를 받아야 수업에 참여가 가능합니다.

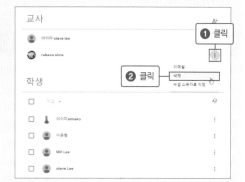

❷ 교사 스스로 수업 참여를 종료하려면 사용자 탭에서 [더
보기] 버튼(▪)을 클릭하고 팝업 메뉴에서 [수업에서 나
가기]를 클릭하면 직접 본인을 해당 수업에서 삭제할 수
있습니다.

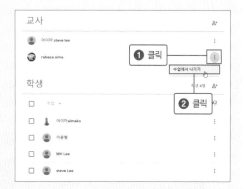

❸ 필요에 따라서 본인이 개설한 수업을 다른 교사에게 위임할
필요가 있을 수 있습니다. 이런 경우는 교사 중에 수업을 위
임할 교사를 선택하고 [더 보기] 버튼(▪)을 클릭하여 팝업
메뉴에서 [수업 소유자로 지정]을 클릭합니다. 수업에 대한
소유권자는 모든 제어 권한이 넘어가는 것이기 때문에 소유
권을 이전받는 교사가 수락해야 됩니다.

❹ 소유권 이전을 위한 확인을 위해 대화상자가 표시되며,
[초대하기]를 클릭하면 초대 과정이 완료됩니다. 소유권
이전 요청받은 교사는 수락 또는 거부 과정을 할 수 있으며,
소유권 이전 초대 메시지는 이메일로 전달됩니다.

Section 08

멘션 기능으로 구글 **클래스룸에서 커뮤니케이션하기**

수업을 듣고 있는 학생들 또는 교사와 학생 사이에서 상대방을 지정하여 댓글을 달 수 있습니다. 일반적인 SNS에서 사용하는 멘션 기능과 비슷하며 + 또는 @를 이용하여 수업을 듣고 있는 사용자 간에 지정합니다. 자동 완성형 기능을 지원하며, 이메일로 알람 메시지를 전달합니다.

01 | 수업 스트림 페이지에서 수업 듣는 학생을 지정하여 댓글을 작성하기 위해 댓글을 작성할 수업 관련 알림을 클릭합니다.

02 | 선택한 수업의 세부 내용이 표시되며 하단에 수업 댓글을 작성할 댓글창이 표시됩니다. 사용자를 지정하여 댓글을 작성하기 위해서 댓글창에 '+'를 입력하고 이메일 주소를 일부 입력하면 완성형으로 등록된 사용자가 표시됩니다. 표시된 이메일 주소 중 선택하거나 이메일 주소 전체를 입력합니다.

> 이름이나 아이디 등으로는 검색되지 않으며, 이메일 주소로만 선택이 됩니다. 교사나 학생 모두 상대방의 이메일 주소를 알 경우에만 멘션 기능을 활용할 수 있습니다.

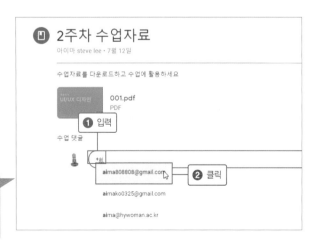

03 | 멘션 기능으로 이메일이 지정된 것을 확인하였다면, 필요한 메시지를 댓글로 입력합니다. 입력이 완료되면 〔보내기〕 버튼을 클릭합니다.

04 | 다른 친구에게도 멘션을 하여 댓글을 작성하기 위해 댓글창에 '@'를 입력하고 이메일 주소를 입력합니다. '+'와 동일하게 입력된 이메일 주소의 완성형이 표시되며, 이메일 주소를 선택하거나 직접 입력이 가능합니다.

05 | 이메일 주소가 멘션된 것을 확인하면 필요한 메시지를 댓글창에 입력하고 〔보내기〕 버튼을 클릭합니다.

06 댓글 창에는 +, @ 두가지 방법 모두 멘션 기능을 활용하여 댓글을 작성할 수 있습니다. 멘션을 작성한 경우에는 해당 멘션된 이메일 주소로 메일이 전송됩니다. 구글 클래스룸은 이메일을 이용하여 대부분의 알림 메시지를 전달합니다.

07 이메일을 확인하기 위해서 클래스룸에서 오른쪽 상단에 있는 [Google 앱] 버튼([■])을 클릭하고 팝업 메뉴에서 [Gmail]을 클릭합니다.

구글 계정은 Gmail 서비스를 기본으로 제공합니다. 만약 개인 이메일 주소로 계정을 등록하였다면 Gmail 기능을 클릭하면 Gmail로 변환하는 기능을 이용하여 계정 변환이 가능하며 이때 기존 이메일 주소는 보조 이메일 주소로 변환됩니다.

08 | 이메일에 접속해보면 구글 클래스룸에서 전달된 많은 메일이 있습니다. 과제, 자료 등록 등에 대한 메일, 채점 완료 메일 등 다양한 메일이 구글 클래스룸에서 전송되며, 댓글에 멘션한 경우 멘션한 아이디와 클래스룸 표시와 멘션 관련 메일이 전송된 것을 확인할 수 있습니다.

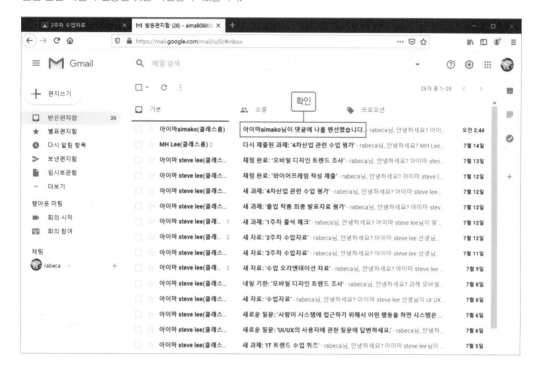

09 | 멘션 관련 메일을 클릭하여 메일로 접속하면 멘션 내용과 멘션한 사용자가 표시됩니다. 필요에 따라 답장이 가능합니다. 멘션한 내용에 답장하기 위해 이메일 내용에서 [답장하기] 버튼을 클릭합니다.

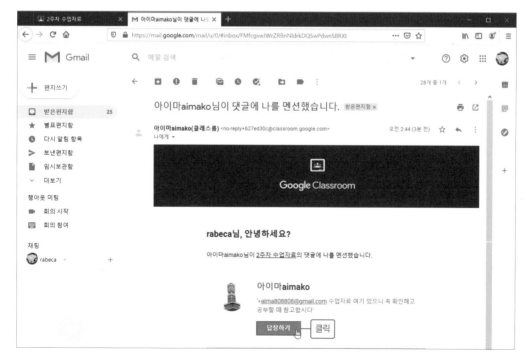

10 | 해당 댓글이 있는 상세 페이지로 이동됩니다. 답장하기 위해 댓글 오른쪽으로 이동하면 보이지 않던 (의견에 답장하기) 버튼 및 (더 보기) 버튼이 표시됩니다. 댓글을 작성하기 위해 자신이 멘션된 댓글 오른쪽의 (의견에 답장하기) 버튼을 클릭합니다.

11 | 자동 멘션 기능으로 해당 아이디와 함께 '+'가 표시됩니다. 적용할 댓글만 작성하면 자동으로 멘션되어 댓글이 작성됩니다. 댓글이 작성되면 역시 이메일을 이용하여 상대방에게 멘션 처리됩니다.

Section 09

사용자 페이지에서 **학생에게 이메일 보내기**

학생에게 이메일을 보낼 때 학생의 이메일을 직접 입력하여 보내는 방법이 있을 수 있지만 사용자 모드에서 학생이나 교사에게 필요한 이메일을 보내면 편리합니다. 이메일 대신 댓글 기능을 활용할 수 있지만, 댓글은 긴 메시지 보내는 경우에 적합하지 않으므로 필요에 따라서 이메일을 활용하는 방법을 사용합니다.

01 | 학생 및 교사를 관리하고 필요한 경우 이메일을 보내기 위해 (사용자) 메뉴를 클릭하여 이동합니다.

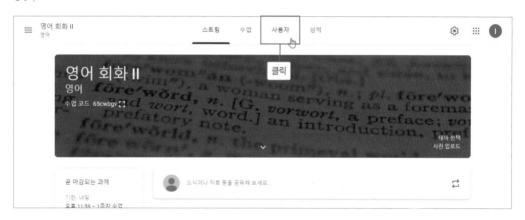

02 | 사용자 페이지로 이동하면 학생 및 교사를 확인할 수 있습니다. 이메일을 보내려는 학생의 (더 보기) 버튼을 클릭하고 (학생에게 이메일 보내기)를 클릭합니다.

03 | 이메일을 보내기 위해서는 기본적으로 Gmail이 사용되며, Gmail의 편지 쓰기 페이지로 이동됩니다. 이메일 제목과 내용을 입력하고 하단에 있는 [보내기] 버튼을 클릭합니다.

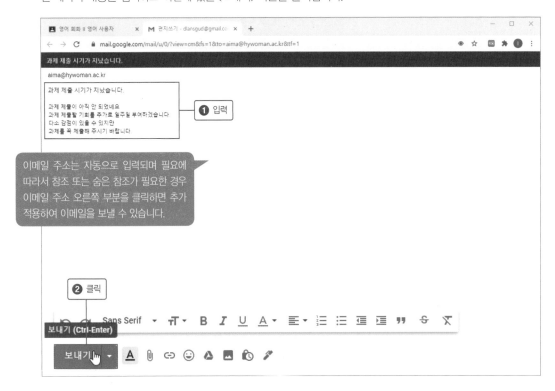

04 | '메일을 보냈습니다.'라는 메시지가 브라우저 왼쪽 하단에 표시되며, 해당 안내 메시지를 [닫기] 버튼을 클릭하면 메일 쓰기 관련 탭이 브라우저에서 종료됩니다.

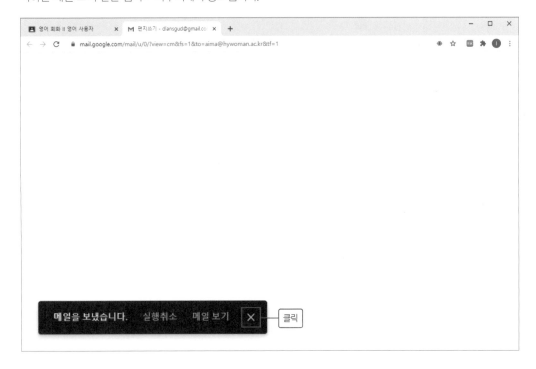

05 | 사용자 페이지로 이동되지만 메일을 보냈다는 표시나 확인이 불가능합니다. 확인을 위해서는 Gmail로 이동하여 보내기 메일함을 확인해야 합니다. 오른쪽 상단에 있는 [Google 앱] 버튼을 클릭하고, 팝업 메뉴에서 [Gmail]을 클릭합니다.

06 | Gmail이 웹브라우저의 새로운 탭에서 열리며 왼쪽에서 보낸 편지함을 클릭하면 방금 보낸 이메일을 확인할 수 있습니다.

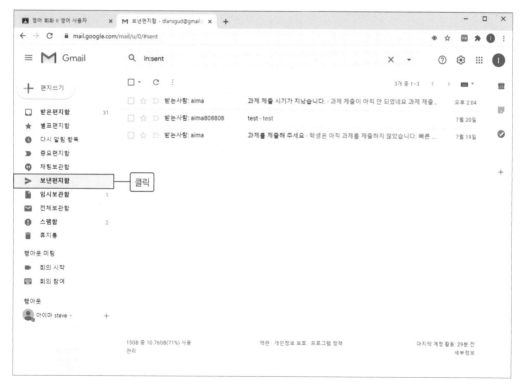

Section 10

학생에게 **이메일 보내기로 일괄 공지하기**

앱에서도 필요에 따라 학생들에게 수시로 이메일을 보내야 할 때가 있습니다. 기본적으로 내장된 메일 앱을 사용할 수 있지만 관리를 위해서는 Gmail 앱 설치를 권장합니다. 학생에게 메일 앱을 이용하여 이메일을 보내는 방법을 앱에서 확인해 보겠습니다.

01 | 구글 클래스룸 앱을 실행하고 이메일을 전송할 수업 카드를 터치하여 수업 스트림 페이지로 이동합니다. 학생에게 이메일을 보내기 위해서 사용자를 선택해야 합니다. 앱에서 사용자를 선택하기 위해서 〔인물〕 버튼(🧑‍)을 터치합니다.

02 | 인물 페이지로 이동하면 이메일을 전송할 학생의 〔더 보기〕 버튼(⋯)을 터치합니다.

03 │ 하단에 팝업 메뉴가 표시되면 이메일을 보내기 위해 (학생에게 이메일 보내기)를 터치합니다.

04 │ 메일을 보낼 앱을 선택해야 합니다. Gmail 앱이 없다면 설치를 추천하지만, 기본적으로 메일 앱에서도 작성이 가능합니다. 메일 작성을 위해 메일 앱의 (열기)를 터치합니다.

05 │ 메일 전송을 위한 새로운 메시지를 보낼 메일 앱이 실행되며, 자동으로 받는 사람은 지정되지만 약간의 시간이 소요될 수 있습니다. 메일의 제목과 내용을 입력하고 (보내기) 버튼을 터치합니다.

06 │ 메일이 전송되면 인물 페이지로 이동되며, 전송된 메일 확인은 할 수 없습니다.

Section 11

구글 클래스룸에서 **수업에 사용할 영상 업로드하기**

클래스룸에서 영상을 수업에 활용하거나 자료로 제공하기 위해서 기존에 있는 유튜브 영상을 사용할 수도 있지만 직접 촬영 또는 제작한 영상을 유튜브에 등록하고 제공할 필요가 있습니다. 수업 자료의 경우 저작권이나 기타 이유로 인해서 외부에 공개를 원하지 않는 경우가 있습니다. 물론 완벽하게 외부 접속이 차단되는 것은 아니지만, 검색으로 해당 영상을 찾을 수 없고, 수업을 위해 등록하거나 링크가 제공된 경우에만 영상을 확인할 수 있도록 일부 공개로 영상을 업로드할 수 있습니다.

01 │ 유튜브에 영상을 업로드하기 위해서 유트브 사이트에 접속합니다. 유튜브에도 구글 계정으로 로그인되어 있을 것입니다. 만약 로그인 상태가 아니라면 로그인이 필요합니다.

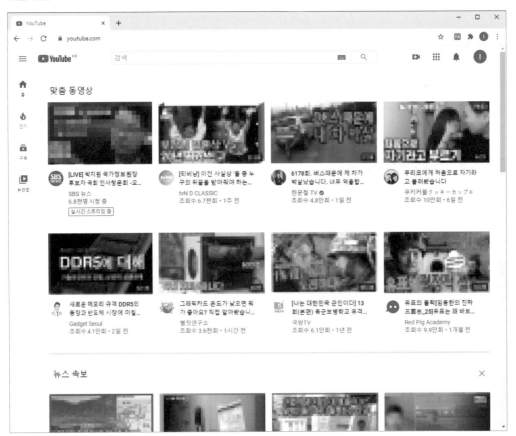

영상을 업로드하기 위해서는 유튜브 계정 선택 및 채널 만들기 과정이 필요합니다.

❶ 유튜브 계정에 처음 접속하였을 때 로그인 상태가 아니면 오른쪽 상단에 로그인 표시가 나타납니다. 만약 로그인되었다면 동그란 뱃지 형태의 버튼으로 변경됩니다. 구글 클래스룸을 사용하고 있었다면 로그인 버튼만 클릭하여도 자동으로 구글 계정 관련된 메시지가 나타나며 로그인을 쉽게 할 수 있습니다.

❷ 로그인 상태라면 구글 계정 버튼을 클릭하고 팝업 메뉴에서 (YouTube 스튜디오)를 클릭하거나 (업로드) 버튼을 터치합니다. 채널을 만들기 과정으로 넘어갑니다.

❸ 'YouTube 계정 선택' 대화상자가 나타나며 유튜브 채널을 개설하기 위해서는 (채널 만들기)를 클릭합니다. 유튜브 채널을 만들면 영상을 업로드할 자격이 주어집니다. 영상에 광고를 삽입하여 수익을 창출하기 위해서는 구독자 1,000명, 공개 동영상의 시청 시간이 4,000시간이 필요하기 때문에 영상에 수익형 유료 광고는 삽입되지 않습니다.

❹ 채널이 생성되는 약간의 시간을 기다리면 유튜브를 소개하는 대화상자가 나타나며 유튜브 채널 운영에 관련된 내용 및 유튜브 스튜디오 소개 페이지가 나타납니다. 소개를 보지 않으려면 여백을 클릭하면 사라집니다.

❺ 유튜브 스튜디오는 영상을 업로드하고, 수정 및 관리를 할 수 있는 기능입니다. 영상을 업로드할 경우 유튜브 페이지에도 업로드 기능이 있지만 유튜브 스튜디오에서 업로드할 수 있습니다. 영상 관리를 위해서는 유튜브 스튜디오를 통한 관리가 필요합니다.

02 | 유튜브에 영상을 업로드하기 위해서 오른쪽 상단에 있는 [만들기(█)] 버튼을 클릭하고 팝업 메뉴에서 [동영상 업로드]를 클릭합니다.

03 | '동영상 업로드' 대화상자가 나타나며, 영상을 대화상자 안으로 드래그 앤 드롭하면 업로드됩니다. 동시에 여러 영상도 적용가능하며 파일 탐색기를 이용하여 업로드할 영상 파일을 선택하려면 [파일 선택]을 클릭하고 업로드할 수 있습니다. 영상으로 등록할 동영상 파일을 대화상자로 드래그합니다.

> **알아두기**
>
> 영상은 지켜야 할 규격의 크기는 없으나 스마트폰으로 촬영하는 경우 세로로 세워서 촬영하는 경우가 많습니다. 학생들이 모두 스마트폰을 사용하여 수업에 참여하는 것이 아니며, 앱보다는 웹브라우저를 통한 관리가 용이하므로, 가로로 촬영하는 것을 권장합니다. 최소 HD급 이상의 영상 촬영 또는 편집을 추천하며, 일반적으로 Full HD급 즉, 1,920x1,080(1,080P)급 정도의 영상을 사용하는 것이 좋습니다. 그 이상의 해상도도 제공할 수 있으나 영상의 크기도 커지고 관리에 다소 불편함이 있으므로 1,080P급이면 충분합니다.

04 | 영상이 업로드되면서 영상의 세부 정보 대화상자로 변경됩니다. 업로드 진행 상황은 왼쪽 하단에 표시되며, 영상의 제목이나 설명 등을 등록할 수 있습니다. 업로드가 진행 중인 경우는 미리보기 이미지를 선택할 수 없고, 오른쪽에 영상의 미리보기도 불가능합니다.

05 | 영상에 대한 제목과 설명을 입력했다면 미리보기 이미지 항목 중 첫 번째 (미리보기 이미지 업로드)를 클릭하여 직접 제작한 미리보기 이미지를 등록하는 것이 좋습니다. 영상이 업로드되면 동영상을 처리하는 시간이 소요됩니다. 영상에 태그를 달거나 기타 설정을 하기 위해서는 아래로 스크롤하여 추가 정보를 입력할 수 있습니다.

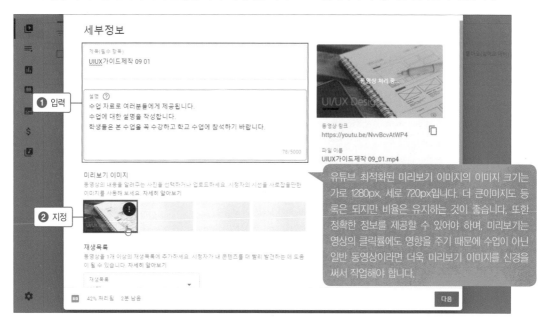

06 │ 영상이 처리되는데 시간이 소요되며 초기에는 업로드되더라도 저해상도 영상만 시청이 가능합니다. 영상 크기가 큰 경우 변환되는 시간이 많이 소요되며, 영상 처리를 기다릴 필요 없이 다음 단계 설정을 위해 (다음) 버튼을 클릭합니다.

 유튜브에서는 아동용 콘텐츠에 대한 제한이 있습니다. 아동 배우나 모델이 출연하는 교육용 자료를 만들거나 미취학 또는 유아를 위한 콘텐츠인 경우 아동에 관련된 콘텐츠라면 영상에 아동용 콘텐츠임을 설정해야 합니다. 또한 아동용이 아니라 전 연령을 대상으로 하는 경우라도 아동용 콘텐츠로 설정해야 할 수 있습니다. 유튜브의 고객센터의 도움말에는 다음과 같이 아동용 콘텐츠 판단 여부를 제시하고 있습니다.

> **동영상 주제(예: 유아 및 미취학 아동을 위한 교육용 콘텐츠)**
> **동영상에서 의도한 시청자층 또는 실제 시청자층이 아동인가요?**
> **동영상에 아동 배우나 모델이 출연하나요?**
> **동영상에 아동의 관심을 끄는 애니메이션 캐릭터나 만화 주인공을 포함한 캐릭터, 유명인, 장난감이 등장하나요?**
> **동영상에 나오는 말이 아동이 이해하기 쉽게 되어 있나요?**
> **동영상에 연극, 간단한 노래나 게임, 조기 교육 등 아동의 관심을 끄는 활동이 포함되어 있나요?**
> **동영상에 아동의 관심을 끄는 노래, 이야기, 시가 포함되어 있나요?**
> **그 밖에 동영상 시청자층에 대한 실증적 증거와 같이 동영상의 시청자층을 판단하는 데 도움이 될 만한 정보**
> **콘텐츠가 아동을 대상으로 광고되는지 여부**

위의 항목에 해당된다면 아동용으로 꼭 체크해야 하며, 성인 대상의 콘텐츠라면 시청 연령을 만 18세로 제한할 수도 있습니다. 아동용, 성인용 콘텐츠에 대한 설정은 세부 정보 창에서 가능합니다.

07 | 동영상 요소 페이지는 최종 화면이나 영상 홍보 등을 넣을 수 있으나 수업에만 사용할 컨텐츠에는 꼭 필요한 기능은 아니므로 (다음) 버튼을 클릭하여 공개 상태 설정으로 이동합니다.

08 | 공개 상태 설정 중 중요한 부분이 저장 또는 게시 항목으로 공개로 설정하면 검색되어 누구나 영상을 볼 수 있습니다. 일부 공개를 설정하여 링크를 아는 경우만 영상을 볼 수 있도록 일부 공개를 선택하기 위해 일부 공개의 라디오 (◉) 버튼을 클릭하고 (저장) 버튼을 클릭합니다.

09 | 영상 처리가 완료되지 않은 경우라면 동영상 처리 중 대화상자로 넘어갑니다. 기다릴 필요가 없으므로 (닫기) 버튼을 클릭합니다.

10 │ 유튜브 스튜디오에 보면 영상이 업로드되고 처리가 완료되면 썸네일이 등록되거나 영상이 등록되면 공개 상태에 설정한 일부 공개로 설정됩니다. 영상에 필요한 정부를 입력하거나 수정이 필요한 경우 영상의 미리보기 화면을 클릭하거나 세부 정보를 클릭합니다.

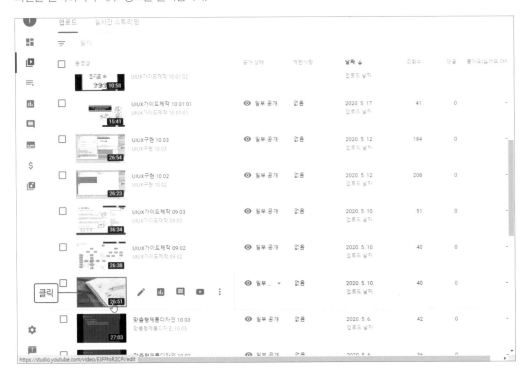

11 │ 유튜브 영상 관련 세부 정보 페이지로 이동하여 설정을 변경할 수 있고, 해당 영상을 편집할 수 있는 기능도 제공합니다.

Section **12**

구글 캘린더로 **수업 일정 설정하기**

구글 캘린더를 이용하면 수업 날짜와 시간, 구글 미트 화상 회의를 추가할 수 있습니다. 캘린더에 표시된 화상 회의 일정을 확인하고 빠르게 구글 미트를 실행하는 방법에 대해 알아봅니다.

01 | 구글 크롬을 실행한 다음 화면 상단의 (Google 앱) 버튼을 클릭하고 (캘린더) 버튼을 클릭합니다.

02 | 구글 캘린더를 실행되면 캘린더 표시를 (월)로 지정한 다음 일정을 지정하려는 날짜 영역을 클릭합니다.

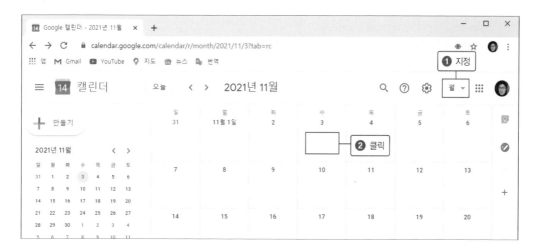

03 │ 제목 및 시간 추가 대화상자가 표시되면 수업 제목을 입력한 다음 (시간 찾기)를 클릭합니다.

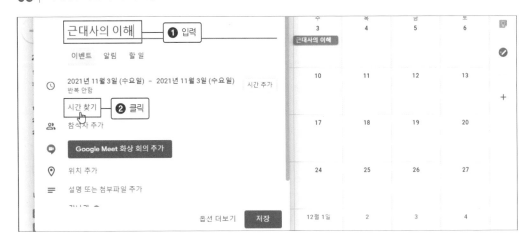

04 │ 시간 표시자가 표시되면 수업 시간을 클릭하여 시간을 설정합니다. 구글 미트 화상 회의 일정을 추가하려면 (Google Meet 화상 회의 추가) 버튼을 클릭합니다.

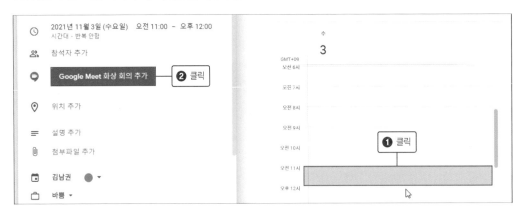

05 │ 수업 일정을 저장하기 위해 (저장) 버튼을 누릅니다.

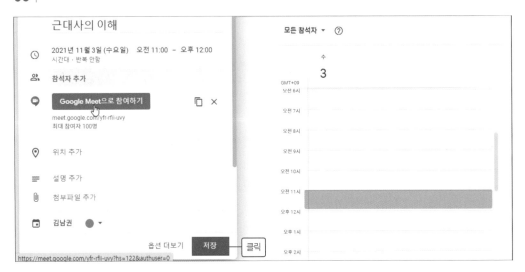

06 | 캘린더에 설정한 일정이 버튼 형식으로 표시됩니다. 캘린더에서 설정한 일정을 클릭하면 일정 요약표가 표시됩니다. (Google Meet으로 참여) 버튼을 클릭합니다.

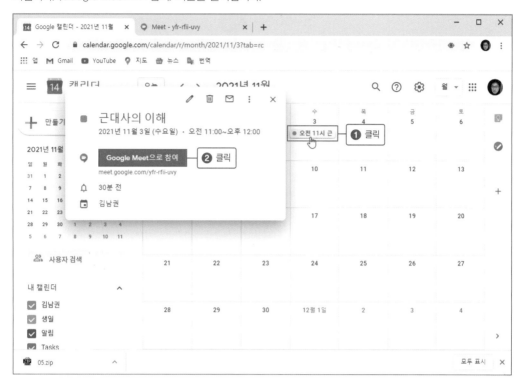

07 | 구글 미트 앱이 실행됩니다. 화상 회의에 참여하기 위해서는 (지금 참여하기) 버튼을 클릭합니다.

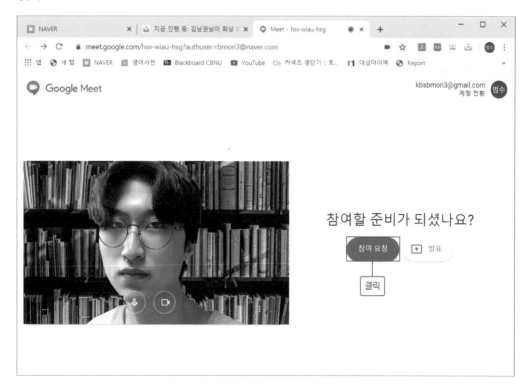

Section 13

개인 일정 이외에 **수업 일정 캘린더 새로 만들기**

    구글 캘린더는 개인 일정 이외에 사용자가 별도로 목적에 맞는 캘린더를 추가할 수 있습니다. 여기서는 개인 일정 캘린더 이외에 별도로 수업 캘린더를 만들어 보겠습니다.

01 | 캘린더를 실행시킨 다음 왼쪽 하단에 (다른 캘린더) 항목의 (다른 캘린더 추가) 버튼을 클릭합니다.

02 | 팝업 메뉴에서 (새 캘린더 만들기)를 클릭합니다.

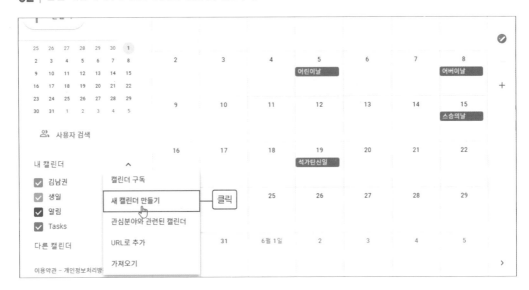

03 ｜ 〔새 캘린더 만들기〕 화면이 표시되면, 캘린더 이름과 설명을 입력한 다음 〔캘린더 만들기〕 버튼을 클릭합니다. 화면 왼쪽 하단의 내 캘린더를 확인해 보면 방금 만든 캘린더가 표시됩니다. 왼쪽 상단에 〔설정 이전〕 버튼을 누릅니다.

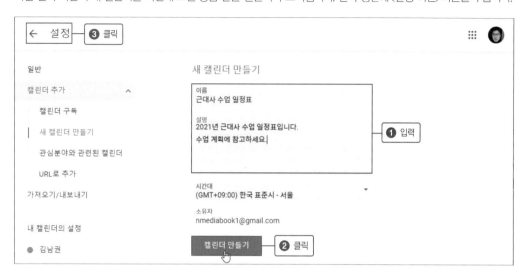

04 ｜ 일정을 지정하려는 날짜 영역을 클릭합니다. 일정 제목에 수업 제목을 입력한 다음 개인 일정이 아닌 수업 일정 캘린더를 선택하고 〔저장〕 버튼을 클릭합니다.

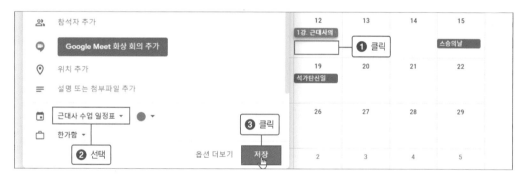

05 ｜ 위와 같은 방법으로 달력 영역을 클릭한 다음 수업 일정을 지정합니다. 개인 일정과는 달리 일정 표시는 파란색으로 표시되었습니다.

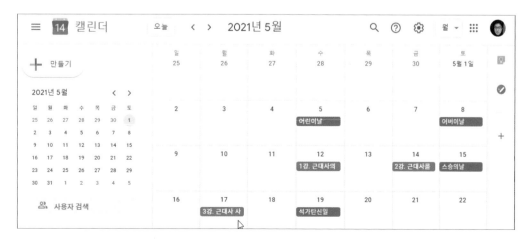

Section 14

수업 캘린더 파일로 저장하여 **참여자에게 배포하기**

수업 일정이 정리된 캘린더를 별도의 파일로 저장하여 수업 참여자에게 전달할 수 있습니다. 여기서는 캘린더 파일 저장 방법에 대해 알아봅니다.

01 | 구글 캘린더에 수업 일정을 지정하였다면 [설정] 메뉴 버튼을 클릭한 다음 [설정]을 클릭합니다.

02 | 내 캘린더 설정에서 저장하려는 캘린더를 클릭한 다음 [캘린더 내보내기] 버튼을 클릭합니다.

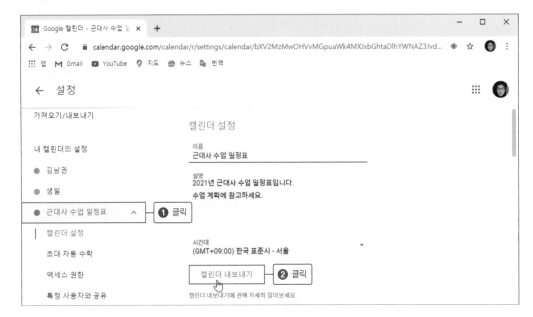

03 그림과 같이 캘린더 파일이 압축 파일인 ZIP 파일로 저장됩니다. 압축을 풀어 캘린더 파일을 더블클릭하여 실행합니다.

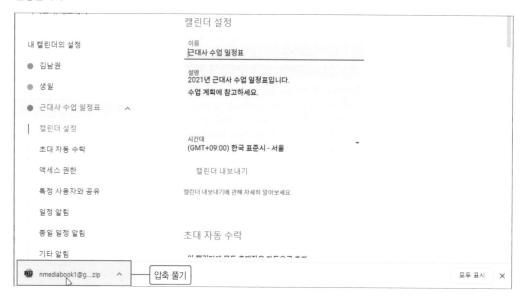

04 일정 화면이 표시되며, 리스트 형식으로 수업 제목과 일정이 표시됩니다. 캘린더로 확인하기 위해 〔이전(←)〕 버튼을 클릭합니다.

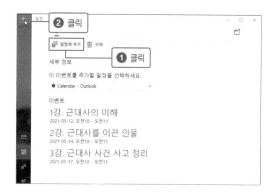

05 캘린더 형식으로 일정이 표시됩니다. 수업 일정 표시 부분을 클릭하면 자세하게 수업 일정을 확인할 수 있습니다.

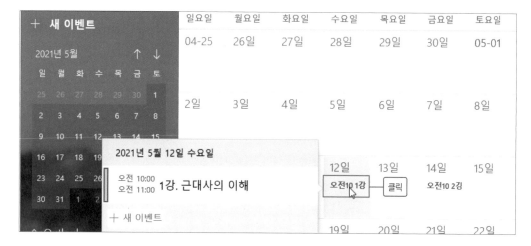

Section 15

모든 참여자에게 **링크를 이용하여 일정표 전달하기**

수업 참여자에게 수업 일정을 전달하기 위해 구글 캘린더에서 링크를 받아 간편하게 일정표를 전달할 수 있습니다. 일성표를 전달받은 참여자는 자신의 캘린더에 해당 일정을 추가할 수 있습니다.

01 | 구글 캘린더의 내 캘린더에서 수업 일정을 공유하려는 캘린더만 체크박스를 선택한 다음 (옵션) 버튼을 클릭합니다. 팝업 메뉴에서 (설정 및 공유)를 클릭합니다.

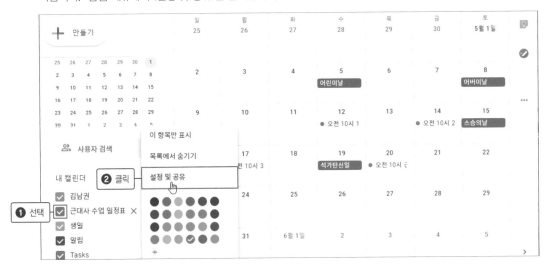

02 | 표시되는 메뉴의 액세스 권한 항목에서 (공개 사용 설정)을 클릭하여 체크를 표시합니다.

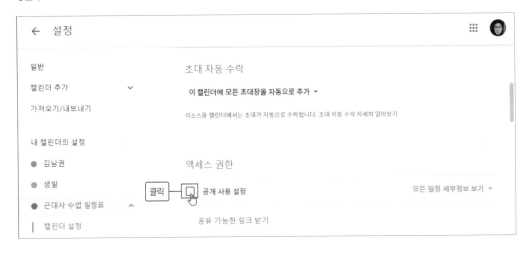

03 │ 캘린더를 공개로 설정하면 누구나 구글 검색을 통해 모든 일정을 확인할 수 있다는 주의 메시지가 표시됩니다. (확인) 버튼을 클릭합니다.

04 │ (공유 가능한 링크 받기) 버튼을 클릭합니다.

05 │ '공유 가능한 내 캘린더 링크' 대화 상자가 표시되며, 공개 캘린더의 링크 주소가 표시됩니다. (링크 복사) 버튼을 클릭합니다.

06 │ 링크 주소는 메일이나 카카오톡을 이용하여 링크를 전달할 수 있습니다. 여기서는 카카오톡 입력창에 Ctrl + V 를 눌러 참여자에게 캘린더 링크를 전달합니다.

07 │ 참여자가 링크를 클릭하면 캘린더 추가 대화
상자가 표시됩니다. 캘린더를 추가하기 위해 〔추가〕
버튼을 클릭합니다.

08 │ 다음과 같이 참여자의 캘린더에 수업 캘린더가 추가됩니다. 해당 수업 일정 날짜를 클릭하면 수업 관련 강의
제목과 일정 등을 확인할 수 있습니다.

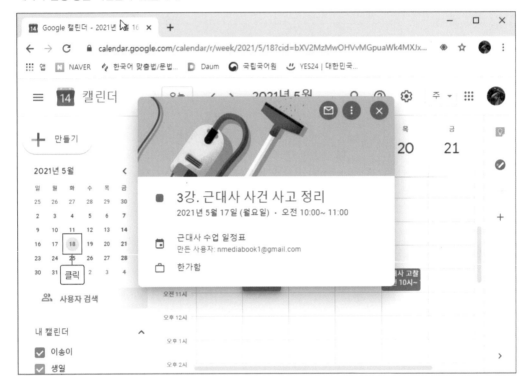

Section 16

구글 캘린더로 **구글 클래스룸 수업 참여하기**

교사나 학생 모두 구글 클래스룸을 통하여 수업을 개설하거나 참여하는 경우 구글 캘린더에 해당 수업이 등록되고 과제 및 기타 내용이 캘린더에 등록됩니다. 특히 중요한 과제 마감일은 매우 중요하므로 캘린더를 수시로 확인할 필요가 있습니다. 구글 클래스룸은 별도의 구글 클래스룸 캘린더 기능도 제공하고 있지만 제한적인 기능만 제공합니다.

01 수업 스트림 페이지에서는 전체적인 일정을 확인하지 못하고 마감이 임박한 과제만 표시됩니다.

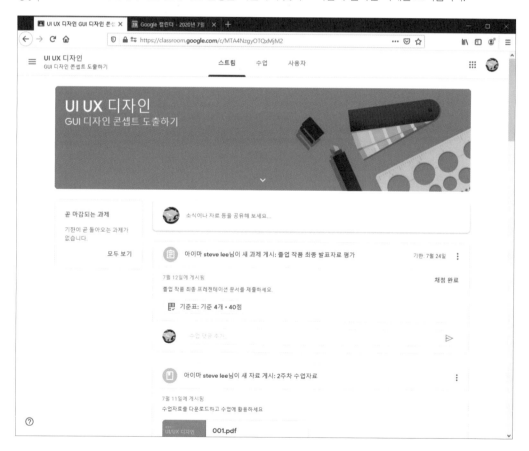

02 | 구글 캘린더를 통하여 현재 제출해야 할 과제나 수업 내용을 확인하기 위해서 오른쪽 상단의 〔Google 앱〕 버튼을 클릭합니다. 구글 앱 메뉴에서 〔캘린더〕를 클릭합니다.

알아두기 구글 캘린더는 수업 페이지에서도 접근할 수 있도록 기능을 제공하고 있으며, 오른쪽 상단의 〔Google 캘린더〕 메뉴를 클릭하여 접속할 수 있습니다.

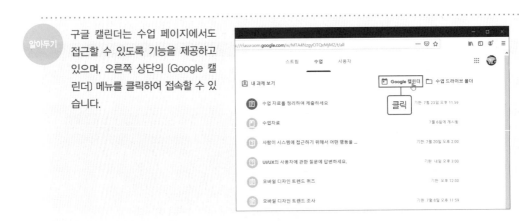

03 | 구글 캘린더가 브라우저에 새로운 탭으로 열리며 수업에 배정된 과제나 질문 등이 표시되어 있는 것을 확인할 수 있습니다. 특히 수업을 개설했거나 참여하는 수업이 왼쪽에 캘린더로 표시된 것을 확인할 수 있으며, 필요에 따라서 해당하는 교과목만 표시할 수 있습니다.

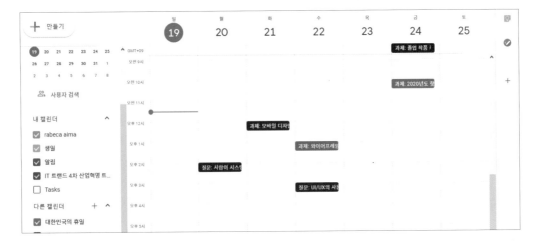

04 | 캘린더 중 세부 내용을 확인하기 위해 일정을 클릭하면 일정에 대한 대화상자가 표시되며, 해당 구글 클래스룸 과제 페이지로 이동할 수 있도록 링크도 제공하고 있습니다. 과제 상세 페이지로 이동하기 위해서 대화상자에 표시된 링크를 클릭합니다.

05 | 해당 과제 상세 페이지가 브라우저에서 새로운 탭으로 열리는 것을 확인할 수 있으며, 과제 제출 전이므로 과제를 작성하고 제출할 수 있습니다.

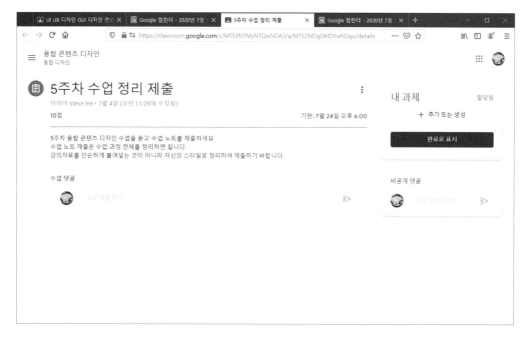

구글 캘린더 기능으로 **과제 알림 받기**

교사나 학생 모두 구글 클래스룸에서 구글 캘린더를 활용하여 관리를 할 수 있습니다. 앱에서는 구글 클래스룸 캘린더 기능을 지원하지 않기 때문에 안드로이드(Android), iOS 모두 구글 캘린더를 설치할 필요가 있습니다. 앱을 사용하는 경우 알림 메시지를 통한 수업 관리가 편리합니다.

01 │ 구글 클래스룸 앱을 실행하고 캘린더와 연동하여 구글 클래스룸을 관리하기 위해 [기본 메뉴] 버튼을 터치합니다. 기본 메뉴가 나타나면 구글 캘린더와 연동하기 위해서 [캘린더]를 터치합니다.

02 │ 캘린더가 설치되어 있지 않은 상태이기 때문에 연결될 앱을 선택해야 합니다. 구글 캘린더를 설치한 상태면 연결 앱 관련 메시지는 나타나지 않고 구글 캘린더가 켜질 수 있습니다. 구글 캘린더 앱을 사용하기 위해서 [받기]를 터치합니다.

03 │ 구글 캘린더 설치를 위하여 앱스토어에 연결되며 설치를 합니다. 설치 과정은 생략합니다. 설치가 완료되면 완료를 눌러 구글 클래스룸 앱으로 돌아갑니다.

04 │ 연결 앱 대화상자에 구글 캘린더 설치를 위한 [받기] 버튼이 [열기]로 변경되었습니다. 캘린더에서 구글 클래스룸 내용을 확인하고 연동하기 위해서 [열기]를 터치합니다.

05 │ 구글 캘린더로 연동되며, 구글 클래스룸의 여러 과제나 질문 내용이 캘린더에 표시가 되어 있습니다. 과제 내용을 확인하기 위해 과제 중에 하나를 터치합니다.

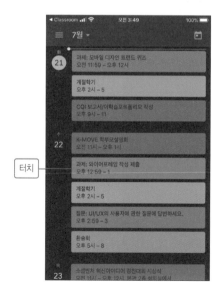

06 │ 과제 관련된 일정이 표시되며, 과제 제목과 제출 기한, 세부 내용 및 과제 관련 페이지 링크를 제공합니다. 교과목 명 및 교사의 이메일 주소도 표시됩니다. 과제 정보를 확인할 수 있으며 일부 수정도 가능합니다. 내용을 수정하기 위해 [수정] 버튼을 터치합니다.

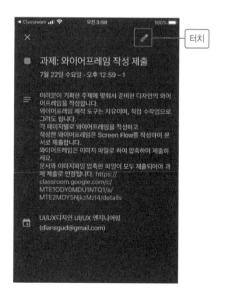

07 | 일정 수정 페이지로 이동하면 기본적으로 제시된 과제 내용은 교사가 아니면 수정할 수 없습니다. 캘린더에 표시되는 일부 내용을 수정할 수 있으며, 과제에 대한 알림 기능을 추가할 수 있습니다. 알림을 추가하기 위해서 (알림 추가)를 터치합니다.

08 | 알림 설정 페이지로 이동하면 알림의 방법 또는 알림 메시지 시간을 설정합니다. 우선적으로 1시간 전으로 설정하기 위해 (1시간 전)을 터치합니다.

09 | 과제 관련 일정 내용을 확인하면 알림 부분에 1시간 전이라고 표시된 것을 확인할 수 있습니다. 알림 추가 및 일정 내용 확인 후 (완료)를 터치합니다.

10 | 일정에 관련된 내용도 확인하고 알림 설정이 완료되면 과제 일정 메시지에도 알림 부분이 추가로 적용된 것을 확인할 수 있습니다. 모든 일정 확인 및 설정이 완료되면 (닫기)를 터치합니다.

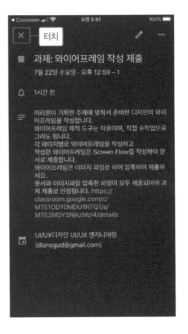

Section 18

구글 캘린더로 **학생과 일정 공유하기**

　학생들과 댓글이나 의견, 채팅으로 소통을 할 수 있지만 학생과 교사는 일정을 서로 공유하고 필요한 공통의 공지를 할 수 있습니다. 특히, 직장이나 학교 구글 캘린더 계정인 경우 약속 시간대를 사용하여 상담 등의 일정도 활용할 수 있습니다. 구글 클래스룸을 효율적으로 활용하기 위해 필수적으로 필요한 구글 캘린더로 일정을 공유해 보겠습니다.

01 │ 구글 클래스룸을 사용하는 계정으로 캘린더를 실행하기 위해 구글 클래스룸 또는 구글 계정이 로그인된 브라우저에서 (Google 앱)을 클릭하고 팝업 메뉴에서 (캘린더)를 클릭합니다.

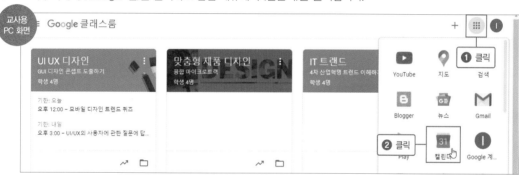

02 │ 일정을 캘린더에 추가하기 위해 원하는 일정 부분을 클릭하여 일정을 추가할 수 있지만 시간을 지정하기 위해서는 해당하는 일정에서 시작 시간부터 끝나는 시간까지 드래그합니다. 일정이 캘린더에 적용되면 일정 추가 대화상자가 자동으로 나타납니다.

03 | 일정 제목에 원하는 일정의 내용을 입력합니다. 날짜와 시간 등을 확인합니다. 학생과 실시간 영상 수업 등을 진행하려면 Google Meet 화상 회의를 등록할 수도 있습니다.

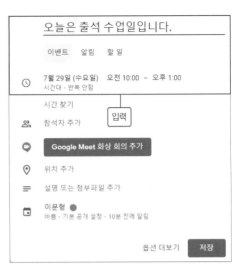

04 | 구글 클래스룸의 수업을 듣는 학생들과 일정을 공유하기 위해서 (캘린더)를 클릭하고 팝업 메뉴에서 구글 클래스룸의 수업을 클릭하여 해당 수업을 듣는 학생들과 일정을 공유합니다. 개설된 수업이 없는 경우 수업 리스트는 나타나지 않습니다.

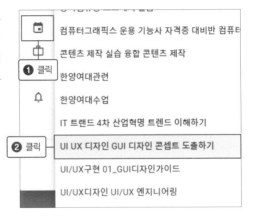

05 | 수업 지정 및 알림, 기타 내용들의 설정이 완료되면 내용을 확인하고 (저장) 버튼을 클릭합니다.

06 | 학생의 구글 클래스룸 캘린더를 보면 학생 페이지에도 등록된 것을 확인할 수 있습니다. 다만 과제가 아니기 때문에 따로 알림이 있지 않으므로 캘린더와 스트림 페이지의 소식을 같이 활용하는 것이 좋습니다.

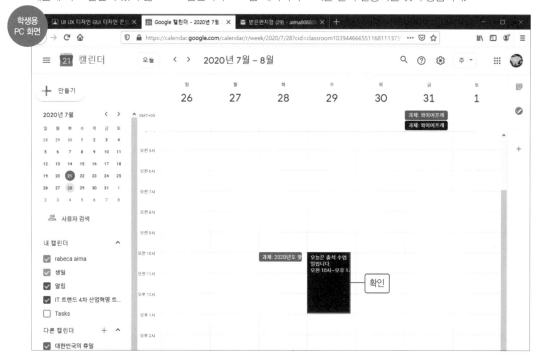

07 | 일정을 클릭하면 해당 내용에 관한 일정이 캘린더에 표시됩니다.

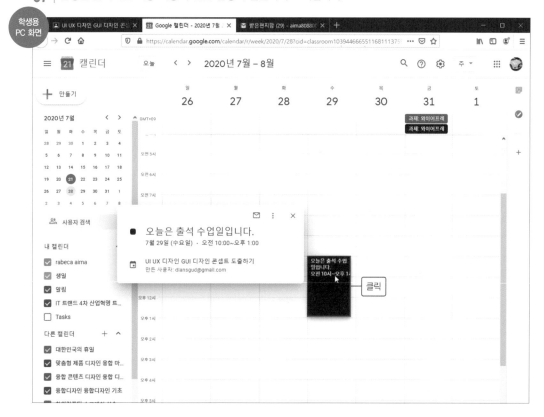

구글 클래스룸에서는 구글 캘린더나 알림 메시지보다 더 많이 활용되는 앱이 G메일입니다. 따라서 이메일을 수시로 확인해야 합니다. 특히 과제 알림이나 마감 임박 등 다양한 상황에 대한 메일이 수시로 전송되므로 잘 확인할 필요가 있습니다. 수업을 많이 듣고 있다면 그만큼 더 많은 이메일을 받을 수 있으니 지난 이메일도 확인해야 합니다.

❶ 구글 클래스룸에서 전송된 이메일을 클릭하면 구글 클래스룸에서 전송된 메일로, 해당 메일에는 답장을 작성할 수 없습니다. 성적 관련된 평가 이메일로, 성적 관련된 내용을 확인하려면 이메일의 (열기) 버튼을 클릭하여 확인이 가능합니다.

❷ 해당 메일의 과제 평가 또는 과제 관련된 페이지로 바로 이동하며 성적 관련 메일이었으므로, 성적 확인 및 기준표를 확인할 수 있습니다. 필요에 따라서 다시 제출하거나 댓글로 대화를 할 수 있습니다.

Section 19

수업 관리를 위한 **구글 클래스룸 캘린더**

수업을 관리하는 것은 결국 과제와 수업 자료 등을 관리하는 것이며, 이를 효과적으로 관리하고 학생들과 소통하기 위해서는 일정 관리가 필요합니다. 구글 캘린더로 전체 교과목을 확인할 수 있으며, 과목별로 확인도 가능합니다.

01 | 구글 클래스룸 캘린더는 모든 과목에서 사용되므로, 기본 메뉴에서 선택해야 합니다. 구글 클래스룸 캘린더를 확인하기 위해서 (기본 메뉴) 버튼을 클릭합니다.

02 | 구글 클래스룸 캘린더를 실행하기 위해서 기본 메뉴가 나타나면 (캘린더)를 클릭합니다.

03 | 구글 클래스룸 캘린더가 실행되며 과제, 질문 등이 캘린더에 표시됩니다. 캘린더에는 각 과목별로 구분되지 않고 시간 순으로 배열되어 있습니다. 시간 제한이 없는 경우 상단에 표시됩니다.

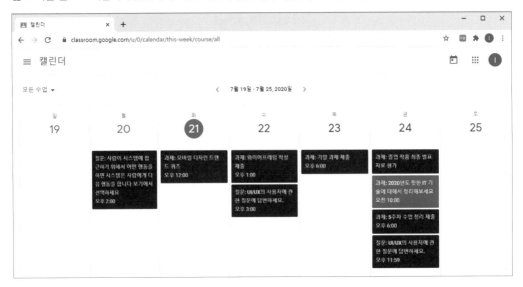

구글 클래스룸의 캘린더는 기본적으로 모든 수업의 내용이 표시됩니다.

❶ 수업별로 구글 클래스룸 캘린더를 보려면 왼쪽 상단에 있는 (모든 수업) 콤보박스를 클릭하고 팝업된 콤보 메뉴에서 구글 클래스룸에서 보기 위한 과목을 클릭합니다.

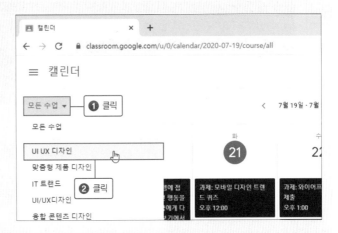

❷ 수업을 선택하면 콤보박스에 선택된 교과목이 표시되고 해당 교과목에 대한 과제나 질문 내용만 표시됩니다.

04 | 과제의 내용을 확인하기 위해 구글 클래스룸 캘린더에 있는 과제 중에 하나를 클릭합니다.

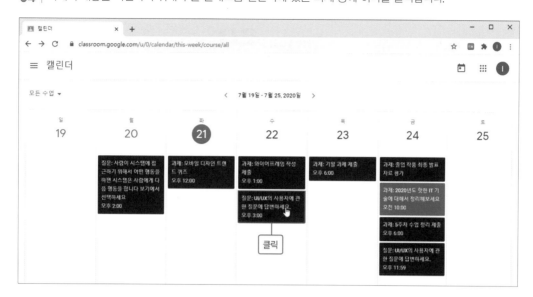

05 | 교사의 구글 클래스룸 캘린더이므로 과제의 상세 페이지가 아닌 학생의 평가를 위한 페이지로 이동합니다. 현재 클릭한 부분은 질문 내용으로 학생들의 답변을 보고 평가를 할 수 있습니다.

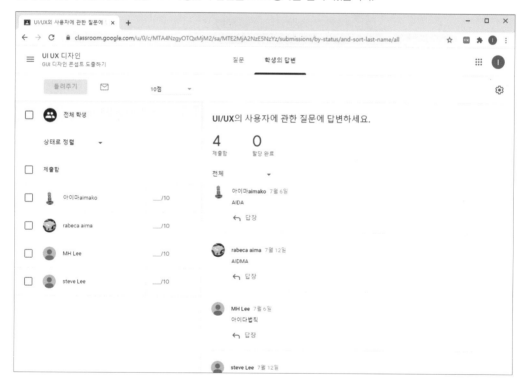

알아두기 구글 클래스룸 캘린더에서 직접 과제나 질문 등을 추가하고 수정하는 기능은 제공하고 있지 않습니다. 만약 일정을 수정해야 하거나 새롭게 만들고 싶다면 각 수업의 수업 페이지에서 만들기 기능 또는 수정 기능을 이용하기 바랍니다.

Section 20

내 과제 보기 기능으로 **과제 누락 방지하기**

스트림 페이지에는 곧 마감되는 과제가 표시되는데, 이 기능은 과제를 학생들이 수업에 접속할 때 과제를 잊지 않도록 알려주는 기능으로, 과제 보기 기능과 연결되어 있습니다. 과제 보기 기능은 지정된 교과목의 모든 과제나 퀴즈 등을 확인할 수 있습니다. 따라서 학생에게는 과제 누락으로 인한 불이익을 방지하기 위한 매우 중요한 기능이라고 할 수 있습니다.

01 | 수업 스트림 페이지에는 곧 마감되는 과제라고 하여 마감이 임박한 경우 과제를 왼쪽에 표시합니다. 다른 모든 과제의 제출 상황 및 기한을 확인하기 위해 (모두 보기)를 클릭합니다.

제출이 임박한 과제가 없는 경우 과제 알림 메시지가 없을 수 있습니다. 마감이 표시되는 기준은 일주일로, 일주일 이내 과제만 마감되는 과제로 알림 메시지를 제공받을 수 있습니다.

02 | 과제 보기 페이지로 이동하였으며, 과제나 퀴즈, 출석 등을 확인할 수 있습니다. 과제가 출제되었으나 제출 전인 경우 '할당됨'으로 표시되며, '반환됨'은 성적 채점이 된 경우이며, '누락됨'은 과제 제출 기한이 지난 경우입니다.

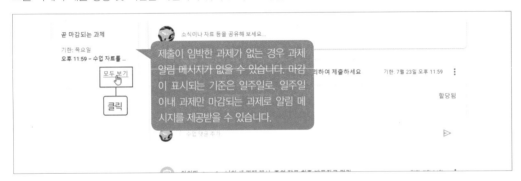

왼쪽에 카테고리 구분 기능을 통하여 3가지 상황에 맞춰 정렬할 수 있습니다. 예를 들어 '할당됨'을 클릭하는 경우 과제는 출제되었으나 제출하지 않은 과제를 확인할 수 있습니다.

03 | 과제를 클릭하면 첨부 파일이 있는 경우 첨부 파일이 표시되며, 질문이나 과제로 제출한 내용을 확인할 수 있습니다.

04 | 실제 과제의 제출 내용을 상세하게 보기 위해 또는 과제 출제 내용을 확인하기 위해 [세부 정보 보기]를 클릭합니다.

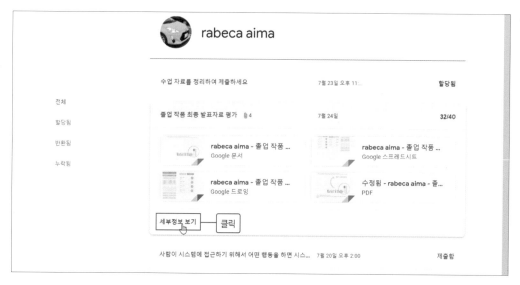

05 | 클릭하면 과제 상세 페이지로 이동하며, 과제를 수정하여 다시 제출하거나 평가 내용 등을 확인할 수 있습니다. 과제를 확인하고 과제 제출 내용을 모두 확인하기 위해 왼쪽 상단의 (교과목 명)을 클릭하면 수업 스트림 페이지로 이동합니다.

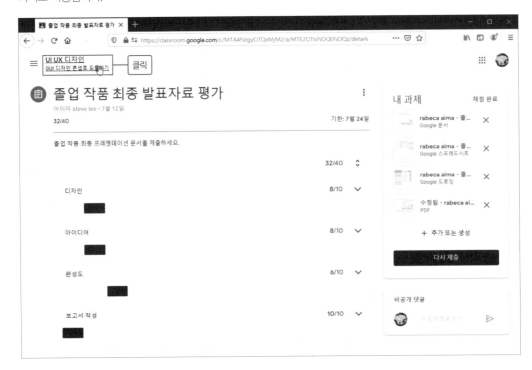

06 | 수업 스트림 페이지에서 (모두 보기)를 이용하여 과제 전체를 확인할 수 있으나 수업 페이지를 통하여 이동하기 위해 상단에 있는 (수업) 메뉴를 클릭합니다.

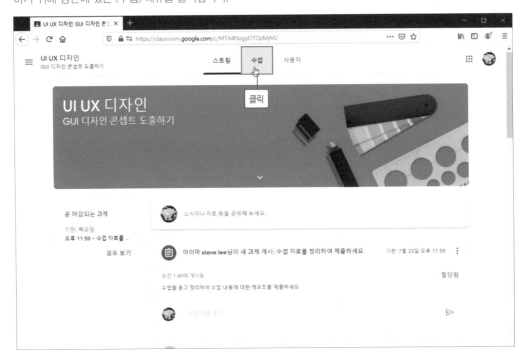

07 | 수업 페이지에서 과제 전체의 제출 여부를 확인하기 위해 〔내 과제 보기〕를 클릭합니다.

08 | 과제 전체를 확인할 수 있는 내 과제 보기 페이지로 이동하였습니다. 해당 페이지는 세 가지 방법으로만 접근이 가능하며, 학생은 본 페이지를 잘 활용하여 누락된 과제가 없도록 관리가 필요합니다. 보여지는 상세 내용은 과제나 질문 형태에 따라 다르게 보입니다.

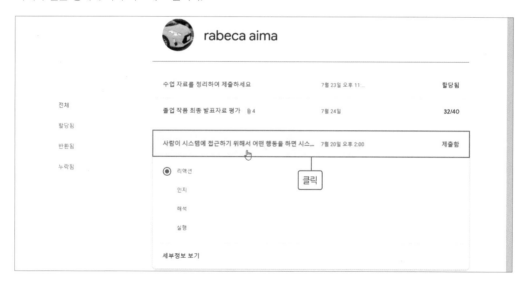

> **알아두기** 모두 보기, 내 과제 보기 외에 해당 페이지로 접속하는 방법은 수업 카드의 하단에 있는 과제 열기 기능을 이용하여 이동할 수 있습니다.
>
>

Section 21

구글 드라이브로 **수업 자료 저장하기**

구글 드라이브는 클라우드 서비스로, 구글에서 무료로 제공하는 인터넷 저장 공간입니다. 기본적으로 15GB 저장 공간을 제공하며, 문서나 이미지, 동영상 등 수업 자료를 저장하여 여러 사용자가 공유를 하거나 메일로 파일을 첨부하여 전송도 가능합니다.

01 │ 구글 크롬을 실행한 다음 화면 상단의 (Google 앱) 버튼을 클릭하고 (드라이브) 버튼을 누릅니다.

02 │ 드라이브 화면이 표시되면 새로 폴더를 만들기 위해 (새로 만들기) → (폴더)를 클릭합니다.

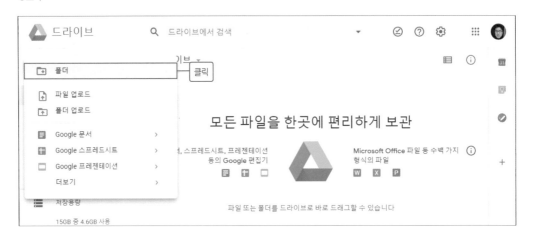

03 | 새 폴더 대화상자가 표기되면 입력창에 폴더 명을 입력합니다. 예제에서는 '미술수업자료'라고 입력한 다음 [만들기] 버튼을 클릭합니다.

04 | 새 폴더가 만들어졌습니다. 폴더에 수업 자료를 저장해 보기 위해 만들어진 폴더를 더블클릭합니다.

05 | 저장하려는 파일이나 자료가 저장되어 있는 폴더를 선택한 다음 구글 드라이브 화면으로 드래그합니다.

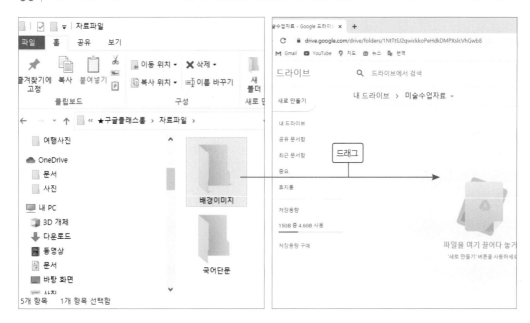

06 | 파일 업로드 화면이 표시되면서 구글 드라이브에 자료가 저장되는 것을 확인할 수 있습니다.

07 | 업로드가 완료되면 업로드된 파일을 확인할 수 있습니다. 업로드된 파일은 수업 참여자에게 공유가 가능합니다. 공유하려는 파일을 Shift 를 누른 상태에서 (파일 공유(👤+)) 버튼을 클릭합니다.

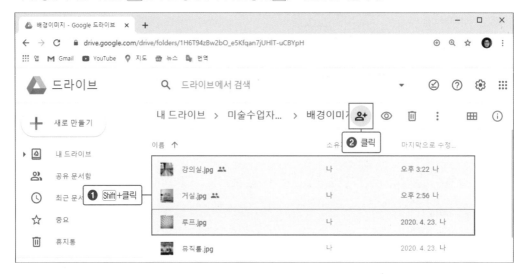

08 | 사용자 및 그룹과 공유 대화상자가 표시되면 공유하려는 참여자 메일을 입력하고, 메시지를 작성한 다음 (보내기) 버튼을 클릭하여 파일을 공유합니다.

문서나 이미지, 동영상 등 자료를 저장하고, 여러 사용자와 공유할 수 있는 구글 드라이브의 구성에 대해 알아봅니다.

❶ **새로 만들기** : 새 폴더를 만들거나 내 컴퓨터에 있는 파일, 폴더를 업로드할 때 사용합니다.

❷ **내 드라이브** : 내가 업로드한 파일이나 폴더, 저장된 데이터를 표시합니다.

❸ **컴퓨터** : 컴퓨터에 파일을 백업하거나 동기화합니다.

❹ **공유 문서함** : 다른 사용자와 공유한 문서들이 표시됩니다.

❺ **중요 문서함** : 별표로 중요 표시한 문서를 표시합니다.

❻ **휴지통** : 삭제한 문서를 보관합니다. 다시 복원하거나 영구 삭제가 가능합니다.

❼ **저장 용량** : 현재 사용 중인 구글 드라이브의 용량을 표시합니다.

❽ **빠른 액세스** : 가장 최근 저장하거나 연 파일을 상단에 미리보기 형식으로 표시합니다.

❾ **데이터 목록** : 구글 드라이브에 저장된 데이터를 이름과 소유자, 날짜를 기준으로 표시합니다.

❿ **폴더 구조** : 현재 데이터가 저장되어 있는 위치를 계층 폴더 구조로 표시합니다.

⓫ **드라이브에서 검색** : 구글 드라이브에서 저장한 데이터 명을 입력하여 검색합니다.

⓬ **내 드라이브** : 내가 업로드한 파일이나 폴더, 저장된 데이터를 표시합니다.

⓭ **바둑판 보기/목록 보기** : 저장된 데이터 항목을 바둑판이나 목록 형식으로 표시합니다.

Section 22

구글 드라이브로 **수업 자료 공유하기**

구글 드라이브에 저장된 수업 자료는 참가자와 공유할 수 있습니다. 구글 주소록에 등록되어 있는 참가자 목록을 이용하여 빠르게 수업 자료를 공유해 보겠습니다.

01 │ 구글 드라이브를 실행한 다음 공유하려는 파일이 저장된 폴더를 엽니다.

02 │ 공유하려는 파일을 마우스 오른쪽 버튼을 눌러, 팝업 메뉴가 표시되면 여기에서 (공유(👤))를 선택합니다.

03 | 사용자 및 그룹과 공유 대화상자가 표시되면, (사용자 및 그룹 추가) 입력창을 클릭하여 주소록에 저장된 참여자를 선택합니다.

04 | 구글 드라이브에 저장된 이미지 파일을 공유하려는 참여자를 선택하면 그림과 같이 버튼 형태로 표시됩니다. (보내기) 버튼을 클릭하여 해당 이미지 자료를 참여자에게 보냅니다.

알아두기 **구글 드라이브 이미지 공유**

메일로 자료를 보내지 않더라도 (링크 복사) 버튼을 클릭해 문자나 카카오톡, 이메일로 링크 주소를 보내도 구글 드라이브에 저장된 이미지를 공유할 수 있습니다.

Section 23

수업 자료 **백업과 PC 동기화하기**

수업 자료는 지속적인 수업을 위해 항상 백업해 두어야 합니다. 구글 드라이브에서는 내 PC와 구글 드라이브를 동기화하여 손쉽게 자료를 이중으로 백업하는 기능을 제공합니다.

01 │ 구글 드라이브에 저장되어 있는 데이터를 동기화하기 위해 (설정) 버튼을 클릭한 다음 (데스크톱용 드라이브 다운로드)를 클릭합니다.

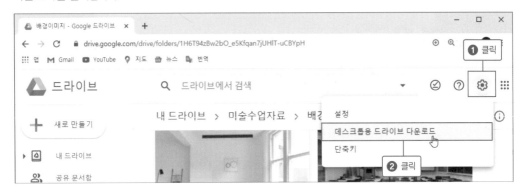

02 │ 화면에 개인용과 비즈니스용 백업 및 동기화 화면이 표시됩니다. 여기서는 개인용 백업 및 동기화에서 (다운로드) 버튼을 클릭합니다.

03 | 'Windows용 백업 및 동기화 다운로드' 대화상자에서 구글 드라이브 서비스 약관을 확인하고 (동의 및 다운로드) 버튼을 클릭합니다.

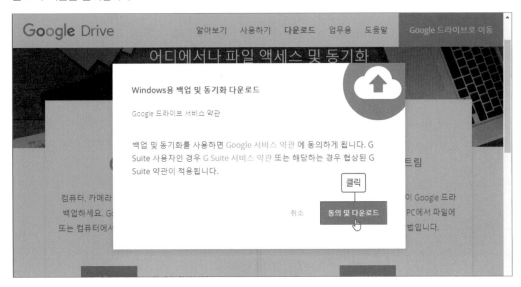

04 | '백업 및 동기화를 다운로드해 주셔서 감사합니다.'라는 문구와 함께 백업 및 동기화 설치 앱이 다운로드됩니다.

05 | 다운로드된 백업 및 동기화 앱을 실행하여 설치합니다.

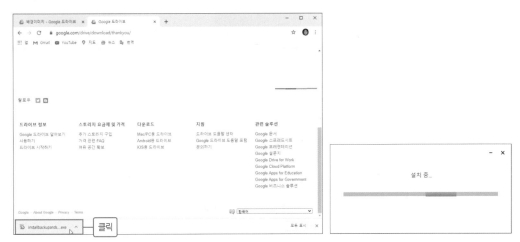

06 | 설치가 완료되면 백업 및 동기화 앱을
시작하기 위해 (시작하기) 버튼을 클릭합니다.

07 | 구글 계정 화면이 표시되면 구글 계정을
입력한 다음 (다음) 버튼을 클릭합니다.

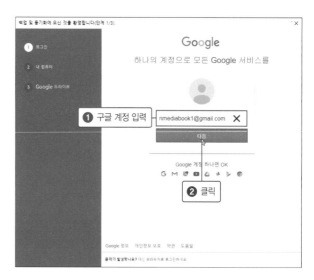

08 | 구글 계정 비밀번호를 입력한 후
(다음) 버튼을 클릭합니다.

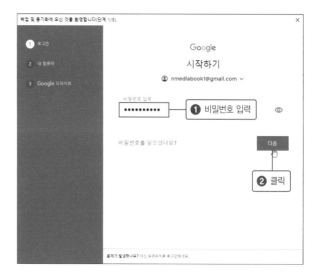

09 │ 구글 드라이브에서 백업할 폴더를
PC에서 선택하기 위해 (확인) 버튼을 클릭
합니다.

10 │ 내 컴퓨터 항목에서 백업할 폴더와 옵
션을 선택합니다. (폴더 선택)을 클릭하여 구
글 드라이브에서 동기화할 폴더를 선택하고
(다음) 버튼을 클릭합니다.

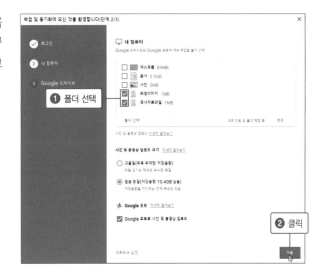

11 │ 동기화 설정을 진행하기 위해 (확인)
버튼을 클릭합니다.

12 │ 〔이 컴퓨터에 내 드라이브 동기화〕를 체크한 다음 내 PC에 저장될 폴더를 지정합니다. 예제에서는 〔내 드라이브의 모든 항목 동기화〕를 체크하고 〔시작〕 버튼을 누릅니다.

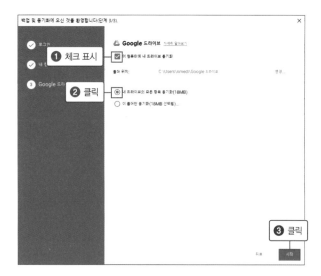

13 │ 그림과 같이 내 PC의 〔Google 드라이브〕 폴더에 구글 드라이브에 저장되었던 자료 파일들이 자동으로 백업된 것을 확인할 수 있습니다.

알아두기　동기화 표시(☑)

파일 버튼에 초록색의 체크 표시(☑)는 내 PC와 구글 드라이브에서 동기화가 완료되었다는 표시입니다.

따라만 하면 다 되는
실전 온라인 수업을 위한 지침서

구글 클래스룸 수업

2020. 8. 14. 초 판 1쇄 발행
2020. 9. 25. 초 판 2쇄 발행
2020. 11. 24. 초 판 3쇄 발행

지은이 | 앤미디어
펴낸이 | 이종춘
펴낸곳 | **BM** (주)도서출판 **성안당**
주소 | 04032 서울시 마포구 양화로 127 첨단빌딩 3층(출판기획 R&D 센터)
　　　 10881 경기도 파주시 문발로 112 파주 출판 문화도시(제작 및 물류)
전화 | 02) 3142-0036
　　　 031) 950-6300
팩스 | 031) 955-0510
등록 | 1973. 2. 1. 제406-2005-000046호
출판사 홈페이지 | **www.cyber.co.kr**
ISBN | 978-89-315-5680-3 (93000)
정가 | 23,000원

이 책을 만든 사람들
책임 | 최옥현
진행 | 조혜란
기획·진행 | 앤미디어
교정·교열 | 앤미디어
표지·본문 디자인 | 앤미디어, 박원석
홍보 | 김계향, 유미나
국제부 | 이선민, 조혜란, 김혜숙
마케팅 | 구본철, 차정욱, 나진호, 이동후, 강호묵
마케팅 지원 | 장상범, 조광환
제작 | 김유석

■ **도서 A/S 안내**

성안당에서 발행하는 모든 도서는 저자와 출판사, 그리고 독자가 함께 만들어 나갑니다.
좋은 책을 펴내기 위해 많은 노력을 기울이고 있습니다. 혹시라도 내용상의 오류나 오탈자 등이 발견되면 **"좋은 책은 나라의 보배"**로서 우리 모두가 함께 만들어 간다는 마음으로 연락주시기 바랍니다. 수정 보완하여 더 나은 책이 되도록 최선을 다하겠습니다.
성안당은 늘 독자 여러분들의 소중한 의견을 기다리고 있습니다. 좋은 의견을 보내주시는 분께는 성안당 쇼핑몰의 포인트(3,000포인트)를 적립해 드립니다.
잘못 만들어진 책이나 부록 등이 파손된 경우에는 교환해 드립니다.